ELDERCARE:
INTERNATIONAL EXPERIENCES
AND CHINESE PRACTICE

养老服务体系发展的
国际经验与中国实践

国务院发展研究中心社会部课题组　著

中国发展出版社
CHINA DEVELOPMENT PRESS

图书在版编目（CIP）数据

养老服务体系发展的国际经验与中国实践 / 国务院发展研究中心社会部
课题组著 . —北京：中国发展出版社，2018.12

ISBN 978-7-5177-0937-4

Ⅰ . ①养… Ⅱ . ①国… Ⅲ . ①养老—社会服务—研究—世界 Ⅳ . ① C913.6

中国版本图书馆 CIP 数据核字（2018）第 280881 号

书　　　名：养老服务体系发展的国际经验与中国实践
著作责任者：国务院发展研究中心社会部课题组
出 版 发 行：中国发展出版社
　　　　　　（北京市西城区百万庄大街 16 号 8 层　100037）
标 准 书 号：ISBN 978-7-5177-0937-4
经　销　者：各地新华书店
印　刷　者：河北鑫兆源印刷有限公司
开　　　本：889mm×1094mm　1/16
印　　　张：21
字　　　数：287 千字
版　　　次：2019 年 2 月第 1 版
印　　　次：2019 年 2 月第 1 次印刷
定　　　价：69.00 元

联 系 电 话：（010）68990630　68990692
购 书 热 线：（010）68990682　68990686
网 络 订 购：http://zgfzcbs.tmall.com//
网 络 电 话：（010）88333349　68990639
本 社 网 址：http://www.develpress.com.cn
电 子 邮 件：bianjibu16@vip.sohu.com

课题组成员

课题负责人

葛延风　国务院发展研究中心社会发展研究部部长

贡　森　中国国际发展知识中心常务副主任

中方成员（以姓氏笔画为序）

张冰子　国务院发展研究中心社会发展研究部研究员

张佳慧　国务院发展研究中心社会发展研究部研究员

佘　宇　国务院发展研究中心社会发展研究部研究员

喻　东　国务院发展研究中心社会发展研究部副研究员

冯文猛　国务院发展研究中心社会发展研究部研究员

外方成员

Alan Walker　英国谢菲尔德大学社会政策与老年社会学系教授

Carol Walker　英国林肯大学教授

Sarah Alden　英国谢菲尔德大学社会政策与老年社会学系

Gerdt Sundström 瑞典 Jönköping 大学卫生科学学院老年学研究所荣誉教授

Lennarth Johansson　瑞典国家健康、福利和老龄研究中心副教授

Giovanni Lamura　意大利国家老龄化研究所老龄化社会经济研究中心主任

Carlos Chiatti　意大利国家老龄化研究所老龄化社会经济研究中心

Georgia Casanova　意大利国家老龄化研究所老龄化社会经济研究中心

Francesco Barbabella　意大利国家老龄化研究所老龄化社会经济研究中心

Maria Gabriella Melchiorre　意大利国家老龄化研究所老龄化社会经济研究中心

Donald Taylor　美国杜克大学 Sanford 公共政策学院社会政策系副教授

宫森达夫　日本东京机能康复专科学校校长

李　佳　日本东京机能康复专科学校人力资源处副主任

中国拥有庞大的老年群体，面临着日益严峻的老龄化形势。截至 2017 年末，中国 60 周岁及以上人口 2.4 亿，占总人口的 17.3%，其中 65 周岁及以上人口 1.58 亿，占 11.4%。

老年群体的大规模增加势必带来对养老服务的巨大需求。较早步入老龄化阶段的西方发达国家，在养老模式转变、养老服务提供、养老服务筹资、服务质量监管等方面都积累了比较成熟的经验。

在养老服务提供方面，发达国家基本形成了包括上门服务、日间照料中心、适老化公寓、养老院、护理院、临终关怀机构等各类服务或机构在内的、覆盖整个老年阶段、以长期照料为核心的养老服务体系。在公共筹资方面，各国延续各自的福利传统形成了不同的长期照料筹资模式，如以德国、日本为代表的社会保险模式，以瑞典等北欧国家为代表的以税收筹资为基础的普惠模式，以英国为代表的税收筹资但要经过家计调查的补缺模式，以及其他一些混合模式。老年人可根据自身及家庭特点，按照自己的意愿选择不同的养老方式。

然而，近年来随着老龄化程度的加深，发达国家也普遍面临比较突出的养老服务供需矛盾，正在积极进行不同方式的探索。如普遍更加强调"就地安养"，鼓励老年人在家养老；通过给提供非正式照料的家人更多支持，包括发放津贴、提供喘息服务等，鼓励家人给予更多照料；日本开始将老化预防纳入介护保险支付范围；美国推广 PACE 项目整合 Medicare 和 Medicaid 的资金，为需要长期照料的老年人提供整合性的服务；等等。

中国社会化养老服务起步较晚，"十二五"期间才真正开始迅速发展起来。近年来社会养老服务资源快速增加，每千名老年人养老床位数从

2010 年末的 17.7 张增加到 2017 年末的 30.9 张，居家养老和社区养老服务也得到大规模发展，在满足老年人养老服务需求方面发挥了积极作用。

但是，中国的养老服务体系在快速发展的同时还存在不少问题。如养老服务体系整体上过度依赖养老机构，过分注重硬件建设，居家和社区养老服务发展不足；受消费观念和支付能力影响，老年人普遍不愿或无力支付养老服务，有效需求不足，制约了养老产业的发展，反过来又影响了老年人照料需求的满足；养老服务人才缺，养护护理员、康复护理、老年社工、养老行业经营管理人才等都存在较大缺口；一些关键性政策如老年需求评估制度、长期照料保障制度等还未真正落实或尚处空白。

一个以机构养老为主体的养老服务体系成本是非常高的，不但会超出老年人个人及家庭的承受能力，也将超出整个社会的承受能力。制定科学的政府补贴制度，切实提高老年群体的支付能力，不但能够满足老年人特别是脆弱老人的现实需求，也有助于促进养老产业的健康发展。制定科学的服务对象评估标准，准确地识别和确定服务对象，使最需要帮助的老年人及其家庭得到必要的支持，是一个有效服务体系的必备要素之一。此外，合理的定价机制、严格的质量标准、规范的考核制度、有效的人员能力建设和激励机制等具体制度，都是社会养老服务体系良性发展的必备要素。

按照老龄委的有关预测，2030 年之前中国人口老龄化都将处于快速或急速发展阶段，2050 年前后人口老龄化将达峰值。未来十余年，将是我国加快完善老龄相关政策的关键战略期。为此，国务院发展研究中心社会部于 2013 年在世界银行技术援助项目（TCC5）的支持下，开始进行"加强中国社会养老服务体系建设研究"。

我们认为，对发达国家社会养老服务体系的发展历程、关键节点的政策选择、当前面临的问题及今后的改革思路进行系统总结，能够帮助我们更全面地理解中国社会养老服务体系发展所处的阶段和面临的问题，为完善我国当前养老服务政策体系并制定未来发展规划提供重要参考。

为此，课题组特别邀请了日本、英国、瑞典、意大利、美国等五国专家分别撰写国别报告，对五个国家养老服务体系的发展历程、当前面临的问题及今后的改革思路进行深入探讨。在此基础上，由中方课题组撰写报告，对完善中国社会养老服务体系提出建议。

研究过程中，课题组向外方专家提供了中国养老服务体系概况的背景材料，提出了拟请外方专家回答的问题，并安排每位外方专家亲自来华调研，之后以书面形式对调研情况进行反馈。因此，外方专家在撰写本国案例报告时，对中国养老服务体系的现状已经有了比较清晰、直观的印象，能够以中国存在的问题及现实需求为导向来组织材料，撰写的每一篇报告都有很强的参考价值。

本研究成果是集体智慧的产物。国别报告分别由各国专家撰写，其中日本报告由宫森达夫先生撰写，英国的两篇报告由 Alan Walker 教授、Carol Walker 教授和 Sarah Alden 博士撰写，瑞典报告由 Gerdt Sundström 教授和 Lennarth Johansson 副教授联合撰写，意大利报告由 Giovanni Lamura 主任领导的团队撰写，美国的两篇报告由 Donald Taylor 副教授撰写。中方课题组成员对国别报告提出了详细的修改意见。在充分借鉴各国经验的基础上，中方课题组成员经过反复集体讨论、修改，完成了中国养老服务体系研究的报告，并请外方专家提出了宝贵的修改建议。

研究过程中，很多专家和学者也以不同方式参与了讨论和相关研究工作，为我们提供了大力支持。

中方课题组成员在美国调研及培训期间，华盛顿州立大学 Bill Pettit 教授和马子惠博士协助课题组与华盛顿州政府养老服务相关负责人进行座谈，并安排实地调研了日间照料中心（Day Care Center）、可支付住房（Affordabale Housing）、辅助生活设施（Assisted Living）、持续性照料社区（CCRC）、护理院（Nursing Home）、老年痴呆患者之家等不同类型的养老服务设施，使我们对美国特别是华盛顿州养老服务情况有了详细的了解。杜克大学汤胜蓝教授、吴蓓教授、Kirsten Corazzini 副教授、Donald Taylor 副教授、Kearsley Stewart 副教授等为课题组成员详细介绍了美国老龄化及养老服务体系、长期照料筹资、质性研究方法等相关内容。

英国卫生部人口、社区与地方政府部门主管 Glen Mason 博士曾专门来华参与课题研讨会，介绍英国养老服务体系情况，并在张佳慧博士英国访学期间，协助安排调研了英国居家养老服务提供机构、养老院、护理院等不同类型的养老机构。

台湾中正大学社会福利学系吕建德副教授、香港中文大学王卓祺教授分别来京参与课题研讨会，并介绍我国台湾、香港地区养老服务发展情况。

此外，来自国内外研究机构和相关政府部门的很多专家通过参与研讨会或其他方式给予了大力支持，这里难以一一列举姓名，谨在此一并表示感谢！

最后，感谢世界银行技术援助项目（TCC5）、财政部国际合作司以及英国政府"中国繁荣基金项目"在经费保障和项目管理方面提供的大力支持，以及在课题研究中提供的宝贵建议。

需要说明的是，本书所收录的报告中，《中国养老服务人员队伍建设的现状、问题和政策建议》和《英国的养老服务人员》成文于 2013 年 3 月，《中国社会养老服务体系建设的进展、问题及改革思路》及日本、英国、瑞典、意大利、美国国别报告成文于 2015 年 4 月。中方研究报告的主要观点已经通过一些渠道反馈给有关决策者，但国别报告由于翻译、校对及其他原因，一直未公开出版。近年来，我国社会养老服务体系发展较快，中方研究报告中所反映的一些问题与当前现实已有出入，所提出的一些建议也已被有关部门吸纳并反映在现有政策中，但许多问题依然还普遍存在，报告仍具有很好的参考价值，因此，一并收录书中。我们衷心希望本书的出版能为相关政府部门决策以及学界同仁开展进一步研究提供有益的参考和借鉴。

需要声明的是，本书体现的是课题组的观点，不代表国务院发展研究中心，课题组及署名作者对具体报告承担责任。

真诚欢迎各界朋友对本书提出批评和建议。

"社会养老服务体系建设"课题组

2018 年 9 月

目 录

第一章

中国社会养老服务体系建设的进展、问题及改革思路 *

我国老年人口规模快速增长的同时，还呈现出高龄化、失能化、空巢化等趋势，且受各种因素影响，家庭的养老功能日益弱化，社会化养老的需求快速增加。相关预测表明，2023 年前后，我国老年人口将超过少儿人口，将从主要抚养儿童的时代迈入主要抚养老人的时代；到 2050 年老龄化达到高峰期时，我国老年人口总数将上升至 4.83 亿，老龄化率将高达 34.1%，社会抚养比将高达 98.8%。如果不能尽快建立起有效的养老服务体系，人们的晚年生活将面临严峻挑战。

一、中国人口老龄化进程及养老服务需求变化

（一）人口老龄化的基本态势

民政部 2017 年统计公报显示：截至 2017 年底，全国 60 岁及以上老

---

　　*　本章是 2013 ~ 2015 年世界银行技术援助项目（TCC5）"加强中国社会养老服务体系建设研究"的成果。原报告于 2015 年 4 月完成，本书出版时仅对人口老龄化基本态势的相关数据进行了更新，其他部分仍沿用 2013 ~ 2014 年调查期间数据。

年人口 24090 万人，占总人口的 17.3%，其中 65 岁及以上人口 15831 万人，占总人口的 11.4%，老年抚养比（65 岁以上）为 15.9%。人口老龄化已进入快速发展阶段。老龄委相关预测数据显示：2010 ～ 2022 年为老龄化快速发展阶段，年均增加 840 万老人；2023 ～ 2035 年为老龄化急速发展阶段，年均增加 1200 万老人；2036 ～ 2053 年老龄化速度有所放缓，年均增加 380 万老人，但我国人口将进入重度老龄化阶段，老龄化水平将达到 34.9%，即每三个人中就有一个是老年人。

我国人口老龄化有以下基本特征：

一是老年人口规模大。2015 年，我国 60 岁以上老年人口 2.15 亿，占世界老龄人口总数的 23.7%。根据联合国预测，21 世纪上半叶，中国一直是世界上老年人口最多的国家，占世界老年人口总量的近 1/4，21 世纪下半叶，中国也还是仅次于印度的老年人口第二大国。

二是老龄化发展快速。受底部老龄化和顶部老龄化双重作用，我国老龄化发展速度非常快。65 岁以上老年人占总人口的比例从 7% 提升到 14%，发达国家大多用了 45 年以上的时间，中国将只需要 26 ～ 27 年并且在今后一个很长的时期内都将保持很高的递增速度，属于老龄化速度最快国家之一。

三是高龄老人规模大。2015 年，我国 80 岁及以上高龄老年人 0.23 亿，占老年人口总数的 10.83%，占世界 80 岁以上老年人口总数的 18.5%。同时，高龄老人也是老年人口中增长最快的群体，平均不足 5 年净增加 900 万，年平均净增 183 万。到 2050 年，我国高龄人口数将占世界的 26.1%，相当于发达国家高龄老人的总和。

四是地区间发展不平衡。我国人口老龄化发展具有明显的由东向西区域梯次特征，东部沿海经济发达地区明显快于西部经济欠发达地区，最早进入人口老年型行列的上海（1979 年）比最迟进入人口老年型行列的宁夏（2012 年）早 33 年。同时，近年来大规模的人口流动使农村地区老龄化形势比城市更为严重。"六普"数据显示：2010 年按居住地统计，乡村、镇、城市的老龄化率分别为 14.98%、12.01%、11.47%，乡村地区比城市地区高 3.51 个百分点。有研究显示，这种城乡倒置的状况将一直持续到 2040 年。

五是"未富先老"。发达国家进入老龄社会时人均国内生产总值一般都在 10000 美元以上，而中国 2000 年进入老龄社会时，人均国内生产总值仅为 3976 美元，仍属于中等偏低收入国家。2017 年我国人均国内生产总值达到 8643 美元，进入上中等收入国家之列，应对人口老龄化的经济实力仍比较薄弱。

（二）社会养老服务需求的基本特征及其变化

随着人口老龄化的加剧，养老服务需求势必明显增加。美国的一项研究表明[1]：65 岁及以上老年人中，37% 会出现感官、身体、活动、个人照顾或认知方面的缺陷从而影响日常生活，9% 会在自身照料方面存在困难，10% 会有认知障碍，这些都会导致长期照料的需求。我国老年人除了可能面临这些普遍性问题之外，老年群体的特殊性还决定了养老服务的需求有其特殊性。

一是空巢家庭多、失能老人多，照料需求更大。"六普"数据表明，生活在独居、空巢家庭中的老人高达 0.62 亿，超过老年人口总数的 1/3。《中国老龄事业发展报告 2013》显示，全国每年新增 7.6 万个失独家庭，目前失独家庭数量已经达到 100 万左右。按照杜鹏等的测算，2015 年我国失能老人数约为 1952.1 万 ~ 2301.99 万，约占 60 岁及以上老年人的 8.83% ~ 10.41%；2030 年失能老人数将达到 3321.79 万 ~ 4721.34 万，约占 60 岁及以上老年人的 8.96% ~ 12.74%。[2]

据测算，2020 年，我国需要长期照料的老年人将增至 3975 万，平均

---

① Ari Houser, etc. Across the States 2012: Profiles of Long-term Services and Supports. http: // www.aarp.org/research/ppi/ltc/.

② "国家应对人口老龄化战略研究"课题组：《长期照料服务制度研究》，华龄出版社 2014 年版。

每年增加 3.7 个百分点。2011 年，我国社区老年人每天所需基本照料时间为 2727.7 万小时，相当于 478.5 万全职照料者；到 2020 年所需基本照料时间将增至 3750.7 万小时，相当于 658 万全职照料者。[①]

二是老年人经济能力有限，有效需求不足。我国养老服务的保障制度还不健全，除"五保""三无"等少数特殊老人外，绝大多数老人需要自费养老。我国居民收入水平总体不高，2013 年城镇居民家庭人均月收入仅为 2246 元，农村居民家庭人均纯收入每月仅有 741 元。养老金水平也还很低，城镇职工月均养老金不足 2000 元，农村老人养老金水平更低，仅有几十块钱；尽管近年来很多地区建立了高龄津贴、困难失能老人护理补贴等制度，但总体来说覆盖范围有限，金额也不高。如北京市享受高龄津贴的老人仅占老年人口的 1.16%；护理补贴仅有上海、天津、山东、黑龙江等省市执行，标准从 50 ~ 400 元不等。杜鹏等对北京、上海、河北等地养老院的调查结果表明：在中等失能程度、居住条件一般的情况下，机构长期照料服务价格大致在 900 ~ 2100 元之间。[②] 可见，当前我国老年人的整体收入水平不足以支付购买家庭成员之外的正式照料服务。

三是老年人的分布和不同年龄段老年人的需求正在发生变化。全国老龄委的相关预测显示：尽管当前农村老龄化程度比城市更为严重，但是随着城镇化的发展和人口的大规模流动，城市老年人口将一直保持增长态势，农村老年人口则先增后减，大约在 2035 年前后出现拐点。同时，老年人口在省市间的分布也将发生变化。

从老年人群体的特征来看，空巢率高、失能率高、慢病发病率高等情况将持续，但教育程度、经济独立性、消费习惯和行为方式上将发生较大变化。现在已经步入老年阶段的都是 1955 年之前出生的人，对物质匮乏时代的记忆比较深刻，生活普遍比较节俭，消费方式也比较保守，并且大

[①] "国家应对人口老龄化战略研究"课题组：《中国城乡老年人基本状况问题与对策》，华龄出版社 2014 年版。

[②] "国家应对人口老龄化战略研究"课题组：《长期照料服务制度研究》，华龄出版社 2014 年版。

多数老人都有多个子女，家庭能够给予的照料和支持还很多。因此，目前的老年群体对于社会化服务的需求整体来看还比较有限，养老服务消费市场规模还不算大。

但是，随着 1955 年之后，特别是 60 年代第二次生育高峰出生的人口——也是第一代独生子女的父母——逐步进入老年之后，整个老年群体的生活方式、消费观念、养老模式都将发生重大变化。随着老年人、特别是城市老年人教育程度的提高、经济独立性的增加，对生活品质的要求也越来越高。因此，养老产业有很大的发展空间。

据测算，随着人口老龄化和城镇化的加速，"十二五"之后特别是 2022 年之后将迎来老年人口消费潜力增长的高峰。到 2020 年，中国老年群体消费总量将占 GDP 的 9% ～ 13%，到 2030 年可以上升到 15% ～ 23%，2050 年更是可以达到 33% 左右。[①]

二、社会养老服务体系建设的主要进展

（一）社会养老服务体系建设的法律保障

2012 年底，《老年人权益保障法》重新修订，将养老服务作为专章进行阐述，就政府、社会及家庭的责任界定，将养老服务设施纳入城乡社区配套设施建设规划，在财政、税费、土地、融资等方面支持养老服务发展，养老服务人才培养、使用、评价和激励制度等核心问题，在法律层面提供了保障。

地方立法中，2014 年，北京市出台全国首部《居家养老服务条例》，浙江省出台全国首部《社会养老服务促进条例》，明确了相关各方的责任，提高了相关政策的执行力度。

---

① 吴玉韶、党俊武等：《中国老龄产业发展报告》，社会科学文献出版社 2014 年版。

（二）体系建设政策框架基本形成

中央层面，十七大报告首次明确将"老有所养"作为和谐社会建设的重要目标之一，为老龄事业的发展提出了总体性的目标。在此基础上，2011年下半年《中国老龄事业发展"十二五"规划纲要》《社会养老服务体系建设规划（2011–2015）》的相继出台，进一步明确了"十二五"老龄事业发展的整体布局，以及社会养老服务体系建设的目标任务，确立了"以居家为基础、社区为依托、机构为支撑"的整体架构。

党的十八届三中全会进一步明确要"使市场在资源配置中起决定性作用""加快建立社会养老服务体系和发展老年服务产业"，为"十三五"期间社会养老服务体系的发展指明了方向。2013年，国务院先后发布《关于加快发展养老服务业的若干意见》（业内简称35号文）和《关于促进健康服务业发展的若干意见》，随后民政部、发展改革委、原国家卫生计生委、人力资源和社会保障部、原国土资源部、住房城乡建设部等相关部门陆续出台了多项鼓励养老服务业发展的配套文件，明确了养老机构用地、标准化建设、专业人才培养等方面的相关政策。可以说，35号文及其配套政策的出台为社会养老服务体系的全面发展提供了很好的政策环境。

地方层面，各地积极落实中央层面的相关政策，部分发达省市在机构建设和运营补贴、购买服务、人员培训等方面也进行了有益探索。例如，杭州市为解决养老设施"落地难"的问题，在《养老设施布点规划（2011–2020）》中明确规定按照每百户20平方米建筑面积的标准，把社区居家养老服务设施建设纳入住宅小区配套公建项目。合肥市全面启动政府购买服务工作，鼓励社会组织提供养老服务。青岛自2012年7月起开始实行长期医疗护理保险制度，为符合条件的失能老人报销护理费用。同时上海率先探索老年人照料需求评估体系，2013年编制了《老年照护等级评估要求》。沈阳市大力发展居家养老服务网络建设，2014年开始组织建设养老信息化平台。

（三）积极引导社会力量广泛参与养老服务体系建设

35号文及配套文件为鼓励社会力量投入养老服务产业做出了全面的部署，包括将养老用地纳入国民建设用地供应计划，加强养老服务设施规划建设工作，要求落实税收优惠、水电气热与居民家庭同价等政策，提供建设或运营补贴，加大金融支持力度，政府购买服务，建立养老机构责任保险制度等。社会资本投入养老服务热情高涨。

地方层面，大多数省市都有养老床位建设补贴和/或运营补贴的政策，以鼓励社会资本投资养老机构。不少省市还开始鼓励外商投资养老服务机构，如《中西部地区外商投资优势产业目录（2013年修订）》中，22个省市将养老服务产业纳入目录中；上海、广东、深圳等省市已经开始进行外资建设项目的尝试。

（四）养老服务设施快速增加，服务内容更加丰富

2013年底（见图1-1）全国各类养老服务机构42475个，拥有床位493.7万张，比上年增长18.9%（每千名老年人拥有养老床位24.4张，比上年增长13.9%），其中社区留宿和日间照料床位64.1万张。年末收留抚养老年人307.4万人，比上年增长5.5%。日间照料服务已覆盖近50%的城市社区和20%以上的农村社区。全国共有老龄事业单位2571个，老年法律援助中心2.1万个，老年维权协调组织7.8万个，老年学校5.4万个、在校学习人员692.0万人，各类老年活动室36.0万个。

养老服务的内容也更加丰富。在经济相对发达的地区，不少城市社区和部分农村地区以老年协会等形式组织社区志愿者队伍，或者购买专业化养老服务组织的服务，为"三无"、"五保"、高龄、独居、空巢、失能等脆弱群体提供上门巡视、基本生活照料、送餐、保洁等服务。北京、杭州、青岛、沈阳等大城市为空巢、独居老人配备了紧急呼叫设备，以便于及时响应老人的需求。

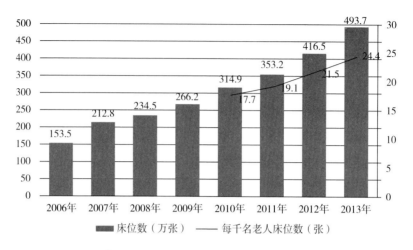

图 1-1　2006 ~ 2013 年社会养老床位数

（五）养老服务规范化得到加强

在原有养老机构星级管理的基础上，2013 年民政部先后出台《养老机构设立许可办法》《养老机构管理条例》，规范养老机构的建设和管理。2014 年 2 月，民政部、国家标准化管理委员会等发布《关于加强养老服务标准化工作的指导意见》，进一步加强养老服务业的规范化和标准化工作。

（六）人员培训工作得到加强

《中国老龄事业发展"十二五"规划》明确提出要加快养老服务业人才培养，特别是养老护理员、老龄产业管理人员的培养。2011 年 9 月，民政部印发《全国民政人才中长期发展规划（2010-2020 年）》。2014 年 6 月，教育部、民政部等九部门联合印发《关于加快推进养老服务业人才培养的意见》，从优化专业结构、增设养老服务相关专业点、扩大招生规模、创新人才培养模式、推行"双证书"制度等方面，提出了养老服务业人才培养的思路。近年来，各地积极开展养老护理员职业技能鉴定工作，对养老护理员进行免费培训，护理员持证上岗率明显提高。

三、社会养老服务体系建设存在的问题

（一）居家养老和社区养老服务建设严重滞后

国际上，20 世纪 80 年代开始提出"就地安养"的理念。1982 年，联合国批准的《维也纳老龄问题国际行动计划》中开始强调"应设法使年长者能够尽量在自己家里居住和在社区独立生活"。1991 年通过的《联合国老年人原则》再次强调"老年人应尽可能在家里居住"和"老年人应该得到家庭和社区根据每个社会的文化价值体系而给与的照顾和保护"。通过在社区和家庭创造支持性环境，使老年人尽可能留在家中养老，推迟进入养老院的时间，已经被各个老龄化先发国家所接受。

我国社区养老服务的理念产生于 20 世纪 80 年代，是伴随社区功能的完善而产生的，但先前由于养老需求不多、社区资源有限、社区功能繁杂等原因，养老服务一直没有得到很好的发展。

更为重要的是，我国的社区建设本身面临很多问题。进入新世纪以来，我国城镇化发展快速，大规模的拆迁、改造破坏了城市原有小区的整体结构，将原有的"熟人社会"变成了"陌生人社会"，邻里之间关系淡漠，社区公益组织失去了发展的土壤。

同时，房地产开发商受利益驱动，在小区规划中没有为公益性设施预留空间，使得小区居民缺乏公共活动空间。

此外，居家养老和社区养老服务模式本身也不成熟，各地还普遍处在试点探索阶段，缺乏相应的规范和标准，在设施建设、功能设置、服务供给等方面远不能为老年人居家养老提供足够的支撑条件，大批老人不得不涌向养老机构，进一步加剧了养老机构床位的紧张。

（二）过度强调养老床位建设目标且建设标准偏高

《社会养老服务体系建设规划（2011-2015）》（下称《建设规划》）

制定的床位建设目标是到 2015 年底每千名 60 岁以上老人拥有 30 张养老床位；"35 号文"又进一步将目标提升为到 2020 年每千名 60 岁以上老人拥有 35 ~ 40 张床位。如果按照国际可比口径，即以 65 岁以上老人拥有的床位数来比较，《建设规划》和"35 号文"提出的建设目标分别为每千名老人 45 张床位和 52 ~ 60 张床位。这基本接近国际最高水平。

国际上，西北欧国家注重性别平等和经济参与，每千名 65 岁及以上老年人拥有床位数很高，在 60 ~ 70 张之间；美、澳、英、法四国略低，为 40 ~ 55 张；东亚和南欧国家注重家庭养老，床位数最低，为 20 ~ 25 张。

我国历来尊崇孝道，注重家庭养老，机构养老床位数理应接近东亚和南欧国家水平。但出于社会投资、释放更多劳动力的考虑，适当提高床位建设标准也比较合理。但在短短 5 ~ 10 年时间内，从传统家庭养老迅速过渡到依赖机构，未免有些操之过急。

更为重要的是，这种偏高的建设标准会带来一系列问题。首先，建设标准过高，超过了有效需求，特别是当前阶段的有效需求，势必造成很多养老机构（包括近两年新建的很多"物美价廉"的公办养老机构）床位利用不足。为了提高床位利用率，养老机构就会推出各种营销手段吸引老人入住。有一定经济基础、健康状况好、照料需求小的老年人自然成为营销重点，这又势必加剧当前这种养老机构以自理老人为主的局面，背离养老机构建设的初衷。其次，目前各地城区用地普遍紧张，为了完成床位建设任务，新建机构选址大都远离城区、交通不便。这样的环境很难得到老年人认可，且这种隔离的环境本身也不利于老年人的身心健康。

（三）受"软件"制约，服务能力还严重滞后

"重硬件、轻软件""重建设、轻管理"一直是我国公共事业发展中面临的突出问题。社会养老服务体系快速建设阶段，这一现象同样非常突出。从近两年的发展实践上看，养老服务硬件建设确实有了较大规模的增加，但受人员数量及素质、管理水平等软性条件的制约，实际的使用效果

并不理想。

一些新建的养老机构，特别是不在城市核心区域的机构并不受欢迎，出现大量床位空置的现象。同时，养老护理员数量不足、质量不高的问题原本就广泛存在。老龄委研究报告显示：目前，在老龄服务机构内部为老年人提供服务的人员仅有 27.9 万，其中获得社会工作者职业资格和国家养老护理员资格的仅有 2.48 万，不足老年护理人员的 10%。尽管近年来各地加大了培训力度，但仍无法赶上养老机构规模扩张的速度。因此，新建养老机构的实际服务能力也相当有限。在这种情况下，为了尽快收回成本，新建养老机构（不论是公办的还是民办的）推出了各种促销手段，但针对的对象往往是经济条件优越、身体状况良好的老人，真正需要照料的脆弱老人仍旧无法得到相应的服务。

社区养老服务设施建设中也同样存在类似问题，当前各类设施中使用率最高的都是老年人活动室，能够到活动室参加活动的都是健康状况良好、善于交际的老人，那些身体状况差、自理能力差的老人根本无法参加这样的活动。即使是开设了老年食堂、日间照料中心等服务的社区，也往往面临人手短缺等问题，无法提供上门送餐、接送老人等服务。有些日间照料中心甚至明确指出：对于不能自己行动的老人，即使家属送到中心来，也没有能力提供照料服务。

（四）缺乏需求评估标准，养老服务被"滥用"

国际上，需求评估是决定老年人能否享受养老服务的基本标准，许多国家（如英国、美国等）还会有严格的收入调查制度，以决定老年人能够获得资助的水平。但在我国，受历史沿革因素影响，养老机构的入住标准一直没有做出调整，许多养老机构特别是社会福利机构是以"三无"或"五保"老人为主，生活不能自理的老人仅占 20% 左右，按照养老机构整体床位利用率 50% 的比例推断，我国养老床位的实际有效利用率仅为 10%。

2013 年 8 月，民政部发布了《老年人能力评估》行业标准、出台了《关于推进养老服务评估工作的指导意见》，计划 2014 年初开始启动评估工作试点，"十二五"末建立长效评估机制，在政策层面确定了建立养老服务评估制度的时间表。尽管在中央层面有了制度性的保证，但在实际执行中还面临很多困难。如上海、杭州等地已经制定了养老机构或社区养老服务的需求评估办法，但在当前养老服务资源，特别是公办养老机构床位紧张、入住老人信息不公开等情况下，需求评估还无法作为老人申请入住养老机构的唯一标准，"特权""寻租"问题还难以避免。同时，由于养老服务补贴制度的缺失，绝大多数老年人入住养老院或享受养老服务还需要自己付费，即使进行了需求评估，也往往因经济原因无法获得对应的服务。

（五）定价机制不合理，市场发育不足

养老机构层面，公办养老机构享受政府补贴，其服务性质也被定义为公益性，采用了低于成本的定价方式，使得公办养老机构的服务成为"性价比"非常高的稀缺资源。实地调查中有专家反映，在杭州的公办养老机构，花 1 元钱可以享受价值 3 元钱的服务；而在上海，花 1 元钱可以享受到价值 6 元钱的服务。定价机制不合理，一方面造成老年人大量涌入公办养老机构，加剧公共资源紧张，甚至滋生了腐败、寻租问题，另一方面也挤占了民办养老机构的生存空间，不利于民办养老机构的健康发展。

社区养老和居家养老层面，为了增加服务吸引力，扩大服务影响力，提高服务覆盖面，很多街道或社区的日间照料中心、老年人活动中心等采取了放低入住门槛、压低收费标准的方式，仅象征性地收取每月几十元甚至几元的费用。这同样不利于社区养老服务和居家养老服务的长期、可持续发展。

（六）财政投入方式以"补供方"为主，加剧了对养老机构的依赖

在养老服务领域，政府的财政投入一直是"补供方"。政府直接投资建设福利院、养老院、日间照料中心等养老设施，并对符合条件的民办养

老机构提供一次性建设补贴和/或运营补贴, 对城市 "三无" 对象和农村 "五保" 老人等救助对象提供免费服务, 其他老年人则要自费接受各种服务。

这种 "补供方" 的投入方式, 会加剧老年人对养老机构特别是公办养老机构的依赖。其原因, 一方面, 在于居家和社区养老服务有效需求不足, 发展严重滞后。受消费观念及支付能力等各方面因素影响, 在没有政府补贴的情况下, 当前老年人普遍不愿或无力自费购买居家养老服务。目前各地正在开展的居家养老服务项目, 几乎都是政府出资为特定救助对象购买的服务。另一方面, 即前文提到的, 政府补贴造成公办养老机构性价比高, 因此更受老年人的欢迎。

一些欧洲国家的实例表明, 从 "补供方" 改为 "补需方" 能够有效减少对养老机构的依赖。如荷兰专门用于老年人养老服务支出的全面保险 AWBZ 计划, 最初的经费主要用于养老福利设施的建设和日常运行。1994 年开始, 荷兰政府改变了资助方式, 将照料服务的补贴经费直接发给老年人个人, 由老人自己选择服务方式和服务机构, 鼓励老年人居家养老。相关资料显示荷兰拆除了部分养老机构, 机构照料容量降低了 25%。[①]

（七）过于强调服务体系建设, 综合性应对战略重视不够

随着老龄化形势的不断演进, 社会结构将发生深刻变化, 其影响的政策范围和服务范围将非常广泛, 生产、生活方式等也都需要做出相应的调整, 这就需要一个综合性的战略来加以应对。制定这样的综合性战略, 需要基于全生命历程的视角, 而不能仅仅针对老年人, 因为很多功能丧失是中年开始出现的, 但都是可以预防的。通过预防功能丧失, 避免影响今后生活, 可以使老年人的生活质量最大化、护理需求最小化。

从这个层面来考虑, 当前中国的应对模式是不够全面的。尽管 "老有所养、老有所医、老有所教、老有所学、老有所为、老有所乐" 一直是

---

① 桑永旺: "国外养老服务经验可鉴", 《社会福利》, 2006 年第 11 期。

我国老龄事业的工作目标，《老年人权益保障法》《中国老龄事业发展"十二五"规划纲要》等宏观性的法律、规划对相关问题做出了原则性的规定，但都缺乏实质性的约束效力。而《社会养老服务体系建设规划（2011–2015 年）》则对整个养老服务体系的发展做出了相对明确的规划，成为整个应对老龄化战略中操作性最强的部分，将整个老龄化应对模式导向了服务体系建设。特别是其中"每千名老年人 30 张床位"的量化目标，又进一步将整个服务体系建设的任务导向了养老机构建设，造成当前老龄化的应对模式着眼于服务体系建设特别是养老机构建设，而忽视了更加宏观的、综合性战略的制定，预防老龄化的理念更是还远未提上议事日程。

四、国际上养老服务发展的基本经验

欧美、日本等老龄化先发国家已经形成了比较完善的社会养老服务体系，现阶段主要集中在如何加强质量监管、对比不同投入方式资金使用效率等中观或微观管理层面，而不是模式选择、体系建设方向、政府责任界定等相对宏观的问题，这是与我国当前养老服务问题研究最大的不同。尽管如此，从这些国家养老服务体系经历的发展历程、当前服务体系的整体架构、面临的挑战及正在进行的改革探索中，仍旧能给我国社会养老服务体系的发展提供有益的借鉴。

当前，主要发达经济体养老服务体系具有以下几个突出特点。

（一）以居家社区为基础的整体架构

国际上，养老服务主要分为机构照料（Residential Care）和居家照料（Domiciliary Care）两大类。研究表明，居家养老的成本效益高于机构养老。1982 年联合国批准的《维也纳老龄问题国际行动计划》中开始强调"应设法使年长者能够尽量在自己家里居住和在社区独立生活"；1991 年通过的《联合国老年人原则》再次强调"老年人应尽可能在家里居住"和"老年人应该得到家庭和社区根据每个社会的文化价值体系而给与的照顾和保护"。"Aging in place"即"就地安养"已经成为各国养老服务的主导性思路。

各国也在纷纷采取措施，通过改善人群健康、提高家庭和社区等院外照顾水平等方式，尽量推迟老人入住养老机构的时间。不少国家把补贴发给老年人个人，鼓励老年人自己选择养老方式，甚至可以雇佣亲属提供照料。英国养老机构调查发现，1990年社区照顾法律通过以来，养老机构内体弱多病的老人大幅上升，老人入住的平均年龄由83岁增至85岁，意味着入住养老机构的老人主要集中在高龄和生活不能自理的人群上。[1]

（二）服务提供以社会力量为主

养老服务属于社会服务（Social Care）的一项重要内容，各国政府都在这一领域承担着重要责任，主要体现在制定政策、资格准入、质量监管等方面。但在服务提供主体方面，则主要是社会力量为主。欧洲福利国家政府在社会福利体系中占据较大的份额，但1973年石油危机后的反思阶段，也开始注重发挥社会组织的作用，"社会福利社会化"成为各国的普遍共识。

不少国家的老年服务机构以私营部门为主。澳大利亚私营部门是老年服务和照料的主要提供者，私立营利性公司主要举办高成本的护理院，私立非营利性组织——主要是宗教、慈善和社区组织举办老年公寓和部分社区服务机构。日本养老机构以民营为主，2008年，日本共有老年福利机构4.3万家，其中政府经营的只有3700家，民营的近4万家。此外，除各类营利性和非营利性机构外，大多数国家还积极发展志愿者队伍，为老年人提供正式和非正式的照料服务。

尽管服务提供以私营部门为主，但公共资金会通过购买服务的方式予以支持。以税收为主要筹资的国家通过政府购买的形式给予支持，以保险

---

[1]　张秋霞、宋培军等：《加拿大养老保障制度》，中国社会出版社2010年版。

（无论是社会保险还是商业保险）为主要筹资方式的国家，则主要由保险机构来购买服务。

（三）以"补需方"为主的投入方式

发达经济体对养老服务的投入主要采取"补需方"的形式，包括两种主要方式，一是直接向社会组织购买服务并提供给老年人，二是直接向老年人提供补贴（Direct Payment），鼓励老年人自主选择服务方式。近年来第二种方式越来越受欢迎，其优点在于既可以控制费用，又可以增加老年人的选择性。意大利等国甚至规定老年人可以用获得的补贴直接雇佣家庭成员提供照料，但英国等大多数国家目前还只允许老年人购买社会组织提供的正式服务。

（四）有严格的养老服务需求评估制度

大多数国家对养老服务实行分级管理，机构养老服务的护理等级是最高的，老年人在申请养老服务之前都需要经过健康状况评估和收入状况调查。基本程序是使用者向相关机构提出申请，由专业机构对申请者的健康状况和收入状况等进行评估和审核，对符合要求的申请者划定护理等级、制定护理计划，再分送至不同类型的养老机构或享受不同类型的护理服务。

如日本对老年人护理服务实行分级管理。老年人可以根据自己的需要提出护理申请，由调查员和主治医师以上职称的医生提出健康状况认定书，由保健、医疗和福祉专家组成的护理认定审查会认定申请人需要护理的等级，由轻到重将老年护理分为需要支援（1～2级）和需要护理（1～5级）共7级。申请人得到介护保险的认定后，由一名专业的介护师来帮助申请人制定一份介护服务计划，分别由地区综合支援中心、居家护理支援单位和老人福利服务设施提供相应的护理预防、居家护理和设施护理服务。介护计划实施半年后，再进行一次健康调查和重新评估，根据健康状况改变情况调整介护等级、制定新的介护计划。

（五）有相对稳定的筹资渠道

国际上较早进入老龄化的国家，都已经形成了相对完善的养老服务筹资模式，且从筹资来源上看，公共筹资占较大份额。主要包括以下三种方式：一是国家税收为主的模式。如瑞典等北欧国家养老服务是税收筹资，政府鼓励老年人居家养老，确实需要生活照料的老年人可以申请政府补贴，支付生活照料或者入住养老院的费用。英国包括养老服务在内的社会服务（Social Care）支出责任都在地方政府，资金来源主要为地方税和中央政府每年拨给地方的总额预算，收入低于 2.3 万英镑 / 年的老年人可以向政府申请补贴支付养老服务。新加坡养老机构的建设 90% 由政府投资，政府还对社区服务机构提供资助，并为符合支付能力调查要求的低收入老年人提供津贴，用于到老年人日间护理中心参加活动。二是社会保险模式。德国、日本、韩国等相继建立了长期护理保险制度，新加坡针对严重残疾老年人的低费保险项目——老年保障计划（Elder Shield）等，实质上也是一种护理保险制度。老年人享受的各类养老服务都由长期护理保险支付。三是商业保险模式。在美国，尽管 Medicaid 是长期照料服务的主要出资方，但大量商业保险机构和医疗计划也为老年人的院外康复、长期照料等提供支持。

（六）将预防老化作为重要的政策目标

随着老龄化对经济社会影响程度的加深，也由于庞大老年群体的政治影响力越来越高，老龄相关政策在国家整体发展战略中占据重要地位。同时，各国逐步认识到，仅关注老年照料问题是一种被动、消极的应对方式，老龄相关政策应该朝着更加积极的方向发展。近年来，各国的老龄战略都把预防老化作为重要内容。如日本于 2006 年修改《介护保险法》，新增了"介护预防"的保险事项，规定为接受老化预防与老年康复服务的高龄者支付保险费，增设了居家养老介护预防服务和地区亲密性介护预防服务，并配备了专业的康复设备。英国《共同创造照料服务的美好未来》

（Shaping the Future of Care Together）白皮书中，将"关注预防"（focus on prevention）作为第一条原则，近年来促进社会服务和医疗服务的整合、为老年人提供连续性的服务也成为工作重点之一。

（七）同样面临人员短缺、财政压力增加等挑战

主要发达经济体养老服务体系也面临一些问题。一是养老服务人员短缺是各国面临的普遍问题，养老护理岗位缺乏吸引力，养老护理员总量不足、以女性为主、年龄偏大、外来人口（移民）占较大比例等问题普遍存在。二是部分国家受本轮经济危机影响，政府财政压力不断增加，正逐步调整政府职能，鼓励家庭和个人承担更多责任。三是家庭成员和亲友提供的非正式照料都占较大比重，非正式照料者普遍承受较重的经济和精神压力。许多国家通过发放补贴、提供喘息服务、进行专业指导等方式为非正式照料者提供支持，但总体覆盖范围都比较有限。

五、对中国社会养老服务体系发展的建议

当前，我国社会养老服务体系建设处于起步期，制度建设、硬件配置、人员培养等各方面都存在比较多的历史欠账，在老龄化形势日益严峻的背景下，供需矛盾必将进一步加剧。近年来，在各级政府的大力支持下，养老机构、社区养老及居家养老服务设施设备配置都有大幅度提升，但也存在不少问题。在养老服务体系大规模、快速建设的关键时期，一些基本的方向性问题亟待明确，一些关键性的制度亟需尽快出台。

（一）理性看待社会养老服务体系发展对经济和社会发展的作用

社会养老服务是一种投资性的社会支出，对经济和社会发展有重大影

响。首先，社会化的养老服务能够释放劳动力资源。照顾年迈的父母是子女们必须承担的责任，如果有了完善的社会化照料体系，失能、半失能老年人及其家庭都得到了较好的帮助，子女们没有后顾之忧，可以更好地参与到经济和社会活动中，能够释放出大批劳动力，增强经济、社会的活力，激发更多的创造力，对经济发展有积极的促进作用。美国一项研究表明：因全职在家照顾老人而带来的低效率每年造成约 336 亿元的经济损失。①在当前"人口红利"逐步消失、劳动力短缺日益严重的背景下，这显得尤为重要。

其次，养老服务本身也可以创造就业，拉动经济增长。一方面，养老服务是典型的劳动密集型行业，能够吸纳大量就业，特别是没有受到过良好教育或者难以适应高科技转型需求的进城务工人员或大龄劳动力。另一方面，养老服务相关产品的研发、老年消费品市场的繁荣，本身也会对经济发展做出积极贡献。此外，完善的养老服务可以解除人们的后顾之忧，减少不必要的预防型储蓄，拉动消费。

然而，在看到社会养老服务体系发挥积极作用的同时，也不能过于强调其经济属性。当前产业界及部分地方政府热衷于投资养老行业，甚至以此作为拉动地方经济增长的新兴产业或支柱产业，这种做法有点本末倒置。养老服务的对象是老年人，特别是相对脆弱、更需要照料的老年人，应当更加体现公益性，至少是微利性。各级政府在制定养老服务发展规划或审批养老服务项目时，应当严格把关，任何期望通过投资养老行业来实现快速、大规模营利的行为都应该坚决制止。

（二）将社会养老服务政策目标调整为帮助老年人独立生活

与发达经济体对社会养老服务的战略定位相比较，我国的既有认识还有很大差异。发达经济体大都将养老服务当作社会投资，基本理念是通过

---

① Lynn Feinberg and Rita Choula. Understanding the Impact of Family Caregiving on Work. http://www.aarp.org/research/ppi/ltc/.

帮助老年人独立生活可以释放更多的青壮年劳动力，间接创造更多的社会财富。而我们则仍旧强调要给老年人更多的关爱和照料，把养老服务业当作朝阳产业，认为发展养老服务可以拉动消费、直接促进经济增长。这种认识带来的直接后果是体系建设中以机构为重点，对居家养老特别是家庭成员对老年人的照料支持力度不够。应尽快调整我国社会养老服务政策的目标，从帮助老年安享晚年转向帮助老年人独立生活或者减少机构依赖。

（三）加强需求调研，科学制定体系发展规划

养老服务体系规划应当建立在充分的需求调研的基础上。以日本为例，20 世纪 80 年代末即组织每个市町村进行详细的需求调查，据此制定《老年人保健福祉推进十年战略》（黄金计划），但后来很快发现"黄金计划"所做的规划不能满足快速老龄化的要求，于是根据新的调研结果制定"新黄金计划"，之后的"黄金计划 21"等都是在详尽的需求调查的基础上做出的。近年来,我国确立了"以居家为基础、社区为依托、机构为支撑""9073"或"9064"的养老服务体系格局，总体上是符合国际上养老服务发展大趋势的。但由于各地老龄化程度、经济社会发展水平、居民传统观念和行为习惯等存在很大差异，这种自上而下的、统一的"9073"或"9064"不能适应各地差异性，且在具体建设项目的布局和选点、服务项目的设计上，科学性和操作性也不足。应尽快全面启动老年人养老服务需求调研，在充分了解老年人需求的基础上、自下而上科学制定养老服务体系发展规划。

（四）参照国际流行趋势，将体系建设目标调整为"居家为基础，社区为依托，机构为补充"

我国已经确立了"以居家为基础、社区为依托、机构为支撑"的社会养老服务格局，这是符合国际上"就地安养"的基本理念的。但由于当前体系建设总体上处于补欠账阶段，媒体的宣传引导又夸大了床位短缺的程度，造成目前体系建设重点主要在机构建设上，且有"贪大求全"的趋势。

这一点必须尽快纠正。

应淡化《建设规划》的床位建设目标及相关考核，将目标调整为"居家为基础，社区为依托，机构为补充"。按照帮助老年人独立生活的政策目标，设计新的建设目标，指导"十三五"及今后的工作。要限制机构床位规模，严格控制和新批千人以上床位养老院的发展。同时，应该着力在社区就近改造或新建必要的床位，以方便就地养老。贴近社区的养老服务设施，可以让老年人尽可能留在熟悉的环境中，也为家属及时探望、照料老年人提供便利。

创造适合老年人生活的宜居环境，是鼓励、支持老年人独立生活的重要措施。在新建小区的规划中，要充分考虑老年人的需要，提前做好规划。更为重要的是，要积极对城市现有老旧小区进行适老化改造，满足现有老人的实际需要。目前，对老旧小区的楼房加装电梯、在各类公共场所进行无障碍设施改造，在技术上都不存在太大难度，实践中矛盾的焦点往往集中在改造费用由谁承担方面。鉴于此，政府应当尽快承担责任、建立专项资金，加快各项适老化改造工作的进程。

（五）建立稳定的社会养老服务筹资机制

当前，我国老年人仍然以"自费养老"为主，老年人支付能力差是制约整个养老服务产业发展的重要因素。政府直接投资建设养老机构的传统模式远不能适应老龄化快速发展的需要，必须尽快建立科学有效的公共筹资机制，为社会养老服务体系健康发展提供资金支持。主要发达经济体养老服务筹资的方式包括税收筹资、社会保险、商业保险三大类。考虑我国当前的现实，近期可以考虑仍以税收筹资为主，将养老服务经费纳入财政专项预算，但应尽快将当前以"补供方"为主的投入方式转为"补需方"，采取政府购买服务或直接提供护理补贴的方式，为经济困难老年人提供基本养老服务，引导和鼓励社会组织提供基本服务。中远期可充分借鉴日本、德国经验，积极研究探索建立适合我国国情的长期照料保险制度。

（六）尽快建立养老服务需求评估制度实施细则

在社会养老服务资源严重短缺的背景下，应尽快将社会养老服务体系的服务对象聚焦为失能、半失能等最脆弱老人，因此，养老服务需求评估是一项基础性工作。民政部《关于推进养老服务评估工作的指导意见》（下称《指导意见》）的出台，对促进我国养老服务需求评估制度的建立会起到积极的促进作用。但在实践中一定要充分认识到评估工作的复杂性。按照国际经验，除了制定统一的评估标准外，评估主体的确定、评估的组织实施、评估结果的应用等方面都还有很多需要深入探讨的问题，即使是养老服务体系相对完善的发达经济体，这方面的工作也在不断地进行调整。因此，应对《指导意见》提出的各项任务进行深入细致的研究，尽快制定各种操作性的实施细则，并将养老服务需求评估结果作为养老机构准入、社区和居家养老服务使用、养老护理补贴领取等的前提，使评估结果真正发挥作用。

（七）改革养老服务定价机制，促进养老服务体系良性发展

应尽快改革养老服务定价机制，不论公办养老机构还是民办养老机构，全部实行全成本核算，在此基础上重新制定收费标准。同时，尽快调整养老服务资金的投入方式，加大"补需方"的力度，完善并落实高龄津贴、养老服务补贴、失能补贴等制度，探索长期护理保险制度。原有救助对象继续采取政府全额补贴的方式，其他人群按照健康状况和经济收入状况进行分级补贴，且不论入住公办养老机构还是民办养老机构，都享受同等补贴。对于健康状况良好但要求入住养老机构的老人，不论申请公立养老机构还是民办养老机构，要求全额自费。此外，通过"补需方"引导老年人更多地选择居家养老和社区养老服务，并在条件许可的情况下，尽快调整理念，强化预防和康复，增进老年人健康，尽可能减少对长期照料服务的依赖。

（八）全面加强养老服务人员队伍的培养

养老服务人员短缺是各国面临的普遍问题。主要发达经济体主要靠国际移民弥补人员短缺问题，但我国老年人口基数大，靠国际移民来解决我国养老服务人员数量短缺问题显然是不现实的，只能通过加强培训力度、提高服务人员素质来缓解数量不足方面的压力。同时，必须充分认识到，人员队伍的培养是个长期的过程，必须尽快开展。一方面，要稳定现有养老护理员队伍。采取补贴参保缴费、减免个税、服务积分、补贴工资等方式改善养老护理员的经济地位，尽快制定养老护理员工资与职业技能水平相挂钩的办法。另一方面，要提升养老护理员整体素质，有序推广养老护理员专业化培训，拓展养老护理员职业等级，让养老护理员有更好的发展前景，吸引更多人加入到养老服务人员队伍中。此外，要尽快建立包括社会工作者、康复理疗师、营养师等养老服务相关职业群，特别是要重视养老服务管理人才队伍的培养。

（九）引导老年人及子女的养老预期

当前，我国正处于养老方式转化的关键时期，老年人及其家庭对社会化养老服务的接受程度在快速提高。应当充分利用这个契机，在加强养老服务体系特别是居家养老和社区养老服务建设的同时，加强对老年人及其家庭的引导，形成正确、积极的养老方式。对于老年人，应当鼓励老年人"老有所乐、老有所为"，为老年人独立生活创造支持条件；对家庭成员，应当弘扬"孝老爱亲"的优良传统，鼓励家庭成员在老年照顾方面发挥基础责任。同时，推广国际流行的养老理念，鼓励老年人更多地留在家里，减轻对养老机构的过度依赖。

（执笔：张佳慧　贡　森）

第二章

中国养老服务人员队伍建设的现状、问题和政策建议 *

养老服务涉及的内容较广，为了便于国际比较，本研究将研究范围限定为长期照料服务，探讨长期照料服务所需人员队伍建设的情况。长期照料分为正式照料和非正式照料，本研究所涉及的养老服务人员，即包括专业的养老护理员、医护人员、社会工作者、养老机构管理者等专业人员，也包括亲友、志愿者等非专业人员。

一、养老护理员队伍建设的现状及问题

养老护理员指对老年人生活进行照料、护理的服务人员，是养老服务人员队伍的主体。由于护理工作强度大、社会地位不高、收入相对较低等原因，在老龄化日益严峻的背景下，护理人员短缺成为各国面临的普遍问题。在中国，城市中的养老护理员更多地依靠农村进城务工人员，但随着

———————

　* 本章是 2012 ~ 2013 年英国大使馆"繁荣基金"（SPF）资助的"加强中国养老服务人员队伍建设"项目的研究成果。原报告于 2013 年 3 月完成，本书出版时略作删节。

劳动力短缺问题的凸显，养老护理员短缺问题也日益明显。而在广大农村地区，受城镇化、工业化影响，大批年轻劳动力进城务工，"空心化"问题日益严重，农村的养老护理人员短缺问题更加严峻。

（一）养老护理员队伍存在劳动力市场用工问题的普遍特征

近年来，我国低端劳动力市场出现招工难、流动性大等问题，"用工荒"成为常态，并已从东部沿海地区扩散到内陆地区。在这样的大背景下，护理人员短缺问题也更加突出。尽管由于大多数机构从事一线护理的养老护理员都是临时聘用人员，没有准确的统计显示全国养老护理员的确切数量，但多项相关研究及专项调查都表明，养老护理员存在严重短缺问题。

据2010年《全国城乡失能老年人状况研究》估计，全国共有失能半失能老人3300万，按照每3位不能自理老人需要配备1名专业护理人员估算，中国需要1100万护理人员。2011年，全国老年人与残疾人服务机构在院老人为2423591人，其中介助为415839人，介护为192161人，两者合计为608000人。如果按照不能自理老人1∶3的配置标准，至少需要20万专业护理人员。

不少机构都面临较大的人员缺口，甚至有部分机构反映，由于人手短缺，有些护理床位难以对外开放。甚至有养老机构由于不能对老年人提供专业照料，允许老人自己带保姆住进养老机构。1993年，民政部颁布的《国家级福利院评定标准》中原则性规定：工作人员与正常老人的比例为1∶4，与生活不能自理老人的比例为1∶1.5。其后，各地根据实际情况进行过相应调整，目前，大多数地区的标准是养老护理员与自理老人的比例为1∶10，与生活不能自理老人的比例为1∶3。而对于发展相对滞后的居家养老和社区养老服务人员，则没有相应的配置标准。

2012年8～10月，本课题组对重庆、广州、杭州三地的几家养老机构进行了实地调研。相关机构养老护理人员的配置和待遇情况汇总见表2-1。初步结果显示，不同地区的养老机构，在机构规模、入住老人的身体状况、人员配置标准方面存在非常大的差异。广州、杭州养老机构中不能自理老人的比例相对高些，护理人员的配置数量也相对较高；公办养老机构中不能自理老人的比例相对较高，护理人员的配置数量也相对较高。

表 2-1 养老服务人员总体配置情况

	床位数（张）	入住老人数（人）	机构人员数（人）	护理员数（人）
养老院A	1800	1120（60%~70%不能自理）	513（含几十个临时工），缺口200人	老人与护理员是5:1，10个基层护理人员配1个管理人员
养老院B	2300	2000左右（整体上1/3需要别人协助；自理区15%需护理，护理区80%不能自理）	600	/
养老院C	210	165（50个不能自理）	58	40
养老院D	600	入住率90%（70~80个卧床、70~80个半自理）	94个编，其中75在岗+40临时工6个医生、5个护士	/
养老院E	150	150（13个失能），90%空巢老人	22	护理6人，保洁4人
养老院F	1450	1300（52%不能自理）	213（15个有编制）	153
养老院G	126	100（15%~20%不能自理）	23	16（3个专护，其余是服务员）
养老院H	448	54（26个失能，13个半失能，仅15个自理）	28	护理员11个，5个特护

除了数量短缺外，调研中相关负责人总结养老护理员"年龄越来越大、素质越来越低、来源越来越远"，养老护理员流动性非常大。相对而言，公办养老机构护理员稳定性较强，而其中有正式编制或签订正式用工合同的护理员稳定性更强，而民办养老机构或公办养老机构中的临时聘用人员流动性则非常大，有些地区或机构甚至高达50%。

（二）养老护理员大多集中在城市养老机构，社区／居家养老仍旧主要依靠非专业人员

当前，养老护理员主要存在于养老机构中，而居家养老、社区养老由于起步较晚，专业养老护理员严重不足，仍主要依靠非专业人员。

1. 部分发达城市配备了居家／社区养老护理员，但专业化程度不高

目前，居家和社区养老服务的提供方式主要包括两种，一种是区或街道等基层政府组织人员直接提供服务，另一种是政府采取统一招标的形式购买社会组织或家政公司的服务。不同的服务提供模式决定了护理员的不同来源。

由基层政府直接组织提供服务的，往往将这项工作与解决辖区"40、50"人员再就业工作相结合，养老护理员大都为本辖区的居民，人员相对稳定。而采取政府购买形式提供服务的，养老护理员大都为家政公司或社会组织公开招聘的人员，以外来务工人员为主，这种形式存在劳动力市场普遍存在的各类问题，即人员短缺、流动性大等。

不论是哪种用工形式，居家养老护理员和社区养老护理员大都没经过专业的养老服务培训，目前的工作内容也仅限于上门提供保洁服务、帮老人买菜送饭、陪老人聊天等简单工作，不能为失能、半失能等真正需要照料的老年人提供服务。

与城市养老机构的护理员相比，居家和社区护理员也面临年龄偏大、文化程度较低、流动性大、待遇偏低等一系列问题。然而，由于居家养老和社区养老工作刚刚起步，且大都是在政府行政力量推动下开展的，实际覆盖的人群有限，目前，尚没有反映出人员严重短缺的问题。今后，随着居家养老和社区养老功能的进一步完善、覆盖面的进一步拓展以及老年人需求的进一步提升，服务人员不足的问题可能也会逐渐暴露出来，专业化程度也亟待进一步提升。

2. 社区居委会、老年协会等群体成为居家养老和社区养老的主要力量

在居家养老和社区养老服务发展尚不充分的地方，居委会、党员干部、社区志愿者等在社区养老中发挥了较大的作用。但是，这种模式大多还只能发挥守望互助的功能，与专业的养老服务还存在很大差距，专业养老护理组织的培育还需要加快。

（三）农村地区养老服务专业化程度低，专业养老护理员严重缺乏

农村养老服务的发展严重滞后于城市。总体而言，农村地区养老服务的社会化程度不高，仍旧以家庭成员照料为主，家庭成员依旧是老年人照料的绝对主体。职业的养老护理员无论从数量上还是专业化程度上，都面临比城市更加严峻的问题。

农村地区的养老机构，包括县级福利院、乡镇敬老院，规模一般较小，人员短缺更加严重，且越到基层、经济条件越差的地区，人员短缺问题越严重。很多乡镇敬老院根本谈不上服务，也没有专门的护理人员，只能起到简单管理的作用，主要还是靠老人间的自助和互助。而且农村养老机构的服务对象仍主要以"三无"老人、"五保"老人等传统救助对象为主，自费老人数量非常少。

同时，相对于城市老人，农村老人更易于获得满足，特别是"五保"老人，对于"有吃、有住、能看病"的生活状态很满意。农村敬老院的老人生活单调，对娱乐活动的参与度也不高，整体上对服务的需求量不大。同时，由于长期缺乏专业护理人员，老年人已经完全适应了这样的生活状态，没有对护理员短缺问题提出质疑。因此，虽然很多农村养老机构人手不足，但矛盾并没有城市机构表现得那样突出。

在居家养老和社区养老方面，农村地区发展更为滞后。经济条件较好

的地区，县城中的居家和社区养老服务有所发展，但大都是在行政命令推动下的示范工程。一些相对成熟的街道或社区，在居委会、老年协会等推动下，开展了和城市社区类似的服务，但整体水平还很低。

个别集体经济条件较好的村庄，在村委会、老年协会等推动下，开办了老年食堂、老年人日间照料中心等，并在村干部、党员、老年协会成员的推动下，组织了一些邻里互助的活动。绝大多数村庄，还没有专门的居家养老和社区养老服务。从长期来看，农村地区的养老还会主要依赖亲属和邻里的非正式照顾，政府应该在这方面多加支持和引导。

（四）养老护理员专业化程度低，职业发展通道窄，缺乏上升空间

在我国，养老护理员的定位是一种职业技能型人才。2002 年开始实施的《养老护理员国家职业标准》（下称《职业标准》）规定，该职业共设四个等级，分别为：初级、中级、高级、技师，原则上规定养老护理员应当持证上岗。但 2003 年《行政许可法》规定，没有相关法律依据的不能设置行政许可。因此，养老护理员的职业准入一直没有执行。

养老护理员的概念在实践中被泛化。《职业标准》对养老护理员这一职业做出了明确定义：养老护理员是指对老年人生活进行照料、护理的服务人员，并详细列出了初级、中级、高级、技师四个等级养老护理员的职业功能（见表 2-2）。

以初级养老护理员为例，职业功能包括生活照料和技术护理两项。生活照料的工作内容包括清洁卫生、睡眠照料、饮食照料、排泄照料、安全保护五项，技术护理的工作内容包括给药、观察、消毒、冷热应用、护理记录、临终护理等六项。《职业标准》还对每项工作内容提出了明确的技能要求。只有实际承担《职业标准》所界定的工作任务并能达到相关技能要求的人员，才能称之为养老护理员。

表 2-2   养老护理员的职业功能

职业等级	职业功能
初级	生活照料、技术护理
中级	生活照料、技术护理、康复护理、心理护理
高级	技术护理、康复护理、心理护理、培训与指导
技师	技术护理、培训与指导、护理管理

然而，在实践中，养老护理员这一称谓往往被泛化。养老机构中的老人包括自理老人、介助老人、介护老人三类，大多数机构按照不同类型实行分区护理。自理区的工作人员，往往只承担打扫卫生、帮老人洗衣服、送水送饭等最简单的工作。这类工作不能称之为"养老护理"工作，从事这类工作的人员也不能称之为"养老护理员"。有些机构将这些人员称之为"保洁员"或"服务员"，有些机构则简单地将这类人员归为"养老护理员"，以至于在推动养老护理员持证上岗的过程中，对这类人员也提出了相应的培训和考核要求。这种将养老护理员和一般服务人员混淆的做法，无形中削弱了养老护理员职业的专业性和特殊性，不利于养老护理员队伍自我认同感的提升，不利于养老护理员职业的发展。

同时，尽管《职业标准》设定了初级、中级、高级、技师四个层次的职业标准，为养老护理员的职业发展提供了上升的通道，但由于标准实施年限较短，绝大多数护理员还处于初级阶段，且职业标准没有与工资待遇挂钩，造成大多护理员对职业发展缺乏动力，也使得这一行业缺乏足够的吸引力。

（五）养老护理员社会地位低，岗位缺乏吸引力

养老护理员是"伺候人"的工作，在传统观念里，"伺候人"被认为是不那么体面的工作。同时，照顾老年人工作强度比较大，特别是照顾生活不能自理的老年人。并且，受历史沿革因素的影响，传统的养老机构中入住的老年人，大多数为"三无"老人或"五保"老人等处于社会最底层的群体，"伺候"这类人就显得越发不光彩。受这些因素影响，养老护理

员的社会地位一直不高。

近几年，随着老龄化形势的不断演进，老龄问题得到各方的普遍重视，在舆论宣传、引导上，公众对养老服务的认可度在提升，养老机构的入住对象发生很大转变，大量身体健康、经济条件较好、不符合传统救助要求的社会老年人选择入住养老机构享受晚年生活，国家对养老服务和养老机构的重视力度也在不断增加，养老机构在公众心目中的形象发生了较大变化。养老护理员的形象也随之发生了一些改变，对自身的认同感也略有提升。

典型调研中，曾有养老护理员反映："以前不好意思跟别人讲自己做什么工作，现在已经敢跟别人说自己在养老院工作了。"然而，整体而言，养老护理员社会地位不高的现象没有明显改观，成为制约养老护理员发展的关键因素之一。许多护理员都不愿让自己的子女今后从事养老护理工作。尽管一些职业学校设置了养老护理专业，但毕业生几乎都没有真正从事一线护理工作。

（六）养老护理员的待遇普遍较低，提升空间有限

养老护理员的待遇在不同地区间存在较大的差距。2012 年，在广州、杭州等经济发达城市，养老护理员的收入可以达到 2000 ～ 3000 元 / 月，而在经济条件相对较差的重庆，则仅能达到 1200 ～ 1500 元 / 月，均处于当地较低水平。

近年来，随着劳动力短缺问题普遍的出现，且受物价上涨因素的影响，养老护理员的工资待遇也有所提升。部分地区为了增加行业的吸引力，还相应提高了养老护理员的待遇标准。如杭州市规定，福利性、非营利性养老机构对取得高、中、初级职业资格证书的护理员（助老员），每月工资分别不低于当地最低工资的 1.6、1.4 和 1.3 倍（不包括各类保险和公积金）。但事实上，在杭州，养老护理员的实际收入已经超过这个水平，使得指导标准缺乏现实指导意义。

尽管增加养老护理员收入的呼声很高，但受当前老年人消费观念和收入水平影响，养老护理服务收费标准很难提升。

2012年，城镇老年人退休工资平均仅有2000元左右，入住养老机构要花掉半个月甚至一个月的工资，很多老人还要预留一部分看病费用，因此对养老机构的收费非常敏感。个别养老机构甚至出现过因提高养老机构收费，老年人组织游行甚至到市政府门前静坐的事件。还有部分老年人认为政府办的养老机构就应该为老百姓服务，不能收太高的费用。地方政府出于社会稳定的考虑也不愿轻易提高养老服务收费。

社区养老和居家养老服务正在政府的推动下艰难起步，服务内容有限、覆盖范围也较窄，老年人整体接受程度还不高。为吸引老年人接受服务，社区养老和居家养老服务往往采取压低价格的方式，也进一步限制了养老护理员收入的提升。

（七）现有养老护理员对职业发展不太关心，更看重社会保险等相关福利待遇

由于社会地位不高、工作强度较大、缺乏职业发展通道等多方面原因，当前从事养老护理工作的多为"40、50"群体，且大都是进城务工者。由于职业发展通道窄，且没有实质性的吸引力，这部分群体对职业发展漠不关心，反而更关注身份待遇、社会保险等代表工作稳定性的问题。

调研中发现，家政钟点工、住家保姆、医院护工等是养老护理员流失的主要去向，不少养老护理员也都有从事类似工作的经历。坚持从事养老护理工作或从家政、保姆、护工市场回流到养老护理行业的人普遍反映，相对于这些行业的高工资，养老机构的稳定性更有吸引力。

（八）养老护理员培训力度在加大，但实际效果不佳

养老护理工作有较强的技术性，各国对从事养老护理工作的人员都设定了相应的准入门槛，如英国、法国、日本等都有相应的岗前培训要求，

并规定必须获得相应职业资格证后才能上岗。日本更是通过《介护福祉士法》等法律形式对此做出了规定。

我国《养老护理员国家职业标准》也为养老护理员设置了相应的准入门槛，《社会养老服务体系建设规划（2011-2015 年）》中对持证上岗率的规定，也体现了进一步严格养老护理员准入、提升养老护理员整体素质的要求。在这样的背景下，近年来各地对养老护理员的培训力度逐步加大，不少地方还开展了大量免费培训。

但由于考试都由当地组织，各地也都有专门的官方职业技能鉴定中心，掌握标准不一致，部分地方甚至为片面追求持证率，培训效果大打折扣。除民政部门或劳动部门等官方组织的培训外，一些机构也有上岗培训，但正规化程度不一，有些甚至仅仅是为了帮助护理员通过考试，实际效果也不理想。

在专业化教育方面，目前全国已有 40 余所院校设立了养老服务专业，建立了"全国老年服务教育联盟"，积极探索引进海外课程体系、开发实用性教材，并与养老服务机构合作开展技能培训，开展提高养老服务教育质量。

然而，受传统观念影响，许多家长不愿孩子从事"伺候人"的工作，毕业生对专业的认同度也不高，对口的工作岗位有限，就业后的流动性很大。为了提高养老服务专业人才就业稳定性，相关机构正在呼吁制定引导和鼓励政策，如在公务员招考时给予养老服务岗位工作者适当优待等。

二、养老机构或设施中其他专业人员队伍现状及存在问题

（一）医务人员

养老服务需要有医疗支撑。许多老年人选择入住养老机构就是看中养老机构有专职医生，能够及时解决医疗需求，靠近大型医疗机构或者自身

配备了专业医疗服务人员的养老机构往往更受老年人欢迎。而居住在家中的老人，最担心的也是生病后身边无人照顾。

发达国家的经验表明，养老机构应当具备基本的医疗服务条件。在养老机构的人员配备中，大都包括专业的医生和／或护士，以应对老人的突发医疗需求、进行紧急救助及提供日常的健康管理。一般而言，护士是专职的，医生可能是专职的，也可能是兼职的。

1. 养老服务机构或设施中医务人员配备情况

城市养老机构入住老人较多，有大量的医疗服务需求。条件较好的养老机构往往配备专业的医护人员，但也有些机构本身不配备专业医护人员，而是采取与专业机构合作的形式来解决入住老人的医疗需求。目前，养老机构与医疗服务相结合大体有三种形式。

一是大型医疗机构开办养老机构。如重庆市一家大型医院正计划开办专业的大型养老中心，杭州市一家养老机构是在原康复医院的基础上开办的老年康复养老中心。

二是较大型的养老机构配备专职医务人员。根据养老机构规模和需求大小，专职医疗服务的规模也有差别。如北京一家福利院设有专门的康复医院，可对外提供服务，广州市一家养老院设有 150 张床位的病区但不对外提供服务，重庆市一家福利院配备仅数名专职医护人员。

三是养老机构与医疗机构合作，医疗机构向养老机构派驻医务人员。很多小型养老机构，特别是处在城市中心、交通便利区域的养老机构都采取了这种方式。根据需求量大小，合作可分为专门派驻和驻点合作两种形式。如杭州市一家福利中心和广州市一家老年公寓有专门派驻的医生，而重庆市一家老年公寓则有一名兼职医生并要求社区卫生服务中心在楼下设立了服务站。

上述三种类型各有利弊，外派和驻点形式能够节约养老机构的成本，但需要民政和卫生部门的良好协调；养老机构自身配备专职医务人员有利于提高专业性和诊疗能力，但在人员待遇、职称晋升、服务范围方面可能受到限制；医院直接开办养老机构有良好的医疗技术和人员支撑，但在费用控制方面可能面临挑战，且公立医院对外投资的行为是否应当获得许可甚至鼓励还有待商榷。

在城市社区，基层医疗服务体系建设及基本公共卫生服务均等化项目都是本轮医疗卫生体制改革的重点任务，以社区卫生服务机构为核心的基层医疗服务体系得到了很好的发展，常见病及多发病的诊疗、老年人健康管理、慢性病系统管理是其核心职能。居家和社区养老老年人医疗服务需求的满足，有赖于社区医疗服务机构功能的进一步完善。

农村养老机构人员严重短缺，但由于规模一般不大，且受经费、编制等诸多限制，几乎都没有配备专门的医务人员，老年人的日常医疗服务主要由邻近的乡镇卫生院或村医来提供。同样，农村居家、社区养老的老人，医疗服务需求的满足也需要依赖邻近的专业医疗机构和村医。

2. 养老机构医务人员队伍建设存在的问题

一是待遇偏低，稳定性差。相对于医院医务人员而言，在养老院工作的收入要低很多。在调研中，某养老院医生反映：以主治医生为例，养老院医生收入是医院医生收入的1/2，护士收入仅为医院护士收入的1/3。更高级别的医生，在医院的收入会非常高，根本不会考虑来养老机构。

公立养老机构中的医务人员相对稳定，而私立养老机构中医务人员稳定性较差。公立养老机构往往能够解决编制甚至是户口，且在公立机构工作往往有较高的社会地位，能够对专业技术人员形成较强的吸引力。私立机构则不具备这样的优势。

相对而言，医生比护士好招，且稳定性更高。主要原因是：应届临床医学毕业生竞争激烈，直接进医院较难，往往被养老院稳定的工作环境吸引，愿意先在养老院工作3～4年，然后再寻找更好的机会或者转行去医院。而医院对护理人员需求量大，应届护理专业毕业生就业面广，往往先在医院工作一段时间，年龄稍大后可能考虑追求更轻松的工作环境、更稳定的工作状态而选择来养老院。

二是职业晋升通道狭窄。一方面，养老机构中对各类专业技术人员的职数限制非常严格，中级职称特别是高级职称所占比例非常低，造成医务人员职称晋升空间有限。另一方面，职称评定标准往往比较严格，有些地方甚至明确规定不在专业医疗机构执业就不具备职称评定资格。如调研中有护士反映，养老机构的工作经历在报名参加注册护士考试时是不算数的。此外，高级职称的评定中都有发表论文、承担课题等相关要求，在养老机构工作的医生往往没有从事科研工作的相关条件。

以专业医疗机构为基础设立的养老机构，在医务人员配备方面有绝对优势，可以实现医务人员在养老机构和医疗机构之间的自由调配，也能够为医务人员的职称晋升、专业发展创造有利条件。

三是职业认同感和成就感低。调研中，有医生反映：医院中面临的是能够治愈的病人，而养老机构中的老人大都是不能治愈、终究要离世的，长期在这样的环境下工作，往往让人感觉很悲观，没有成就感。

（二）专业社会工作者

我国专业社工队伍的发展起步较晚。2006年7月20日，原人事部、民政部联合发布了《社会工作者职业水平评价暂行规定》和《助理社会工作师、社会工作师职业水平考试实施办法》，首次从制度层面将社会工作者纳入专业技术人员范畴。在此基础上，社会工作者队伍得到了较快发展。

1. 养老服务机构或设施中专业社会工作者配备情况

近年来，各地对社工的重视程度提升，多地采取"政府购买"的形式购买社工岗位，社工的工作环境改善、待遇提升、稳定性增加，社会工作者特别是专业社工也开始进入养老服务队伍。

2011 年，全国老年人与残疾人服务机构中，助理社会工作师、社会工作师人数分别为 2097 人、1256 人，其他老龄事业单位中两者人数分别为 57 人、68 人。二者合计分别占全国助理社会工作师、社会工作师人数的 7.2%、11.41%，养老服务成为社会工作者工作的重要领域之一。

各类养老机构及城市社区对社会工作者的需求量还是很大的。例如，院内老人之间、老人与院方之间、老人与护理人员之间以及护理人员之间，存在各种各样的矛盾，特别是在那些规模比较大、入住老人密度较高的机构中，种种矛盾更加难以避免。老年社工的及时介入和疏导，可以有效地解决这些矛盾。同时，社工倡导的"助人自助"理念，也能为老年人创造更积极、更和谐的晚年生活。

2. 专业社会工作者队伍存在的问题

由于起步较晚，社会工作者的职能还没有充分发挥，社工队伍的发展也面临不少问题。主要表现在以下两方面。

一是社会工作者实务经验缺乏。尽管国内高校社工专业教育设立已近 20 年，但教授内容的本土化、实务性不足，大多数学校的社工教育还停留在理论层面，在实践领域也缺乏专业的积累。且与国外相比，社工教育内部的专业划分尚不明显，比如，没有很细致地区分医疗社工、老年社工、残疾人社工、儿童社工、青少年社工、矫治社工等。由于每一类社工的实务性都很强，课程设置的侧重也有较大区别，笼统的专业设置不能满足特定专业的实务需求。

目前，不论是养老机构还是社区层面的专业社会工作者，年龄普遍偏小，工作热情往往很高，有良好的理论知识储备，但往往缺乏将理论转化为实务的能力。这样造成的局面是，养老机构或社区中社工的活动职能局限于组织一些文化娱乐活动，丰富老年人的生活。对老年人心理问题的干预、矛盾的化解却不能发挥相应的作用，特别是对那些生活不能自理、长期卧床的老人，更是缺乏积极主动的干预。

二是对社工的专业性认识不够，社工的岗位职责不清晰。目前，社会上对于"社工"的理解比较模糊，往往将专业社工、志愿者、义工等概念相混淆。关于社工有两种比较极端的认识，一种认为社工是万能的，不论什么问题都能够解决；另一种认为社工跟普通的基层行政人员没有任何区别。这两种认识都限制了社工队伍的发展。

（三）专业管理人员

专业管理人员是养老服务团队的核心，承担着组织、协调整个养老服务团队运行的职能。高层管理人员能够决定整个养老服务组织的发展方向和运营方式，并通过建立规范的制度、采取科学的激励和约束手段，确保养老服务组织的使命得以达成。中层管理人员直接领导养老护理团队，对养老护理员的工作进行技术指导，还可以通过恰当的人文关怀营造氛围、提升护理团队的凝聚力，确保养老服务组织日常工作的有效运转。

中高层管理人员的有效工作，是整个养老服务组织有效运行的核心，中高层管理人员保持稳定，能够很大程度上保证整个养老服务团队的稳定性。而且，"铁打的营盘流水的兵"，只要中高层管理人员相对稳定，即使一线养老护理员存在一定程度的流动，也不会影响整个养老服务组织的正常运转。

养老服务是直接为老年人这一特殊群体提供服务的，各类养老机构和设施的运营有其自身的独特性质，这就要求养老机构的管理人员有相应的专业素养，既懂得基本的运营常识，又要了解老年人的特殊需求和养老行业的基本特性。

然而，当前养老服务专业管理人员队伍的发展严重滞后。有实践经验的专业管理人员数量奇缺，即使是一些多年从事养老服务行业管理的一线管理者也缺乏系统的理论支持，不了解养老服务行业的特殊性。此外，传统的公办养老机构大都仍沿用传统的管理模式，存在内部管理人员岗位职责不清问题，造成很多人浮于事的状况。

三、非正式照料的现状及存在问题

除专业养老服务人员外，家庭成员、保姆、社区志愿者等非专业人员在老年人照料中也发挥着非常重要的作用。美国的相关研究表明：2009年，有4200万人为家属或朋友提供无偿照料，平均每周耗时18.4小时，每小时的经济价值为11.16美元，总经济价值为4200亿元，是Medcaid长期照料费用的4倍，私人自付费用的7倍。[①]

（一）家庭成员缺乏专业照料能力

在当前的养老服务格局下，居家养老仍旧是绝大多数老年人的首选，家庭成员仍旧是最主要的照料者。只要家庭制度继续存在，家庭养老功能就不会完全被各种照护机构所取代，代际支持始终是老年保障和照料的主要来源[②]，主要依赖子女养老和提供照料的情形在短期内不太可能发生大的变化[③、④、⑤]。即使是在社会养老服务体系相对完善的发达国家，家庭成员也是照顾老年人的主体。

2010年，我国各类养老机构中介助（半自理）老人和介护（不能自理）老人分别为35.0万人和16.8万人，分别占在院老人总数的14.43%、6.92%。如果按照2010年《全国城乡失能老年人状况研究》中全国3300万失能和半失能老人的比例推算，仅有1.87%的失能或半失能老人得到了专业机构的服务，绝大多数仍旧由家庭成员（或保姆）提供照料。然而，绝大多数家庭成员没有经过专业指导，在照料老年人时承受着巨大的压力。

---

① Ari Houser, etc. Across the States 2012: Profiles of Long-term Services and Supports. http://www.aarp.org/research/ppi/ltc/.

② 曾毅、王正联："中国家庭与老年人居住安排的变化"，《中国人口科学》，2004年第5期。

③ 杨宗传："中国老年人生活服务保障体系探讨"，《经济评论》，1996年第5期。

④ 曾毅、王正联："中国家庭与老年人居住安排的变化"，《中国人口科学》，2004年第5期。

⑤ 贾云竹："老年人健康状况及家庭照料资源的社会性别分析"，《浙江学刊》，2008年第3期。

（二）保姆市场管理亟待规范

住家保姆可以满足老年人个性化的服务需求，是养老服务市场不可或缺的重要力量。然而，当前在低端劳动力市场整体供不应求的背景下，家政服务市场同样面临劳动力短缺问题，住家保姆数量不足、价格偏高且缺乏有效的监管。这也成为很多老年人入住养老机构的重要原因。调研中发现，很多老年人在住进养老机构之前都有过请保姆的经历，但都认为保姆很难管，甚至"被保姆欺负"。某地甚至出现大量老年人带保姆一起住进养老机构的现象，理由是养老机构可以代为管理保姆。

（三）城乡社区志愿者发挥了积极作用，但能力还有待提高

发达国家社会组织发达，是居家养老和社区养老老年人的重要支持力量。我国社会组织发展滞后，还没能成为养老服务的主要力量。尽管在城市传统社区、农村等"熟人社会"传统还未完全破坏的地方，依托老年协会、党员等成立了一些互助小组，为一些空巢、独居老人提供了上门巡视等服务，发挥了守望相助的功能，但开展范围还相当有限。

四、加强养老服务人员队伍建设的政策建议

应当从三个层面努力加强养老服务人员队伍建设。第一个层面是核心部分，即养老护理员队伍的稳定和发展。第二个层面是加强整个养老服务人员队伍的建设，围绕老年人的实际需要，科学配备各类专业技术人员。第三个层面是积极动员社区力量、公益性社会组织、志愿者团队参与，补充专业养老护理员的不足，同时倡导"自助互助"理念，支持老年人及其家庭共同分担照料压力。

（一）稳定并提升养老护理员队伍

当前养老护理岗位缺乏吸引力的原因，一是待遇差，二是没有职业发展前景，三是社会地位低。相关政策要从解决这三方面问题着手。

近期，应尽快改善养老护理员待遇、稳定现有人员队伍。从各国经验和长期趋势来看，30～50岁的女性是最适合从事养老护理工作的，但当前这一群体的专业素质普遍不高。应当继续加大培训力度，提升现有养老护理员队伍的专业能力。中远期来看，应当调整养老护理员职业等级制度，拓宽职业发展通道，并提高养老护理员的社会地位，从而吸引部分年轻群体进入养老服务岗位，改善人员结构、提高专业化水平。

1. 优先保证中高层养老护理员的稳定性和质量

养老护理员待遇差的现实使得流动性不可避免，特别是一线养老护理员。而中高层养老护理员是整个养老护理团队的核心，承担了大量组织、协调、沟通职能，保持员工稳定性应优先从这一群体做起。应提高管理岗位津贴，加强管理技能方面的培训，并设定不同的岗位等级，给员工职业晋升提供动力。

2. 提高养老护理员的收入水平

在当前社会养老服务体系建设刚刚起步、养老服务人员严重短缺的背景下，要提高养老护理岗位的吸引力，最根本的是提高养老护理员的工资待遇。法国和日本都采取了政府补贴的方式，直接提高养老护理员的工资水平。结合我国的现实情况，近期可考虑补贴养老护理员参加社会保险，远期可考虑直接为养老护理员补贴工资的方式，提高养老护理岗位的待遇水平。

近期，可采取提供参保缴费补贴、减免个税以及服务计分等方式。调研中发现，养老护理员比较重视参加社会保险。尽管养老机构中的护理员工资低于家政工，但不少家政工转行做养老护理员，主要是看重养老护理员岗位工作稳定且能参加社会保险。但目前，养老护理员大多数为合同工，在管理不规范的区域，养老护理员参加社会保险的比例还非常低。特别是居家养老护理员和社区养老护理员，参加社会保险的比例更低。

因此，近期应当由政府出资，对所有养老护理员（包括养老机构和居家、社区养老服务组织的护理员）提供社保缴费补贴或税收减免。对受雇于养老机构或社区养老服务组织的养老护理员，政府出资按照社会平均工资基数对单位和/或个人缴费部分进行补贴，或按照适当比例减免个人收入所得税。对全职在家照料老年的直系亲属，政府出资按照社会平均工资基数缴纳社会保险。推广"时间银行"的经验，将养老护理员工作时间计入"时间银行"积分，60岁（或65岁）以后可以兑换享受养老服务费用减免。

中远期积极探索直接为养老护理员提供工资补贴。稳定人员队伍最终还是要提高养老护理员的工资水平。由政府出资，参照服务业平均收入水平，对所有受雇人员进行工资补贴。这方面，杭州市已经出台相关政策明确养老服务从业人员的最低工资标准，并与技能等级、专业职称挂钩，以提高工作人员积极性，这一经验值得推广。同时，也可以借鉴日本经验，由政府提供专项资金，按照社会平均工资或略高于社会平均工资的水平进行足额补贴，提高养老护理人员的整体工资水平，增强岗位竞争力。还可以借鉴英国经验，鼓励雇主提供额外补助，改善员工工作环境和工资待遇。

3. 强化养老护理人员的专业化培训

（1）有序推广养老护理员专业化培训，特别要重视居家和社区养老护理员培训

高质量的服务依赖于高质量的员工队伍，低级别、低工资的护理员不可能提供高质量的服务。虽然提高护理人员的地位将增加养老服务体系的成本，但工作人员工资提高和工作条件改善将有助于提高道德水准并降低

员工流失率，显著提升服务质量。

当前，养老护理员主要是在养老机构中工作，培训也主要以机构为单位进行组织。应当有序扩大培训范围，首先从养老机构或养老服务组织的中层管理人员着手，再推广到居家和社区一线养老护理员，最后推广到专门负责照料老人的家庭成员。

要尽快提高居家和社区养老服务的专业性，摆脱居家养老服务组织只能提供家政服务的印象。所有养老服务从业人员上岗前必须接受专业的养老护理培训。同时，采取上门指导、组织观摩等方式，为家庭成员提供专业的护理技术培训，让老年人可以更安心地在家中养老。

（2）尽快制定养老护理员工资与职业技能水平相挂钩的办法

当前，养老护理员的收入主要与工作量和服务对象满意度挂钩，与职业资格等级不直接相关。取得不同职业等级证书的养老护理员，基本工资没有明显差别，收入差距主要体现在"奖金"方面。

虽然取得较高级别职业等级证书的养老护理员，护理水平较高、可以承担更多的工作、服务对象的满意度也相对较高，能够得到比低级别养老护理员更高的"奖金"，体现了"多劳多得""优劳优得"的基本原则，但这并没有真正体现职业技能水平的差异，没有对提高自身能力、获得更高等级证书形成有效激励。

应当借鉴杭州的经验，养老服务主管部门和工资综合管理部门通过协商，尽快出台养老护理员工资与职业技能水平相挂钩的办法，激励养老护理员不断提升技术能力。

（3）修改相关法律，对养老护理员岗位实行职业准入

职业资格证书是对职业水平的肯定，是某种职业专业化的体现。应严格执行养老护理员职业资格认证制度，并尽快修订和完善相关法律法规，推动实行养老护理员资格准入制度。

当前我国养老护理员准入制度并未执行。原因是 2003 年 8 月公布、2004 年 7 月 1 日正式实行的《行政许可法》规定没有法律依据不能设立

行政许可，而养老护理员实行职业准入没有法律依据。《行政许可法》第十二条规定"直接涉及国家安全、公共安全、经济宏观调控、生态环境保护以及直接关系人身健康、生命财产安全等特定活动，需要按照法定条件予以批准的事项"可以设立行政许可。养老护理员的工作直接接触老年人身体，对老年人身心健康有直接影响，应当实行职业准入。因此，应当尽快修订相关法律，对养老护理员实行职业准入。

当然，在当前养老护理员短缺、整体素质不高的背景下，一旦设立职业准入必将提高门槛，进一步加剧养老护理员供需矛盾。对此，可以对养老护理进行分级管理。应对养老机构或组织中的工作人员进行更加明确的岗位细分，实行护理分级管理，明确界定哪类岗位是养老护理岗位，必须实行养老护理资格准入，哪类岗位是工勤人员岗位，不需要养老护理资格准入，不能"一刀切"，将所有工作人员全部划定为护理人员，要求培训考证。这样可以确保养老护理岗位的专业性，提高养老护理员的职业认同感。

（4）加强职业教育、学历教育，培养专业人才

当前从事养老护理员工作的群体，年龄偏大、素质不高、以农村进城务工人员为主，主要考虑的是如何谋生，对职业发展漠不关心。单纯依靠对现有养老护理员队伍的培训，无法提升整个养老护理队伍的专业化水平。

要改变这一现状，一方面，需要向养老护理员队伍中引入"新鲜血液"，即通过职业教育和学历教育，培养专业化的养老护理员；另一方面，需要为养老护理员设计科学的职业发展通道，提高岗位的专业化水平。

当前，养老护理员培训课程体系设计不合理，与实践脱节，培养的毕业生实践经验不足，难以直接从事护理老人工作，且本身对养老护理岗位认同度不高，大都不愿从事一线养老护理工作，流动性非常大，使养老护理的职业教育和学历教育成为"鸡肋"。

应尽快调整课程体系设置，采取学校教育与养老机构实训相结合的形式，大力增加实训、实习所占比重，这样既可以提高学生实际操作能力，

也可以有效缓解现有养老服务人员不足的问题。全面落实职业技术学校学费、生活费补贴或奖励制度，并重点向养老护理岗位倾斜，提高专业的吸引力。此外，积极探索鼓励毕业生从事养老护理工作的措施，如在公务员招考中给予适当奖励和优待等。

4. 切实提高养老护理员的社会地位

（1）拓展养老护理员职业等级，让养老护理员有更好的发展前景

当前，养老护理员职业等级标准设立了初级、中级、高级和技师四个等级，而其他职业技术等级大多为五个。可以考虑将养老护理员的职业等级调整为五级，给养老护理员提供更多培训和晋升的空间。

同时，在工作中可以充分借鉴日本的经验，为养老护理员提供多种职业发展通道，鼓励和引导养老护理员不断提升自身能力，根据自身兴趣，逐步向管理岗位、培训师资、熟练技术工等不同方向发展。同时，鼓励和引导养老服务机构和组织为养老护理员制定职业发展通道，激励员工不断提高自身素质，促进养老护理员队伍的良性发展。

（2）全国性荣誉奖励适当向一线养老护理员倾斜

加强舆论引导和宣传力度，积极营造"尊重劳动、尊重人才"的舆论氛围，提升对养老服务人员的职业认同度，提高养老护理员的社会地位。在评定"五一"劳动奖章、"三八"红旗手、孺子牛奖、道德模范评选等荣誉称号时，更多向基层养老护理员倾斜。加大媒体对养老护理员形象的正面宣传。央视陆续做了"最美乡村教师""最美乡村医生""最美消防员"等系列，社会反响很大，可以与之合作开辟"最美养老护理员"专题，提升养老护理员的社会认同度。

（3）完善法律法规，保障养老服务人员的基本权益

在这方面，日本的经验同样值得借鉴。日本自1987年开始实施《介护福祉士法》和《社会福祉士法》，用法律的形式明确了介护福祉士（即养老护理员）和社会福祉士（即社会工作者）的工作内容、培训考核、准

入标准等，极大地促进了专业护理人员队伍的壮大和质量的提高。

（4）将为老服务纳入中小学生社会实践课

借鉴日本经验，在中小学社会实践课中增加到养老机构、社区养老服务中心等为老服务设施参观、学习的内容。教导中小学生从小树立尊老爱老的传统，学习为家中老年人提供基本照料的技能，并培养对养老护理岗位工作的认同感。

（二）尽快配套完善养老服务队伍

完整的养老服务人才队伍应当包括养老护理员、社会工作者、医护人员、理疗康复师、营养师及专业管理者等各类人员。养老护理员负责老年人的基本生活照料；社会工作者贯彻"助人自助"理念，为老年人提供心理疏导、精神慰藉等，协助老年人参与各项活动，并可以为员工组织特定活动缓解压力、提升组织凝聚力；医护人员为老年人提供常见病、多发病的诊疗、紧急救治、协助转诊等；康复理疗师协助老年人维持并改善身体基本功能；营养师负责老年人的健康饮食；管理者则是整个团队的核心，负责协调各方面工作，保证组织目标的实现。各类人员各司其职，才能确保整个养老服务团队的有效运转。

当前，上述各类职业在我国都已有所发展，但并未完全整合进养老服务人员团队中。传统意义上对养老服务人员的理解，还大都停留在"养老护理员"层面，其他类型职业在养老服务中的配备和发展还没有引起足够的重视。

1. 应尽快完善养老服务相关职业群，制定养老服务人员队伍建设规划

围绕老年人特别是生活不能自理的脆弱老人的现实需要，科学设置养老服务岗位，明确岗位职责，配备相应养老护理、医疗护理、康复理疗、营养配餐、专业管理等专业人员，制定完整的"养老服务人员队伍建设规

划"，为养老服务人员队伍的发展提供政策框架，促进各类人员的职业化。

同时，应完善职称评审等相关制度，消除医护人员、社会工作者等专业技术人员职称晋升方面的限制，保持养老服务岗位专业技术人员的稳定性。

2. 充分整合现有资源，为老年人提供综合性的服务

养老服务包括机构养老、社区养老、居家养老等不同类型，人员队伍的配备也应有差别。

在机构层面，应根据床位数量和老年人的实际需要，配备足够数量的养老护理员和专业管理人员，选择性地配备适当数量的专职或兼职医疗护理、康复理疗和营养配餐人员。在规模足够大、需求足够多的大型机构，应当按照相应比例配备相应人员，也可以考虑与邻近医疗机构开展技术合作。而规模较小的养老机构，则应充分借助邻近区域的专业医疗机构提供服务。

在社区养老和居家养老层面，应借鉴日本的经验，建立区域性的养老服务资源中心，配备专业的管理人员收集、管理辖区老人的基本信息，协调各类服务的组织和提供，采用直接提供或购买服务的方式为居家老人提供养老服务。协调社区医疗服务资源，为老年人提供预防保健、疾病诊疗和康复理疗等健康服务。推广社区食堂，并配备专业人员，为老年人提供营养配餐。

（三）逐步对外开放养老服务市场，以开放促发展

英国、德国、日本等老龄化先发国家，已经形成了比较完善的社会养老服务体系，在人员培训、标准制定、质量监管等方面都有丰富的经验。应逐步对外放开养老服务市场，引进海外先进经验，促进我国养老服务市场的发展、人员能力的提升和职业精神的建立，且重点要学习借鉴居家养老和社区养老服务的经验。

1. 积极引进国外先进的培训课程体系

鼓励国内相关院校与国外养老服务专业培训机构合作，引进成熟的培训课程体系。当前，不少国外专业培训机构有与国内合作的意向，但实践中还面临一些障碍，如教育部对所辖学校课程大纲管理过严、灵活性不足等。应尽快改革相关制度，加快国外成熟培训课程的引进，提高培训质量。

2. 逐步开放养老服务专业人员培训市场

积极鼓励职业技术学校、专业培训机构及养老机构等与国外专业的养老服务培训机构合作办学，引进国外课程体系、师资力量、行业标准、技术规范等，促进国内养老服务培训行业发展，提升养老服务专业人员的技术水平。

3. 逐步开放养老服务市场，引进先进的养老服务管理团队

引进国外成熟的养老服务品牌及机构，采取委托管理、连锁经营、合资合作等方式，建立专业化的养老服务组织，提供高质量的服务。例如，可优先考虑引进老年痴呆症专业照料机构。

4. 审慎探索开放低端劳动力市场

许多欧洲国家主要依靠外来移民提供养老服务。在我国老龄化日趋严峻、劳动力特别是低端劳动力短缺日益严重的情况下，在条件成熟的地区，可考虑试点小规模开放低端劳动力市场，吸引"菲佣"等专业化水平较高的劳动力缓解供求压力。

（四）重视非专业人员队伍的开发与支持

不论社会养老服务体系如何发展，居家养老仍将是老年人养老的首选，因此，家庭成员的照料、邻里间的互助等应成为重要力量。特别是在广大农村地区，随着城市化进程的加速，"空心化"趋势将更加明显，但专业

机构或服务组织提供专门服务的意愿不足，必须更多地依靠留守人员的相互支持。因此，在积极加强专业养老服务人员队伍建设的同时，应更加注重发挥家庭成员、社区志愿者等非专业照料资源的潜力。

1. 加强对家庭成员、社区志愿者的专业指导

鼓励养老机构、社区养老服务组织对家庭成员提供上门指导，或组织家庭成员和社区志愿者等到专业养老机构参观学习，普及老年护理的基本常识。

2. 对家庭成员、社区志愿者的服务进行适当补贴

对全职照顾失能半失能老人的家庭成员，政府可采取购买服务的形式进行补助；鼓励企业为员工提供带薪假期用于照顾家中老人；为社区志愿者提供可兑换的服务券，推广"时间银行"经验为社区志愿者累积服务时间，或计入诚信道德积分。

3. 规范保姆和家政服务市场

住家保姆也是为居家老人提供照料的重要力量。然而，近年来国内保姆市场发展不规范，缺乏有效监管，使得许多雇主特别是老年人对保姆不放心，担心管不了保姆，甚至被保姆欺负。相关部门应尽快出台管理规范和服务标准，规范保姆市场。

（五）落实相关配套政策，改善养老服务发展环境

1. 加快信息技术及辅助设备的研发和推广，减轻人力负担

一方面，信息技术和辅助设备的广泛应用可以提高老年人独立生活的能力，减轻对专业养老服务人员的需求，缓解供需矛盾。比如，国际上已经有相对成熟的老年人"腕表"等高科技产品，能够及时收集和回传老年人的健康信息，可以实现对高危老年人健康状况的实时监测，一旦出现意

外可以及时反馈给家人或专业机构提供救治。我国杭州、广州等地为居家老人安装紧急呼叫系统，能够及时收集居家老年人的需求信息和呼救信号，为老年人提供相应服务。法国养老机构房间的屋顶上安装了滑轨，行动不便的老人可以借助滑轨在房间内行走，并独立完成上厕所等简单活动。

另一方面，专业辅助设备（如洗澡机等）可以协助养老护理员完成部分护理工作，减轻工作负担，有助于改善工作条件，保持员工稳定。应鼓励和引导企业加快养老服务相关产品的研发和推广。

2. 改革养老服务定价机制，促进养老服务体系良性发展

养老服务定价机制不合理，一方面造成老年人大量涌入公办养老机构，加剧公共资源紧张，甚至滋生了腐败、寻租问题，另一方面也挤占了民办养老机构的生存空间，不利于民办养老机构的健康发展。

应尽快改革养老服务定价机制，不论公办养老机构还是民办养老机构，全部实行全成本核算，在此基础上重新制定收费标准。原有救助对象继续采取政府全额补贴的方式，其他人群按照健康状况和经济收入状况进行分级补贴，且不论入住公办养老机构还是民办养老机构，都享受同等补贴。健康状况良好但要求入住养老机构的老人，不论申请公立养老机构还是民办养老机构，需要全额自费。

3. 多渠道筹资，提高老年人及其家属的支付能力

养老服务人员待遇无法提升的一个重要因素是老年人支付能力差且支付意愿较低。为改变这一局面，可以考虑采取分人群提供补贴的方式。对原有的"五保"、低保等救助对象，继续落实相关补贴政策。这方面已有相关制度和投入，不会新增财政负担。对原来不属于救助对象的群体，在明确评估和确定照料需求的基础上，对失能、半失能等确需照料的群体提供专项补贴，且明确不论是享受机构服务、社区照料还是由家庭成员照料，都可以享受专门补贴。

可借鉴杭州等地"时间银行"的经验，动员年轻人、"少老人"照料"老老人"，在其步入晚年需要接受照料服务时，兑现"时间银行"的服务券。

日本、德国长期护理保险制度的实施，都对提高老年人支付能力、提高养老服务体系的筹资能力以及稳定养老服务人员队伍发挥了积极作用。应充分借鉴两国经验，积极研究探索建立适合我国国情的长期照料保险制度。

此外，也需要改变老年人的消费观念，可探索通过"以房养老""倒按揭"等方式，将固定资产有序变现、提高老年人的支付能力。

（执笔：张佳慧　贡　森）

参考文献

[1] Ari Houser，etc. Across the States 2012：Profiles of Long-term Services and Supports. http：//www.aarp.org/research/ppi/ltc/

[2] http：//en.wikipedia.org/wiki/Long-term_care

[3] Lynn Feinberg and Rita Choula. Understanding the Impact of Family Caregiving on Work. http：//www.aarp.org/research/ppi/ltc/

[4] 蔡林海.日本社会养老服务体系的成功经验与启示.上海：上海科技教育出版社，2012

[5] 贾云竹.老年人健康状况及家庭照料资源的社会性别分析.浙江学刊，2008，（3）：207-212

[6] 曲嘉瑶，孙陆军.中国老年人的居住安排与变化：2000-2006.人口学刊，2011，（2）：40-45

[7] 台湾长期照顾十年计划——大温暖社会福利套案之旗舰计划

[8] 杨宗传.中国老年人生活服务保障体系探讨.经济评论，1996，（5）

[9] 中国老龄科学研究中心.英国养老保障.北京：中国社会出版社，2010

[10] 曾毅，王正联.中国家庭与老年人居住安排的变化.中国人口科学，2004，（5）：2-8

第三章
日本老年人介护制度的发展历程

一、制度的转折点

日本在 1970 年时老龄化率超过 7.1%，开始步入老龄化社会。之后，经过 24 年的发展，老龄化率超过 14%，正式进入老龄社会，2007 年，老龄化率超过 21.5%，达到超老龄化社会的水平。2013 年，老龄化率为 25.1%（4 人中 1 人是老年人），按照国立社会保障与人口问题研究所的推算，2035 年老龄人口将占到总人口的 33.4%，也即 3 人中有 1 人是 65 岁以上的老年人。2013 年，日本人的平均寿命为男性 80.21 岁、女性 86.61 岁。

从以上数据来看，日本仍然处于急速加剧的老龄化社会进程中。少子化和长寿化带来人口结构的变化和人口减少等问题，都直接影响到年金、医疗、介护等社会保障制度的可持续发展。

除了第二次世界大战停战后的一段时期，日本的社会保障制度一直采取以社会保险为核心的方式发展。1961 年日本实现了所有国民都享受医疗保险和年金保障的"全民医保、全民年金"的制度。

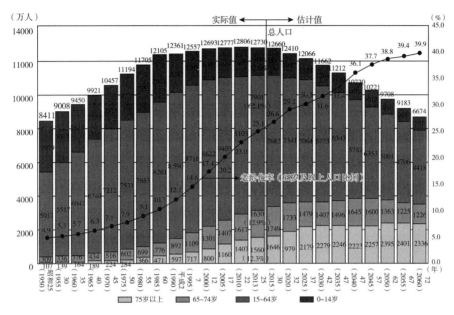

图 3-1　老龄化的演讲及未来预测

注：1950 ~ 2010 年总数中包含年龄不详人口，老龄化率的计算中去除了年龄不详人口。

数据来源：2010 年之前，总务省《国势调查》；2013 年，总务省《预测》（2013 年 10 月 1 日）；2015 年之后，国立社会保障与人口问题研究所《日本未来人口预测》（2012 年 1 月推算），出生率、死亡率按中位值预测。

此后，日本经济由高速成长期转变为低速成长期，少子化和高龄化的趋势对社会保障制度造成了巨大的影响。

本文在回顾过去 50 年间日本老龄化政策演变历史的基础上，整理今后的政策课题。期间，具有历史性意义的制度改革主要有 6 点：①《老人福祉法》的制定（1963 年）。②《老人福祉法》的部分修订：免除老年人医疗费用（1973 年）。③《老人保健法》的制定（1982 年）：开始实施老年人医疗费的定额负担制度。④老年人保健福祉推进 10 年战略：黄金计划（1989 年）。之后，黄金计划进一步修订扩展为"新黄金计划"（1994年），以及为介护保险制度实施奠定基础的"黄金计划 21"（1999 年）。⑤福祉相关八法的修订（1990 年）：服务主体向市町村转移。⑥《介护保险法》^①的实施（2000 年）。

这些制度或是借鉴当时地方自治体政府的有益尝试，或是根据介护设施经营者的情况、出现的社会问题和国民的生活水平等各种因素制定和调整的。

下文将在回顾日本老年人介护社会福祉领域的发展过程及与之相关的老年人医疗领域的制度变化之基础上，对介护制度发展至今的历程进行梳理。

二、战后至介护保险制度创设阶段

（一）《老年人福祉法》制定之前^②

日本现行社会福祉制度的框架是在第二次世界大战之后确立的。其出发点是对战败后生活窘迫者进行扶助。当时失去住所、没有工作、痛失家属的人很多，同时还有 628 万复员人员回国。日本面临极度的物资不足和异常的物价上升（通货膨胀）。在此环境下，生活窘迫者的生活保障成为当务之急。《生活保护法》（1946 年）、《儿童福祉法》（1947 年）、《身体障碍者福祉法》（1949 年）等法律相继制定（这 3 部法律被称为"福祉三法"）。

在此背景之下，战争遗孤、受伤军人和生活窘迫者的救济成为维持当时社会秩序的首要任务。1950 年，当时厚生省预算的 46% 用于生活保护费。以上社会福祉制度的法制化受到了 GHQ（联合国军最高司令官总司令部）的强有力指导。GHQ 的实体是美国政府，当时政策制定人员都是被联邦政府的理想所鼓动具有社会民主主义思想的新政拥护者。

GHQ 提出的 3 项原则，即"无差别平等""国家责任"和"最低生活费保障"成为生活保护法的基本原理。1950 年，GHQ 要求日本开始实施

---

① 之后，《介护保险法》分别在 2005 年、2008 年、2011 年进行了部分修订，介护报酬在 2003 年、2006 年、2009 年、2012 年实施了上调，在 2015 年实施了下调。

② 1950 年日本人的平均寿命为男性 59.57 岁，女性 67.75 岁。

社会福祉政策的紧急完善计划,主要内容有6项: ①确立厚生行政地区制度。②市厚生行政的再组织化。③厚生省(现在的厚生劳动省)下达建议型措施,开展社会福祉实施事务。④明确公私社会事业的责任和领域。⑤设置社会福祉协议会。⑥开展主管官员在职培训。

受此影响,日本在1951年制定了《社会福祉事业法》(2000年更名为《社会福祉法》)。《社会福祉事业法》是对福祉地区(区域)、福祉事务所(行政机关)、社会福祉主事(资格)、指导监督及训练(业务内容)、社会福祉协议会(民间活动机关)、共同募集资金(资金筹集)等内容进行规定的综合性管理运营法。

该法规定,除了福祉事务所等公共行政机关以外,可以委托民间机构开展以福祉设施为中心的民间社会福祉事业,以及向民间社会福祉事业支付补助金。也就是说,对于以福祉设施入住(收容)为中心的"福祉行政措施"[①],法律认可对其经费及运营支付行政措施费(财政经费)和行政措施委托费(民间委托),同时为民间方面导入了社会福祉法人制度,这一制度的基本定位是社会事业(救贫事业)。

但是,《老人福祉法》制定时(1951年)的国家预算为7937亿日元。社会保障相关费[②]为483亿日元(6.1%),其中公共扶助(生活保护)费为214亿日元(社会保障相关费的44.3%)、社会福祉费仅为18亿日元(社会保障相关费的2.7%),而且其中大部分是儿童福祉费,只有极度贫困状态的老年人才能够作为公共扶助的对象被救济。

(二)20世纪60年代 [③]

20世纪50年代后期到1973年,日本经济迎来了高速增长期,经济增长的成果既增加了国民的个人收入,同时也惠及了社会保障和社会福祉

---

① 这里说的"行政措施"是指行政厅拥有下达入住福祉设施等决定的权限。
② 2015年度,日本的一般会计预算为95.9兆日元。其中,社会保障费为30.5兆日元(31.8%)。
③ 1960年日本人的平均寿命为男性65.32岁,女性70.19岁。

领域。

通过《国民健康保险法》（1958 年）和《国民年金法》（1959 年）的制定，日本基本构筑了全民覆盖的保险和年金体制，由于以社会保险为主的社会福祉基础不断夯实，社会福祉服务也开始呈现缓慢扩大趋势。20世纪 60 年代，社会福祉相关法律从之前的三部法律增加到六部①，其中包括《老人福祉法》。

《老人福祉法》（1963 年）制定的背景是伴随着国民平均寿命的不断延长，老龄人口急剧增加（1963 年 60 岁以上人口为 900 万人，占总人口的 9.4%），且未来这一趋势仍将持续，年轻劳动力大量涌入大城市、少子家族化导致的传统家族式赡养老人的能力减退等。这些社会环境的变化对该法的制定产生很大的影响。

经济的高速增长提高了全体国民的生活水平，由于作为社会福祉对象的低收入群体逐渐减少，社会福祉的"对部分人群的生活支援"的基本性质开始转变，同时，对于老年人、残疾人和儿童等的社会关注开始淡化，这种扭曲的社会状况逐渐显露。

由于地缘、血缘联系的地区社会的解体，作为地区和家族功能不断弱化的替代品，尽快推进社会福祉服务体系建设成为当务之急，其中承担核心职责的社会福祉协议会广受关注。

1962 年，全国社会福祉协议会制定了《社会福祉协议会基本事项》，其中对日本式社区组织方式做出了规定，即根据以居民为主体的原则，以市町村为单位制定福祉计划，由市町村的社会福祉协议会开展组织化活动，这为此后的社会福祉协议会活动指明了方向。

《老人福祉法》对居家介护、老人院等入住（行政措施）、有利于促

---

① 福祉三法：《生活保护法》（1946 年）、《儿童福祉法》（1947 年）、《身体障碍者福祉法》（1949 年）。福祉六法：在上述三部法律的基础上，20 世纪 60 年代新增了 3 部法律：《精神薄弱者福祉法》即后来的《智障者福祉法》（1960 年）、《老人福祉法》（1963 年）、《母子福祉法》（1964 年）。

进老人福祉的事业进行了规定，并明确这些事业作为国家及地方公共团体的职责开展。另外，该法适用对象为"65 岁以上"的老人，如果存在"身体或精神上有障碍导致日常生活困难"的情况，应向其提供"洗澡、排泄、饮食等"服务。

在评价《老人福祉法》的意义时，如果从其与现行介护保险制度的关系来看，可以说老人福祉设施体系在这一阶段得到了完善。依据《老人福祉法》制定前的《生活保障法》设立的养老设施有以下 3 种：即面向有住宅问题和经济问题的老年人的"养护老人院"、不论经济能力如何需要长期日常介护的老年人入住的相当于养护老人院升级版的"特护老人之家"，这两种都是依据行政措施制度入住的，第三种是合同型的"经济型老人院"。

此后，老年人口不断增加，社会对于为需要介护的老年人提供服务的"特护老人之家"的需求剧增，全国范围内排队等待入住的老年人数不断增加，即使在介护保险实施的今天，"特护老人之家"的建设仍在继续。另外，法律新增了推动居家福祉发展的"老人家庭服务员制度"，对有利于促进老人福祉的"老人健康保持事业"和"老人俱乐部"进行了规定。除此之外，法律虽然没有将民间开设的"收费老人院"定义为老人福祉设施，但对其也做出了一定的规制。

另一方面，国民健康保险制度的确定导致老年人加入的保险体系发生了巨大的变化。日本的医疗保险制度大体上可以分为 2 类，分别是作为劳动者保险的健康保险制度和作为地区保险的国民健康保险制度。健康保险制度是以保护劳动者为目的的，这一制度出台之前日本有《健康保险法》（1922 年）。在此基础之上，为了在占总人口 60% 的人口居住的农山渔村普及医疗服务，完善包括个体经营和微小企业从业人员在内的所有国民的生活保障，政府在 1938 年制定了《国民健康保险基础制度》，1958 年上升到《国民健康保险法》的法律层次，延续至今。

《国民健康保险法》中最初规定由国库进行财政补贴。其理由是不仅需要为疾病风险（医疗报销）支出，而且需要为居民保健推进事业（保健事业）支出，另外，农山渔民收入不稳定，难以确保支付保险费，如果没有国家给予的财政支援，这一制度就很难得到普及。这样一来，在劳动者退职后，就从健康保险中退出来加入国民健康保险，导致了健康保险以健康的劳动人口为中心，而国民健康保险以中老年人口为中心的结构性问题。这一问题持续至今，使用国家财政制定新的保险制度的尝试也持续至今。

（三）20 世纪 70 年代 ①

进入 20 世纪 70 年代，高速增长的日本经济开始逐渐显露出疲态。通过经济发展带动福祉发展的思路没能落实，1972 年版的《经济白皮书》指出"经济发展与福祉推进出现背离"。

基于 20 世纪 60 年代开始的高度经济增长能够持续的错误预判，政府确定了进一步扩大社会福祉体系的发展方向。1973 年上半年，伴随着高度经济增长带来的财政收入增加，提议扩大福祉的发展计划和提案相继出台。

最具代表性的是厚生省制定的《社会福祉设施紧急完善五年计划》（1969 年）。1971 年是该计划执行的第一年。作为福祉设施完善的主要规划，该计划以需要介护老人、重度残疾人的入住（收容）设施、保育所等的完善扩充为主要目标，特别是加快了以老年人介护为目的（与收入无关，均可入住）的"特护老人之家"的建设发展。

从这一计划执行开始，直至进入经济低速增长后对计划进行修订为止的这段时间，社会福祉设施的数量得到了大幅提高，这也成为社会福祉费用大幅攀升的主要原因。

当时东京都在财政状况严峻的情况下，将"社会福祉事业振兴贷款资金"的资金规模由 1970 年的 5 亿日元倍增至 1974 年的 11 亿日元，推动了民间社会福祉事业的发展。但是，70 年代后半段东京都的财政危机愈加

---

① 1970 年日本人的平均寿命为男性 69.31 岁，女性 74.66 岁。

严重，新项目经费支出及经费增加支出基本上不予计入东京都预算。

1973 年上半年政府对老人福祉法进行了部分修订，设立了"老人医疗费给付制度"（老人医疗费的免除制度）。该制度实施前，老年人需要自付医疗费的 50%～70%，制度实施后，为了促进老年人的早期诊断、早期治疗，国家规定 70 岁以上老人的医疗费自付部分由公共财政给予负担（这一制度实施 10 余年后被废除）。由于将新增的公共财政负担部分纳入社会福祉费中，且从同年 4 月开始，推行了公共年金年缴金额大幅上调、物价联动机制导入（实际上直至今日，仍没有与物价的下跌进行联动下调）、医疗保险给付增加、社会福祉设施行政措施费标准提高等措施，社会保障制度得到进一步充实，这一年被称为"福祉元年"。

老人医疗费的免除导致老年人对医疗服务的依赖度增高，医院的门诊窗口堆满了老年人，出现了沙龙化现象。另外，由于"特护老人之家"的建设仍然难以满足排队老人的需要，导致不是以医学治疗为目的的、介护性"社会住院"现象普遍，很多医院沦为社会性住院的"老人医院"，进而导致公共财政医疗费负担剧增。而且，在老年人家属的意识中，与其让老人入住社会福祉设施，住院这种方式更容易被社会接受。这种意识也加剧了社会性住院现象的增多。

1975 年在社会保险相关费中，社会福祉费占到 15.7%，超过了生活保护费占比 13.6% 的水平。这一情况即使在进入经济低速增长期后也没有改变，伴随着产业化、城市化和老龄化的进程，非货币性福祉需求增大，对社会福祉领域进一步扩大的呼声不断，政治层面也支持扩大高龄者福祉，因此，在 70 年代后半"福祉调整论"盛行。

（四）20 世纪 80 年代[①]

进入 20 世纪 80 年代后，70 年代后半盛行的"福祉调整论"开始具体

---

① 1980 年日本人的平均寿命为男性 73.35 岁，女性 78.76 岁。

向"制度改革"的方向推进。1981 年被定为"国际残疾人年"并提出充分参与和机会平等的理念，该理念逐渐发展成排除社会中的各种障碍，构筑无障碍社会的理念。

同时，这一阶段提倡"福祉提供主体的多样化"，放松了市场管制，由此居民参与式服务的开展、福祉公社的设立、以地区为基础的生活协同组合和农业协同组合等加入到服务提供主体中来等，福祉服务的提供主体不断扩大。

80 年代经济发展减速，国家债务不断膨大，财政收入难以增长，国家的政策经费也难以增加。在这一背景下，旨在节约经费和合理化支出的行政财政改革成为国家当时的重要课题。20 世纪 80 年代这一改革也影响到社会福祉领域，财政当局要求对福祉政策进行严格评估和调整。其中，老人医疗费的免除制度导致了医疗费用的剧增，也导致了老年人普遍加入的国民健康保险的财政恶化。为了解决这一问题，日本政府制订了《老人保健法》（1982 年）。

《老人保健法》以推进 40 岁以上人群的保健（老人保健事业）为主要目的，为了抑制老人医疗费用的增加，废除了《老人医疗费免除制度》，改为由个人自付部分费用的方式。另外，秉持老人医疗费由全体公民平等负担的理念，在覆盖中小企业的政府主管健康保险（现在的全国健康保险协会主管健康保险：简称"协会健保"）和大型企业的健康保险组合等其他健康保险组合中，设立了支出老人医疗费的"老人医疗费支出金制度"。

1986 年《老人保健法》进行了部分修订，针对老年人社会性住院问题，从制度上新设了将"老人医院"和"特护老人之家"的功能集于一身的"老人保健设施"。老人保健设施针对没有住院治疗必要但是需要康复训练等医疗照护的老年人，提供以回归居家养老为目的的医疗、看护和机能训练等服务。作为连接医院与家庭的过渡性介护设施，即使在当前的介护保险制度中仍然占有一席之地。

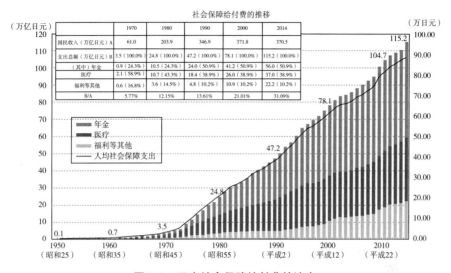

社会保障给付费的推移

（万亿日元）	1970	1980	1990	2000	2014
国民收入（万亿日元）A	61.0	203.9	346.9	371.8	370.5
支出总额（万亿日元）B	3.5（100.0%）	24.8（100.0%）	47.2（100.0%）	78.1（100.0%）	115.2（100.0%）
（其中）年金	0.9（24.3%）	10.5（24.3%）	24.0（50.9%）	41.2（50.9%）	56.0（50.9%）
医疗	2.1（58.9%）	10.7（43.3%）	18.4（38.9%）	26.0（38.9%）	37.0（38.9%）
福利等其他	0.6（16.8%）	3.6（14.5%）	4.8（10.2%）	10.9（10.2%）	22.2（10.2%）
B/A	5.77%	12.15%	13.61%	21.01%	31.09%

图 3-2 日本社会保障给付费的演变

注：图中数值是 1950、1960、1970、1980、1990、2000 及 2010 和 2014 年的社会保障支出（万亿日元）。

数据来源：国立社会保障与人口问题研究所《2011 年社会保障费用统计》，2012 年度、2013 年度、2014 年度是厚生劳动省预测值。2014 年国民收入额度来自于《2014 年经济预测和财政运营的态度（2014 年 1 月 24 日内阁会议决定）》。

1986 年，日本政府发布了《长寿社会对策大纲》，明确了政府应对老龄化社会的基本理念。1995 年 11 月，新的《长寿社会对策大纲》通过议员立法确定，同年 12 月正式施行。之后，在 1996 年内阁决议后，2001 年再次进行了修订。该法的前言中提到，对于在不远的未来即将到来的史无前例的老龄化社会，我们需要构筑一个让每位国民能够一生享受幸福的社会。为此，需要建立与老龄化社会相适应的雇佣、年金、医疗、福祉、教育、社会参与、生活环境等社会体系。国家及地方公共团体、企业、地区社会、家庭以及个人应该互相配合，积极发挥各自作用。

《长寿社会对策大纲》[①] 的基本方针有：谋求经济社会的活性化，构筑具有活力的长寿型社会；促进形成具有社会连带精神的地区社会，构筑

———————

① 2007 年以后，每年都有大批战后婴儿潮时期出生的人进入退休时期。再加上经济的全球化和长期持续的日元升值，通货紧缩等情况给财政带来很大压力。为此，时隔 11 年后的 2012 年 9 月，内阁决议对《大纲》进行了再次修订。

具有包容力的长寿型社会；促进国民一生享受健康充实的生活，构筑富裕的长寿型社会。

根据以上基本方针，综合推进包括：就业／收入保障、健康／福祉、学习／社会参与、住宅／生活环境在内的长寿社会建设措施。

1988 年末，为了进一步扩大老龄化福祉对策，日本政府设立了消费税（3%），从 1989 年 4 月开始征收。同时，1988 年，厚生省和劳动省（现在的厚生劳动省）发布了《关于实现长寿／福祉社会相关措施的基本理念和目标》（《福祉远景规划》），福祉相关三个审议会联合企划分科会发布了名为《关于未来社会福祉的内容》（1989 年）的意见稿。同年，在当时的厚生省、大藏省、自治省的三省合议下，发布了《老年人保健福祉推进十年战略（黄金计划）》。

"黄金计划"依据新征消费税的目的，明确在老年人保健福祉领域继续推进公共服务的基础建设，对于居家福祉、设施福祉等事业，制定了从 1990 年到 1999 年的 10 年发展目标，并确立全力推进以上事业发展的总基调。概要如下：紧急完善市町村的居家福祉对策；开展"消灭卧床老人作战"活动；充实居家福祉，设置"长寿社会福祉基金"；设施的紧急建设；提高老年人生存价值的相关措施；长寿科学研究推进十年事业；老年人综合性福祉设施的建设。

（五）20 世纪 90 年代 [①]

20 世纪 90 年代，伴随人口老龄化的发展，卧床和老年痴呆症等需要介护的老年人人数不断增加，国民对于介护的不安心理增大。在此背景下，老年人介护政策再次发生巨大变化。

80 年代的"福祉制度调整论"最终体现为 1990 年 6 月开展的"福祉八法"的修订（1993 年 4 月实施）。同时，1992 年 6 月，《社会福祉事业法》

---

① 1990 年日本人的平均寿命为男性 76.04 岁，女性 82.07 岁。

也进行了部分修订。

以上改革从法律角度来看是体现了从以前的福祉法向新的体系框架转变即"脱六法化"的方向。其理论支撑是充分参与和机会平等，可以说在以福祉服务为主的改革中导入了社会福祉普遍主义的概念。

在《社会福祉事业法》的修订中删除了第3条社会福祉事业的主旨一项，制定了新的基本理念。适用对象由"需要采取福祉行政措施的群体"扩大到"需要福祉服务的群体"，并规定了自立、社会参与、社会统合、地区性的重视以及福祉事业的综合性计划性推进等内容。在该条第2款中指出在开展社会福祉事业时，需要与医疗、保健及其他相关措施合作，开展适应当地需求的福祉事业，获得当地居民的理解和配合。

1990年6月"福祉相关八法"修订，明确要积极推动发展老人福祉服务领域中的居家福祉服务，将入住"特护老人之家"等的决定权限和相关事务由都道府县的知事移交给了市町村长，确定构筑以市町村为中心的福祉服务体系，制定覆盖所有市町村和都道府县的以自治体为单位的老人福祉计划。此次修订明确了充实各地区老年人保健福祉服务体系的方向。

为了达成国家黄金计划的整体目标，所有市町村和都道府县都依据国家指标，制定了相当于地方自治体版黄金计划的老人福祉计划。通过地方自治体的计划制定发现，1989年制定的"黄金计划"当中设定的居家服务和设施服务的目标数值大幅低于实际需求。因此，在"黄金计划"执行过半之际进行了调整，也就是后来的"新黄金计划"。新计划的执行期间为从1995年开始的5年。

另外，在介护保险制度实施后，为了避免"有保险无介护"的情况，"新黄金计划"再次修订为"黄金计划21"（1999年），将今后5年的介护服务目标数值继续提高。至此，日本老年人介护政策发展为以介护保险制度为中心的体系。作为参考，表3-1显示了从"黄金计划"到"新黄金计划"再到"黄金计划21"中各项主要目标数值的变化。

表 3-1 （参考）黄金计划、新黄金计划、黄金计划 21 中主要目标数值的变化

名称	黄金计划	新黄金计划	黄金计划21
计划制定时间	1989年	1994年	1999年
上门介护（居家介护员）	10万人	17万人	35万人
Short Stay（短期入所）	5万张床位	6万张床位	9.6万人
日间服务中心（往返型介护）	1万所	1.7万所	2.6万所
往返型康复训练中心	—	—	
居家介护支援中心（咨询窗口）	1万所	1万所	—
老人上门介护站	—	5000所	9900所
特护老人之家	24万张床位	29万人	36万人
老人保健设施（过渡设施）	28万张床位	28万人	29.7万人
介护所（合同型居住设施）	10万人	10万人	10.5万人
老年人生活支援中心	400所	400所	1800所
老年痴呆患者集体之家	—	—	3200所

三、老年人居住、生活设施的完善

（一）老年人设施和住宅

老年人设施最初称为"养老院"，该名称在 1932 年施行的救护法中给予了规定。老年人设施主要面向无依无靠的老年人和经济窘迫的老年人，通过采取行政措施的方式入住。

1963 年，《老人福祉法》施行后更名为"老人之家"，并进一步完善了具备多种功能的老年人设施。此后，伴随老龄人口的增加，《老人保健法》《介护保险法》和《高龄者居住法》等相应出台。

《介护保险法》施行以后，老年人设施开始"由行政措施转向合同方式"入住，由行政主导服务供给转向由居民自主选择，地方自治体作为保险人承担责任的方式。同时，对于"老人之家"作为民营合同式设施与老年人住宅共属于介护保险制度范畴的规定一直延续至今。

表 3-2　　　　　　　　　　　日本老年人居住和生活设施的种类

介护保险对象设施	公共性低收费设施和住宅	民间生活设施
特护老人之家	养护老人之家	收费老人院
老人保健设施	低收费老人院	附带服务的老年人住宅
疗养型医疗设施	介护所	—
集体之家	银发住宅	—

（二）《老人福祉法》规定的公共福祉设施

1951 年制定的《社会福祉事业法》（2000 年更名为《社会福祉法》）规定，社会福祉事业作为行政事项通过行政措施开展，民间通过行政措施委托费的方式接受社会福祉业务委托。民间开展社会福祉事业的主体为社会福祉法人。社会福祉法人由于将民间资产用于社会福祉事业，因此在税收方面享受特殊优惠政策，其作为公益法人享受地方自治体的各种补助。

1963 年制定的《老人福祉法》将面向老年人的社会福祉事业开设者限定为国家、地方自治体及社会福祉法人。

日本老年人入住设施的种类为：①特护老人之家：主要面向需要身体介护的老年人提供介护服务的设施。②养护老人之家：主要面向经济条件窘迫和无依无靠的老年人的设施。③低收费老人院：主要面向单身老年人以及空巢老人夫妇提供居住设施（有提供餐饮的设施和自己做饭的设施两种）。④介护所：低收费老人院的新形式。在机构建筑的完善方面包括扩大标准面积开设单间，对建筑物实行无障碍化设计等。介护服务适用介护保险。

（三）《老人福祉法》规定的收费老人院

1963 年颁布的《老人福祉法》中对收费老人院进行了规定，明确为"常年有 10 人以上的老人入所，并为他们提供饮食、入浴和生活服务的非老人福祉设施"。此类设施通过向都道府县知事提交申请的方式设立株式会社等开始运营。最早以分期购买的方式开展，但由于运营方面存在很多问题，现在基本上都采取使用权的方式。

初期的收费老人院主要以健康不需要介护服务的老年人为对象，在2000年介护保险制度实施之后，由于介护保险制度中规定可以利用居家服务，自主提供介护服务的设施开始大幅增加。

同时，此后的法律修订取消了对于此类设施的入住人数的限制，民间经营者更容易参与市场，设施数量大幅增加。现在已不再采取过去的备案制，而是依据地方自治体制定的介护保险计划进行总量控制，由各地区对辖区内的设施开设进行管控。

（四）《老人保健法》规定的老年人入住设施

1982年制定《老人保健法》后，1986年老人保健设施开始走上制度化。老人保健设施是为了解决"社会性住院"即回归家庭休养困难而长期住院的老年人的问题，作为医院和居家间的过渡性设施，以回归家庭介护为最终目的而提供康复服务的设施。事业运营主体除医疗法人、社会福祉法人之外，各种协同组合和健康保险组合以及地方自治体等开展公益事业的法人都可以开设。不过，目前的老人保健设施基本上都是由医疗法人设置的。

（五）《医疗法》规定的老年人入住设施

1992年《医疗法》第二次制度修订后，规范化制度化的设施类型是"疗养型病床群"。疗养型病床群作为"主要收容需要长期疗养的患者"的医疗设施，经都道府县知事批准开设。

2000年4月介护保险制度化后，疗养型病床群作为介护保险规定的服务设施之一，成为社会性住院（回归家庭困难的老年人）和需要医疗看护的老年人（由于社会福祉设施中护士配置较少）的收容设施。现在，作为医疗费适度化计划的一环，存在2017年之前废除永养型病床群和应将废除时间延后两种意见，最终如何确定仍在讨论中。

（六）《老年人居住法》规定的老年人住宅

20世纪90年代开始，在国家（建设省：现在的国土交通省）的公营住宅政策中就对老年人住宅进行了研究，当时提供了银发住宅、使用权方式和年金方式的公营住宅。

2001年《确保老年人居住稳定法》施行，利用国家的补助制度推进了民营老年人住宅的建设。2011年的一般国会上对该法进行了全面修订，将之前供给的老年人公营住宅和老年人民营住宅进行了制度统合。2011年之前对于老年人住宅主要有以下几种分类。①银发住宅：以生活支援为目的配备管理人的公营住宅。②老年人顺利入住租赁住宅：不拒绝老年人入住的登记制民营租赁住宅。③老年人专用租赁住宅：专门面向老年人的民营租赁住宅。④老年人优良租赁住宅：配备紧急通报设备、无障碍化建筑设计等符合一定标准的民营租赁住宅。2011年之后由于制度统合，极大地推动了民营力量对于"附带服务的老年人住宅"的建设。

（七）认知障碍患者集体之家

这是面向患有认知障碍的老年人的共同生活住宅。伴随2000年《介护保险法》的施行，1999年的"黄金计划21"中对该项进行了预算化管理。集体之家最初是面向英国的精神病患者提出的倡议。瑞典的Barbro Beck-Friis博士在日本介绍了认知障碍高龄患者共同生活的理念之后，日本模仿瑞典的尝试开始运营。

集体之家的入住人员限制为10名以下，提供与养老设施不同的生活环境。但是，工作人员人数等方面与瑞典存在很大的差异，在软件方面仍存在很多课题。

表 3-3   日本老年人设施、住宅的设置数量（2013 年 10 月）

名称	设置数量	定员数量	开设机构
特护老人之家	6754	488659	地方公共团体、社会福祉法人
老人保健设施	3993	357246	地方公共团体、医疗法人、社会福祉法人及其他
疗养型医疗设施	1647	71891	设置疗养病床的医院、诊所的开设者（医疗法人等）
集体之家	12288	161500	无限制（以营利法人为主）
养护老人院	953	64830	地方公共团体、社会福祉法人
低收费老人院	235	13576	地方公共团体、社会福祉法人
介护所	1963	78618	地方公共团体、社会福祉法人
收费老人院	8502	350990	无限制（以营利法人为主）
附带服务的老年人住宅	1533	46387	无限制（以营利法人为主）

资料来源：引自社会福祉设施基础调查、介护给付费实态调查。

四、介护保险制度的设立

（一）介护保险制度出台的背景

日本在第二次世界大战后的 50 年间，男性和女性的平均寿命都延长了 20 年以上，成为世界第一大长寿国家。其间，产业结构和人口结构的变化导致由几代同堂的大家族式家庭变为少子家庭。同时，老年人的独居情况加剧，高龄人群中 40% 的人口或是一人独居，或是高龄夫妇独居，这种情况还在不断加剧。

一方面，伴随老年人口的增加，卧床老年人（自己起不了床，或者能自己起床但是不能独立下床的状态）数量也在增加。因此，出现了老年人来介护老年人的"老老介护"的情况，由于居家介护的支援制度没有跟上，出现了大量需要介护的老年人占据医院病床的"社会性住院"（回家后接受不了介护，因此一直在医院住院）现象，成为一大问题。

日本国内有超过 100 万的"卧床老人"，接近 30 万人的"社会性住院老人"，其中预计有超过 10 万人处于悲惨的介护环境之中（不管不问的不充分介护、药物乱用、约束身体行动、隔离室等），随着这些问题被媒体曝光，大家开始反思一直以来的"行政措施型"公共制度无法解决这些社会问题。

另一方面，公共财政对于介护问题的制度应对也没有跟上，医院承担了老年人介护的职责，从而给医疗保险财政造成了很大的压力。只有尽快追加介护相关的财政投入，才能减轻医疗保险财政的负担。

（二）介护保险制度的成立过程

以社会保险方式运营公共介护系统的方案，从 20 世纪 80 年代开始在厚生省的年轻官员之间就展开了讨论。1989 年厚生省事务次官的非官方研究会"介护对策研讨会"召开，其中提到费用负担的方式之一可以考虑社会保险方式。1992 年厚生省内开始举办"老年人总体计划研究会"，在其报告书中明确记录导入社会保险方式。

1994 年 4 月，厚生省（现在的厚生劳动省）内设置了"老年人介护对策本部"，作为事务局开始研究构筑新的老年人介护体系。1995 年 2 月开始，"老人保健福祉审议会"作为厚生省部长（现在的厚生劳动省部长）的智库开始研究相关问题。

1996 年 4 月，日本政府在总结老人保健福祉审议会最终报告书的基础上颁布了《介护保险法》，虽然在其设立过程中经过了各种曲折，但最终在执政党内的福祉工作会议上进行了政治决策，经过几处修订后于 1996 年 11 月向国会提交，《介护保险法案》于 1997 年成立，同年 12 月 17 日公布，2000 年 4 月开始实施。

在介护保险制度实施之前经历了如下几次审议过程（见表 3-4）。介护保险制度从立案到实施的过程中，经历了各政党连立和分离等复杂的政治环境，最终通过政治决策确定下来。

表 3-4   日本介护保险制度审议过程

时间	事件	补充
1989.07.07	介护对策研讨会，讨论开始	事务次官召集举办恳谈会
1989.12.24	老年人保健福祉推进十年战略（黄金计划）	确立居家服务三支柱，设立体制完善的目标数值
1990.06.22	《老人福祉法》修订	服务主体向市町村转移
1992.02	老年人总体规划研究会报告	厚生省内制定试行方案
1994.04.13	老年人介护对策本部	厚生省内设置事务局
1994.09.08	社会保障制度审议会社会保障将来委员会第2次报告	建议导入公共介护保险
1994.12.18	新黄金计划	旧计划数值目标的上调
1995.02.14	老人保健福祉审议会审议开始	
1996.04.22	老人保健福祉审议会最终报告	结论是多种观点并存
1996.09.18	执政党工作小组进行调整	确定基本观点
1997.12.03	参议院本会议通过	
1997.12.27	众议院本会议通过	
1999.06.17	社会保障制度审议会	2000年4月确认实施
1999.12.19	黄金计划21	准备实施介护保险制度，调整1999～2004年的基础整备目标数值
2000.04.01	《介护保险制度》启动	

1996 年 4 月，老人保健福祉审议会会议的最终报告书中列示了以下 8 个介护保险制度的基本理念：对老年人介护开展社会性支援；由老年人自主选择；重视居家介护；充实预防和康复训练；提供综合性、整体性高效服务；促进市民广泛参与，利用民间力量；通过社会连带进行互助；稳定高效的事业运营以及充分考虑地区差异。

但是，在最终报告书中关于制度的核心部分，由于各团体委员代表利益集团的利益冲突没能最终确定，只是将所讨论的内容和各种观点进行了记录。最终的制度设计只能交给之后的政治舞台来决策了。

五、截至《介护保险法》出台之前的主要论点

（一）关于社会保险方式（税收方式 VS 社会保险方式）

关于采用税收方式还是社会保险方式，在作为首相智库的社会保障制度审议会的劝告意见（1995 年 7 月 4 日）中提出了支持保险方式的意见。其理由是：①在长寿社会中所有人都有相当大的概率进入需要介护的状态。②有可能需要赡养需要介护的老人。③将保险费给付作为参保人权利，保险金缴纳和给付的关系清晰，容易得到国民理解。

据此认为，应该设立"介护系统的基础完善主要依靠政府投入，而制度运用所需资金主要依靠保险金收入的公共介护保险"。

同样，在老人保健福祉审议会的中间报告中（1995 年 7 月 25 日）提到，虽然存在过度利用、不当利用和保险费滞纳等问题，但是考虑以下因素，最终认为采用财政负担与个人负担相结合的社会保险方式是最优选择：①可以根据需求提供惠及全民的服务。②从使用者对服务的选择和确保缴纳给付的权利关系上来说，保险方式优于税收方式。③将保险金给付作为参保人权利，保险金缴纳和给付的关系清晰，容易得到国民理解。

（二）关于保险人（市町村 VS 都道府县 VS 国家）

厚生省老年人介护对策本部的事务局提出了以下 3 种方案：一是保险人为市町村的"地区保险方式"，二是保险人为国家的"国营保险方式"，三是保险人为各医疗保险人的老人保健方式。

但是，在老人保健福祉审议会上提出了以下追加意见：第一，都道府县作为保险人的方式；第二，年金保险人作为保险人的方式；第三，对于劳动者 OB（退职者），由劳动者医疗保险对应的方式。

在最终报告书中，针对应该新设保险还是与医疗保险融为一体这一问题，决定以新设保险为前提。但对保险人仍然列示了各种观点，最终由执

政党的福祉项目小组协调决策。

（三）被保险人（65 岁以上 VS 20 岁以上 VS 40 岁以上）

最早在 1994 年厚生省内的试行方案中将被保险人年龄设定为 20 岁以上。在 1996 年 5 月厚生省"介护保险制度试行方案"的参考资料中整理出了以下结论：①介护保险和残疾人福祉的关系；②将被保险人设定为 40 岁以上；③将被保险人分为第 1 类（65 岁以上）和第 2 类（40～64 岁）；④关于第 2 类被保险者（40～65 岁）保险费的征收。

在老人保健福祉审议会的最终报告中写道"将 65 岁以上的老年人作为被保险人，可以要求被保险人承担保险费"，同时也写道"老年人介护的社会化应该考虑世代间的联系，应该让年轻人也承担部分保险费"，"对于年轻人的需要介护状态原则上适用于由公共财政负担的残疾人福祉政策，但像初老期痴呆这种应该享受与老年人同等待遇的情况，可以作为特例由介护保险进行给付的意见占主流"。

（四）保险费（老年人缴纳保险费 VS 年轻群体的负担方式）

由市町村作为保险人的最大问题是保险金的征收问题。全国市长会和町村会都提出了"这种做法是重蹈已成为赤字状态的国民健康保险的覆辙"和"受此影响，国民健康保险的保险费征收率将下降"等反对意见。另外，在老人保健福祉审议会上，针对是否应该要求暂不享受对应服务的年轻群体承担相应费用这一问题也发生了意见分歧。

在最终报告书中虽然记录了"针对向暂不享受保险给付的年轻群体征收保险费的做法，有意见认为难以得到年轻群体的理解"，但是最终根据以下理由做出从 40 岁开始征收保险费的决定：一是仅要求老年人负担的话，保险费会较高；二是介护的社会化发展也会裨益家庭。

同时，厚生省就修订试行方案与市长会和执政党福祉项目组开展了多次协商，对市町村的职责也进行了如下的多次修改：①由市町村征收的老年人应缴纳的保险金，从制度执行开始就从年金中直接扣除，避免保险费的滞纳问题。②需要介护程度的认定可以委托给都道府县开展，减少市町村的业务量。③在各都道府县设立"介护保险者联络会"，设定保险金缴纳标准，进行财政调整。

（五）使用者负担（定额负担 VS 固定比例负担）

关于老年人介护的使用者负担，一直以来存在福祉（行政措施）制度与医疗保险制度间，以及居家和设施间的不合理落差。为了解决这一问题，有必要建立受益者负担的统一制度规则。针对保险使用者 10% 的负担比率方案，出现了 20% 和 8% 的不同意见。

对于收入较低的老年人来说，如果要求固定比例负担则会导致负担金额过高，超出其承受能力。因此，有意见认为需要建立类似于医疗保险高额疗养费（当医疗费超出一定金额时，超出部分由都道府县进行补助）的机制。另外，考虑到与居家介护的平衡关系以及鼓励老年人自立生活的初衷，有意见提出，对于设施介护的餐饮费等日常生活费用由使用者个人负担。

（六）财政负担（国家财政的负担比例 VS 地方自治体的负担比例）

基于整个社会共同负担促进制度发展的宗旨，综合考虑过去老人福祉制度和老人保健制度中财政负担的具体情况，多数意见认为介护保险给付费的 1/2 应由财政负担。

在财政负担中，既要确保国家、都道府县以及市町村有充足的财源以应对未来不断增大的介护需求，同时应该注意不要给地方造成过重的负担。除此以外，还有意见提出政策制定时需要注意以下几点问题：①在介护保险金中设置低收入群体负担减轻制度的情况下，超出部分由财政填补。②在推进介护服务基础发展方面，由财政经费承担基础完善工作所需资金。

③向医疗保险人请求支付介护费用时，如较现行制度下资金负担剧增，则应给予财政援助。

（七）经营者负担（劳资协议 VS 法定化）

在 1922 年实施健康保险法导入社会保险方式后，经营者对于社会保障费用的负担基本上秉持劳资双方各承担一半的原则。

日本健康保险制度大体可分为健康保险（健康保险组合）、协会健保（原来由政府主管的保险，中小企业等加入）、国民健康保险（农林渔业从事者以及未加入健康保险的人）和共济组合等种类。

介护保险规定 40 岁以上的群体为被保险人，大部分意见认为可以将介护保险的保险费并入医疗保险的保险费中合并征收，这种方式比较高效，同时将两种保险的保险费分列明示，能够让每个年轻群体了解到自己对介护费用的承担情况，是比较理想的做法。

此外，对于医疗保险人负担费用问题，出现了参考医疗给付费同样处理和分别处理的两种对立意见。前者的情况下，将与医疗给付费一样，由雇主承担部分费用，国民健康保险的情况由国家财政承担部分费用。后者的情况下，即使雇主承担部分费用，也是作为企业内福利的一部分通过劳资双方的协商决定。这样一来，对于国民健康保险的国家财政的承担方式也出现了质疑的声音。还有意见认为，应该将雇主负担被保险人负担部分法定化，针对负担比例有 70% 和劳资各半的意见。

（八）对家庭介护的评价（现金给付 VS 只限于提供服务）

介护保险制度的基本宗旨是由社会提供介护服务，因此，应该以提供服务为原则。对家庭介护是否给予现金给付这一问题，出现了赞成和反对的两种声音。这一问题在未来仍将持续开展讨论。以下是赞否双方的主要论点。

消极意见包括：①导致家庭介护形式固定化，特别是女性会受影响，受限于家庭介护工作。②如果能够拿到现金给付，会阻碍老年人的生活自立。③现金支付可能导致介护服务扩大受限。④现金支付作为新的支付部分，直接导致费用增加。

积极意见包括：①从重视老年人及其家庭选择以及与使用外部服务群体公平性等的角度出发，应该考虑支付适当现金。②仅限于提供服务是一种过度限制。③现状下多数老年人希望采取家庭介护方式，家庭介护占整体介护的绝大多数，由于介护导致家庭支出增加。④对于不享受服务的情况下，应该以现金给付的方式对保险费进行适当返还。

另外，对于现金支付的方式也有如下意见：

一是对家庭介护支付现金存在以下几个方面的含义：对本人及其家庭的慰问鼓励；确保与享受服务群体的公平性；补助部分由于介护导致减少的收入来源；对家庭介护成员介护劳动的评价。

二是有意见认为现金给付可以作为弥补服务不足的过渡性措施，附加要求家庭介护成员参加研修的条件。对此有以下不同意见：针对服务不足的现状，应该优先考虑如何扩充服务能力；在此基础上，在老年人根据自身意愿实际可以选择使用介护服务时，再从确保老年人选择权的角度考虑现金给付；考虑到现金给付一旦实施很难废止这一情况，假设实行现金给付也应该确定期限，设置制度退出机制；除了直接给付现金以外，可以考虑采用服务使用券等方式，让给付能真正落实到实际介护服务方面。

（九）实施时间（居家、设施服务分两阶段实施VS同时实施）

厚生省对于制度实施启动时间的最初目标是1997年度。但是老人保健福祉审议会的最终报告中没有就制度的核心部分达成共识。针对最终报告的内容，执政党福祉项目小组的代表以非正式提案的方式提交了关于制度设计的总体想法，特别是提出了优先发展居家服务的"阶段性实施"方案。同时对于部分地区介护设施服务落后的情况，要求按照新黄金计划严格执行，在1999年前基本达成整备目标，尽早出台将介护设施纳入保险范围的实施方案。

在此非正式方案基础上，厚生省开始研究制度的阶段性实施方案。经研究决定于 1999 年度开始导入制度，以 2001 年度为目标将设施服务纳入保险范围的方案。此后，在日本国内各个地区召开听证会，经过执政党福祉工作小组的修订，最终在联合执政党的协议中决定废弃 1999 年度的优先发展居家服务的厚生省方案，决定从 2000 年度开始同时实施针对居家、设施服务的介护保险制度。

六、日本介护保险的特征

（一）保险方式与税收方式并用

在上面的讨论中提到，围绕介护保险制度究竟采取税收方式还是保险方式展开了很多讨论。两种方式都各有优劣，从普遍性来讲税收方式可能更好，但是从主体选择性来讲保险方式更优。另外，税收方式在确保稳定的财政资金来源方面存在不确定性，但同时保险方式也容易发生保险费滞纳的问题。

最终考虑到与医疗保险制度的接轨，以及介护服务供给量的快速扩充，政府决定采用保险方式。没有采用税收方式的背景是，日本尚没有达到像北欧诸国那样成熟的地方分权程度，以及介护制度很有可能发展成为不仅服务于老年人介护，而且服务于残疾人介护的制度规模。

但是，最终执行的介护保险制度中介护给付费的 1/2 由财政费用负担，剩下的 1/2 由保险费负担。换句话说，日本的介护保险制度采取了税收方式与保险方式的折中形式，是一种特殊的有日本特色的社会保险制度。

另外，介护给付费中除了财政负担的 50%，针对作为保险费征收的 50% 部分，按照第 1 号被保险人（65 岁以上）与第 2 号被保险人（特定疾病的 40 ~ 64 岁）的人口比例进行分配。实际缴纳的保险费，在入住型医疗介护设施和福祉介护设施较完善的地区相对较高。

（二）仅提供服务（不采用现金给付）

经过上面关于现金给付还是只限于提供服务的讨论，日本介护保险制度的服务最终采取了只提供服务的方式。现金支付方式遭到了很多反对意见，例如审议会的女性成员提出，现金支付会导致女性被家庭介护工作束缚，难以走向社会。民间经营者代表提出现金支付会抑制对外部介护服务的需要。财政当局也提出新的现金给付会增加财政负担，同时，一旦开始实施很难终止执行。

关于现金给付，今后仍将作为课题继续讨论。在介护服务人员不足，且社会提供的基础设施跟不上需求的现状下，对于家庭介护给予介护补助将再次作为议题提上日程。

（三）保险人为市町村，被保险人为 40 岁以上国民（地区价格差异）

关于保险人如何确定，正如上面列示的论点，各方代表都提出了各种意见，在老人保健福祉审议会的最终答辩上也没拿出结论，仅局限于罗列各种理论的程度。

特别是在保险费的征收问题上，由于担心"重蹈已成赤字状态的国民健康保险的覆辙"以及"国民健康保险的保险费征收率下降"等问题，市町村都持反对意见。

针对这些市町村所担心的问题，厚生省与执政党福祉项目小组决定采取以下措施：①老年人的保险费从制度执行开始采取从年金中直接扣除的方式。②在各都道府县设立"介护保险者联合会"，设定保险费标准，进行财政调整。③可以委托都道府县和介护保险者联合会进行需要介护程度认定的委托，减轻市町村的财政和业务负担。

经过上述的讨论，被保险人确定为在市町村区域内拥有住所的 40 岁以上人口。其中，65 岁以上作为第 1 号被保险人，40 岁以上 65 岁以下的医疗保险加入者作为第 2 号被保险人。

第 1 号被保险人的保险费根据个人收入分为 6 个等级。目前，日本全国平均月缴金额（第 5 期、2012-2014 年度）为 4972 日元。第 2 号被保险人的保险费根据全国保险费用给付情况，由国家设定各医疗保险人的总额，然后由各医疗保险人自行设定保险费率。

（四）给付对象为 65 岁以上的老年人（特定疾病 40 岁以上）

可以申请介护保险给付的人群为满 65 岁，或 40 岁以上 65 岁以下被确诊患有以下 16 种特定疾病的人群：初老期认知障碍（痴呆症）（阿兹海默病、脑血管性痴呆等），脑血管疾病（脑出血、脑梗塞等），肌萎缩侧索硬化症，帕金森（Parkinson），脊髓小脑变性症，特发性直立性低血压（Shy-Drager 综合征），糖尿病性肾病、糖尿病性网膜症、糖尿病性神经障碍，闭塞性动脉硬化症，慢性阻塞性肺病（肺气肿、慢性支气管炎、支气管哮喘等），两侧的膝病或者伴有股关节严重变性的变形性关节炎，风湿性关节炎，后纵韧带骨化症，脊椎管狭窄症，骨质疏松导致的骨折，早衰症（沃纳综合征），癌症[①]。

（五）介护程度分为 7 个阶段（实施初期为 6 个阶段）

享受介护保险服务必须接受需要介护程度认定。在介护保险制度设立时需要介护度分为 5 个阶段，需要支援状态为 1 个阶段，总共为 6 个阶段[②]。在 2006 年修订时将存在"认知机能低下"或"状态不稳定"作为需要介护 1 阶段，不属于此类的作为需要支援 2 阶段，总共为 7 个阶段。

---

① 癌症仅限于医生经过医学诊断后判断为不能康复的类型，即仅限于"晚期癌症"。

② "需要介护状态"是对需要日常介护的程度进行分阶段判定，需要介护 5 为最严重的状态。"需要支援状态"是可以预见需要日常介护，或者预防恶化的状态。

在介护度认定时,需要根据申请判断"需要给予何种程度的介护服务",首先由厚生省编制的可以推算需要介护标准时间的计算机程序系统进行第一次判定,然后由各自治体设立的认定审查会对第一次判定的结果进行最终认定。

(六)介护支援专员(care manager)制定介护计划(与被保险人签约)

被保险人接受介护保险服务之前,申请需要介护程度认定,在介护认定审查会做出介护度判定后,制定相应的介护服务使用计划(care plan)并据此实施。

介护支援专员负责需要介护程度认定的申请以及介护计划的制定工作,介护计划制定以及服务提供的管理费用由介护保险全额给付,对介护服务使用人不造成负担。日本设有介护支援专员国家资格考试。

(七)每3年调整一次保险费,每5年对制度进行一次调整

根据介护保险制度的法律附则,在制度实施5年后需要对制度整体执行情况开展一次讨论,根据讨论结果进行必要调整。

另外,保险费每3年调整一次。费用调整的同时需要根据各自治体的保险给付情况、人口动态,实施日常生活区域的需求调查,以市町村为单位召开地区介护会议,探讨对策的同时制定介护保险事业计划。

七、至今为止对介护保险制度的调整

日本从2000年4月开始实施介护保险制度至今已经走过了14年。2015年计划实施更为深入的制度修订,至今为止的制度修订过程如下(见表3-5)。

表 3-5　　　　　　　　　　　　日本介护保险制度修订过程

时间	修订内容等
2000年4月	介护保险制度的实施
2001年10月	第1类保险费全额征收
2003年4月	第1次介护报酬修订-2.3%（居家+0.1%、设施-4.0%）
2005年6月	《介护保险法》的部分修订 ①确立预防重视型体系 　将"介护预防、地区互助事业"纳入介护保险 　将过去的需要介护1调整为需要介护1和需要支援2（合计6阶段调整为7阶段） ②确立新的地区性服务体系 　各地区对小规模多功能型居家介护服务等开展认定 　设立地区综合支援中心作为地区协调机关 ③设施给付的调整 　将介护设施的食宿费用调整为非保险对象
2005年10月	开始向设施使用者征收食宿费用
2006年4月	第2次介护报酬修订-0.5%（居家-1.0%、设施±0%） "三位一体"的改革（废止财政资金对设施完善费用进行补助等）
2007年6月	介护大型企业的不正当费用申请问题曝光
2008年4月	制定关于改善介护从事者待遇，确保介护人才的法律
2008年5月	《介护保险法》部分修订 ①要求介护服务经营者有义务建立合规经营等的完善的业务管理体制 ②设立国家和都道府县的实地调查权 ③完善对不正当经营者逃避处分的应对措施、采取措施防止再次发生不正当案件
2009年4月	第3次介护报酬修订（+3.0%）
2011年6月	《介护保险法》部分修订 ①构筑地区综合性介护体系 　提供24小时上门介护/看护/综合型服务 　由介护职员提供吸痰等服务 　设立介护预防、日常生活支援综合事业 　推迟介护疗养病床（医疗系统介护设施）的废止期限 ②要求有偿老人院等返还预付金，保护使用者权利 ③推进开展老年痴呆症预防措施等对策 ④协调介护保险事业计划与医疗服务、住宅计划等之间的关系

续表

时间	修订内容等
2012年4月	《介护保险法》的部分修订 ①将需要支援对象的上门介护、入所介护调整为非保险给付对象 ②特护老人之家入住者原则上要求为需要介护3以上人群 ③小规模往返型介护由市町村进行管理 ④构筑地区综合性介护体系 ⑤设立24小时上门介护看护／综合型设施
2012年9月	发布老年痴呆症对应措施推进五年计划
2013年	面向第6个实施周期开始制度调整研究
2014年6月	出台医疗/介护综合推进法

八、关于介护人员的从业资格及培养

（一）介护服务资格的开端

日本介护从业资格在60年前是由地方自治体独立开展的项目，此后上升为国家制度。1962年的《老人福祉法》中明文规定了"家庭服务员"国家财政补助项目。

最初有资格享受介护服务的范围限定为由于老衰、身心障碍等问题造成日常起居生活困难的低收入老年群体。80年代在老龄化不断发展的过程中开始正式采取行政措施，1982年对制度进行了修订。此次修订中取消了收入限制，对象范围不断扩大，同时通过有偿化派遣家庭服务员的对象也扩大到"有老年人的家庭"，对家庭服务员必须开展70个小时的岗前培训。

针对在医疗机构和老人福祉设施开展介护服务的职员，只在设施标准中对从事介护业务的职员人数标准进行了规定。从业资格在1987年《社会福祉师及介护福祉师法》出台之前也没有特殊规定。

现在各种设施的介护职员不论是否持有从业资格都可以从事介护业务。

但是，从业资格设立之后，在雇佣、工资、给经营者的介护报酬等方面都会将从业资格人数比例作为判断标准，促进了介护人员作为专业人员的地位提升。2014年10月的雇佣统计显示，从事介护服务的人员为168.6万人。

2017年度对从业资格获取办法进行了修订，实务者进修的义务化和从业资格取得之后的高层级资格（认定介护福祉师：暂定名称）的导入正在研究中。目前在日本的介护领域，主要有以下从业资格。

①介护福祉师。实务经验3年以上＋国家考试，计划变更为实务3年＋实务者进修（450小时）＋国家考试；在培训设施接受培训2年以上（1850小时），计划变更为从培训设施毕业＋国家考试。

②介护职员基础研修（500小时）。

③上门介护员（home helper）1级（230小时）和上门介护员（home helper）2级（130小时）今后将统一为介护职员初任者研修（130小时）。

2025年预计需要237万～249万名介护人员，每年需要确保6.8万～7.7万介护人员。为此，需要采取措施确保、增加并稳定大学毕业生以及通过共同职介所和福祉人才中心等介绍的新入职人员。国家采取了以下方针政策：提高介护行业的地位；确立职业发展路径；完善、改善职场环境，包括介护机器人的研发促进等；改善待遇。

（二）介护福祉师资格

《社会福祉师及介护福祉师法》（1987年）对介护福祉师资格进行了规定。规定颁布2年后的1989年全国共有2631人进行了登录。2013年总数为1183979人，培训设施数量为302901所，每年以10000人左右的规模增加。

介护福祉师是指具备专业知识和专业技能，对由于身体或精神上的障碍不能正常生活起居的人群，依据其身心状况开展介护服务，并对其及其介护者提供介护指导的专职人员。

主要工作场所有医院、老人保健设施、特别养护老人院、日间照料中心以及障碍福祉服务事业所等社会福祉设施。该资格作为各介护服务机构界定介护服务的主要手段，除此之外拥有更为专业的知识和技术，作为对被介护人员的个性化支援，介护人员的判断力和团队合作意识等综合考察能力非常重要，介护福祉师被寄予提供更高质量介护服务的期待。另一方面，在各产业统计中显示其工资仍然处于较低水平，同时由于工作辛苦等因素，导致养老设施中的正规雇佣者和上门服务中的非正规雇佣者的离职水平处于较高状态。国家为了促进正规雇佣介护职员的稳定化，从 2009 年度开始将"介护职员待遇改善交付金（每人每月 15000 日元左右）"纳入预算内并开始实施。

在资格取得方面，目前实务经验渠道和培训设施渠道是最主要的取得方式。但是，2007 年和 2011 年的法律修订中规定，从 2015 年开始将变更为全部参加国家资格考试的方式。然而由于介护人才的确保依然严峻，同时有必要考虑中长期应对方法等意见，国家资格考试开始时间被延后。

（三）介护职员基础研修的资格

伴随老龄化的不断发展，提高介护服务的质量及设施类和上门访问类设施的介护职员的专业性越来越重要。为此，2006 年政府设立了"介护职员基础研修"，都道府县以及都道府县指定的经营者作为培训机构，资格取得需在讲义、模拟 360 小时加上设施实操 140 小时合计 500 小时的研修基础上才能完成。取证费用原则上由听课者本人负担，对在面向失业者开设的都道府县技术训练学校（职业能力开发学校）进行学习的，给予部分补助。同时，对于拥有上门介护员资格的，可以免除实务经验和学习科目等项目，目前超过 10000 人取得了该项资格。

但是，一方面 500 小时的培训时间太长，另一方面对于上门介护员 2 级的需求依然较大，介护职员基础研修的参加者面临更多困难。为此，2012 年度末废止了该资格，将其与《社会福祉师及社会福祉师法》修订版中导入的"实务者研修"的培训体系一体化，将"上门介护员培训研修"

和"介护职员基础研修"从 2013 年开始统合为"介护职员初任者研修"这一新的介护职员资格体系。

（四）上门介护员资格

上门介护员是指在介护保险法中规定的开展上门介护的人员，完成了都道府县知事指定的"上门介护员培训研修"课程的统称为上门介护员（home helper）。该资格有 1 级至 3 级三个等级，介护保险制度中将介护福祉师和 1 级、2 级取得者作为保险给付的对象，3 级在 2009 年废止。

厚生劳动省于 2005 年提出将上门介护员资格与介护福祉师合并的改革方向。伴随 2006 年度"介护职员基础进修"开始实施，访问介护员 1级课程计划在 2012 年并入"介护职员基础进修"。但是，由于介护人才供给依然难以满足市场需求，同时上门介护员 2 级人才的需求依然较高，一方面谋求与介护福祉师资格的连动性，另一方面对上门介护员资格的研修体系进行了调整。2012 年《介护保险法施行规则》进行了修订，将"介护职员初任者研修（130 小时）"作为"上门介护员 2 级培训研修"的替代方式，从 2013 年开始正式实施。

表 3-6　　　　　上门介护员从业人员数量（2013 年 10 月 1 日）

资格名称	总人数
介护福祉师	121585
基础研修完成者	10355
原1级进修完成者	16519
原2级进修完成者	269621
其他	4595
合计	422675

表 3-7　上门介护员培训研修完成人员数量（1991 ~ 2012 年的累计）

	总人数
原1级课程	190158
原2级课程	3642056
单纯合计	3832214

九、2015年度开始的制度修订

伴随消费税的上调，社会保障改革也在同步开展。2013 年 12 月《关于旨在确立可持续发展的社会保障制度的改革推进法》出台。2014 年厚生劳动省社会保障审议会介护保险部会议就介护保险制度修订的讨论取得进展，制度修订案意见书于 2013 年 12 月成稿，2014 年 2 月向第 186 次国会提交。

（一）预防给付的调整

在介护预防服务（需要支援 1、2 阶段）中，将上门介护和往返型设施介护调整为非介护保险对象。市町村可以根据本地区实际情况开展因地制宜的地区支援事业，在 2017 年度前在所有市町村铺开。

（二）重点推动"特护老人之家"的发展

"特护老人之家"的新入住人限定为需要介护 3 以上的群体，强化"特护老人之家"作为帮助居家生活困难的中重度需要介护群体的介护设施功能。

（三）往返型介护设施的分化

1. 明确往返型介护设施的目的

以往往返型介护的服务内容没有明确的区分，在功能训练和老年痴呆症预防应对方面，并没有开展制定计划、实施介护、判定效果的工作，因此，将往返型介护设施的功能分为机能训练对应、老年痴呆症对应、疗养对应 3 个方面，提高保险费的有效利用。

2. 由市町村对小规模往返型介护设施开展认定

为了有计划并合理地新增往返型介护设施，一直以来往返型介护保险设施由都道府县开展认定。目前，对于 10 人以下的小规模往返型介护设施可以由市町村开展认定，按照市町村制定的介护保险事业计划进行管理。

（四）使用者负担的变更

1. 努力降低低收入群体的保险费负担

现行制度下对于低收入群体的保险费采取了减除措施，从 2015 年度开始，市町村将进一步减除低收入群体的保险费负担，减除部分由国家财政负担 1/2，由都道府县财政负担 1/4。

2. 对于有一定收入的使用者负担进行调整

对于 65 岁以上的第 1 号被保险人中，具有一定收入和较高负担能力的使用人的自付比例由现行的 10% 调整为 20%。

3. 对补充给付进行调整

针对入住保险定点机构的人员的介护服务费用等（补充给付）的给付条件，将在考虑服务使用人收入之外综合考虑其资产情况，对存款超过一定金额的利用者不再提供补贴。

十、今后的计划

在日本，第二次世界大战之后出生的人口在 2025 年将超过 75 岁，届时老龄人口为 3657 万人，老龄化率上升至 30.3%。现在（2015 年）距离 2025 年只剩下 10 年的时间，日本将进入全球史无前例的超老龄化社会，构筑完善的老年人介护社会体系成为当务之急。

厚生劳动省计划以各自治体制定的"地区综合性介护体系"为核心，以消费税为财源，继续推进建设可持续发展的介护保险制度。

2013 年 4 月政府将消费税率由 5% 上调至 8%，并计划于 2014 年 10 月进一步上调 2 个百分点至 10%。但考虑到日本经济尚处于低迷状态，决定将第二次上调时间推迟 18 个月至 2017 年 4 月实施。

据此，2015 年后日本社会保障制度改革将面临更为严峻的环境，从社会保障制度的可持续性考虑，正在开展对年金、医疗、介护的进一步减额措施，以及调整使用者负担等工作。

（一）建立地区综合性介护体系

地区综合性介护体系是争取在 2025 年度前构筑能够提供医疗、介护、介护预防、居住、生活支援等 5 项服务的综合性支援体系，目的是让已进入需要介护状态的老龄人口能够在长期居住的地区继续实现自主生活直至人生的最后阶段。

为此，考虑到大城市、中小城市、农渔村等各自迥异的地区特性和课题，由各市町村、都道府县开展本地区的介护社区构筑和运营，在此过程中其管理能力会不断得到提高。另外，由于存在税收增长困难和人才不足等问题，很难断言一定能够达成完善地区介护服务基础的目标。

在各种制约下，要求政府向各自治体特别是市町村委让事务权限，在地区介护体系推进完善过程中采取灵活措施应对各种课题。

（二）建立 24 小时 365 天全年全天候型介护看护体系

2012 年度开始实施的定期巡视、随时应对型上门介护看护服务，是为了让中重度需要介护群体以及医疗诊治需求较高的需要介护群体能够实现居家疗养的全天候提供上门介护和看护服务的方式，是建立地区综合性介护服务体系过程中的核心服务。目前的上门介护服务提供方式为一周数次、每次 30 分钟到 1 个小时，今后需要进一步发展为每天数次、每次 10 ～ 15

分钟的上门介护服务方式，并且提供应对紧急通报的服务。

根据预测，2025 年度时需要定期巡视、随时应对性上门介护看护服务的老龄人口将达到 15 万人，2013 年 12 月末的统计数据显示，1580 个市町村中只有 184 个市町村为 5488 人提供了该项服务。

在该项服务导入初期存在各种运营方面的具体问题阻碍了该服务体系的发展。例如，提供服务的护士、介护职员、介护操作员等人员确保问题，另外，介护报酬采取按月固定金额发放的方式，在移动距离较远的区域，盈利性较差，在城市地区，效率性相对较高但人工成本也比较高。

在厚生劳动省指定实施"24 小时服务"的试点地区的试点结果表明，深夜上门介护服务量不足整体服务量的 5%。然而，近 7 成尚未加入这一体系的经营者认为夜间和深夜段的介护服务会成为主要业务，9 成以上的经营者认为难以构筑上门服务体制。

因此，要普及该项服务，需要加深市町村以及介护设施经营者对该事业的理解，实施促进其参与的各项措施。

（三）确立地区综合性支援推进主体

为了在各地区综合提供居家医疗和介护服务，需要建立医疗和介护的互联互通体系，由谁作为主体，如何在两种服务的提供者之间，以及提供者与行政之间等多种相关方之间开展合作及信息管理等成为重要的课题。

为此需要市町村开展积极的尝试，在此过程中希望各地区的地区综合性支援中心能够承担起核心作用。但是，目前地区综合性支援中心承担着介护预防支援、综合咨询支援和召开地区介护会议等职责，与职员人数（人员标准 3 名）相比，可以说业务负担量过大。

因此，有必要将地区综合性支援中心的业务重点和核心向开展综合性、持续性介护管理和构筑地区医疗介护网络方面转移，市町村也要求政府给予支持确保相应人才的数量和质量。

（四）确立老年痴呆症对策

厚生劳动省从 2013 年度开始制定了名为 "Orange Plan" 的老年痴呆症对策推进五年计划，提出了应对地区和居家介护的综合性措施。但是，为了在各地区制定具体对策开展具体工作，需要进一步强化计划内容，因此，在 2014 年度制定了 "新 Orange Plan" 确定了今后 5 年推进工作的具体内容。

计划中明确要推进构筑各地方对老年痴呆症患者的支援体系，开展早期发现、早期应对工作，推进构筑各地区的医疗服务系统和生活支援介护服务系统，强化各地区日常生活和家庭支援工作。

但是，实际情况是缺乏针对老年痴呆症的有效医疗介护模式，而且在独居老人和空巢老人不断增多的现实环境下，对于地域社区如何开展互助支援进行启蒙和推广工作尤为重要。

为了让整个社会接受老年痴呆患者并扶助他们的生活，有必要在地域社区设立相关工作推进专职，培育地域生活中互助共助的人际关系和氛围。

（五）确立介护预防对策

日本的介护保险制度从法律层面规定了从提供身体介护到帮助日常生活开展家务援助（扫除、清洗、购物、做饭等）的广泛的服务范围。对于需要介护度较低的使用者来说，享受的相关服务并不是为了达到法律制度所期的介护预防之目的，普遍认为家务援助已经超越《介护保险法》应有的范围，更多带有福祉服务的色彩。

2015 年度介护保险制度的修订中，确立了由各市町村设立新型综合事业（需要支援事业、新的介护预防事业）开展对需要支援 1、2 的被保险人的服务，在为期 3 年的过渡性措施实施期间结束之后，需要在 2018 年 4 月底前结束原来的预防给付项目。

从一直以来的全国统一模式的服务，到由各市町村因地制宜实施的由多种参与者开展的生活支援服务和微型日间服务，介护服务的提供不应仅局限于老年人本人的身心机能的改善，还应该包括生活环境的改善，为老年人创造地区内发挥余热的机会等适合地区具体情况的活动内容。

十一、总结

以上梳理了日本老年人介护政策在过去约 50 年间的发展历程。介护保险制度出台前花费了很长时间进行制度讨论，今后这种"边想边做"的方式还将持续下去。2000 年后改革推进的速度较之前的 50 年加快了很多，2015 年度之后的 10 年要求无论是国家层面还是市町村、都道府县层面，都需要以比现在更快的脚步推进制度的改革和实施。

今后，伴随着老龄医学领域的研发不断深入，在各地区构筑综合性介护支援体系的同时，有必要大力推进在新领域的技术革新，如通过灵活利用人力资源和先进技术推进建设健康管理和健康守护的家庭系统，在各地区建立生活支援的信息网络，利用机器人等。

当然，不断完善国家社会保障制度的前提是不断谋求经济的活性化。现阶段日本人口不断减少，国债的发行余额不断增加，可以用于解决基础财政收支平衡问题的时间有限。在洞悉未来 10 年（2025 年）、20 年（2035 年）发展趋势的基础上，我们需要汇集所有国民的智慧和努力，进一步发展社区互助。

（执笔：宫森达夫）

第四章

英国的老年人照料服务

术语表

辅助技术（Assistive Technology）：对所有能够帮助个人执行本来无法完成的任务或为任务执行增加便利性和安全性的设备或系统的统称（Allen and Glasby，2013，p. 912）。

养老机构（Care Home Sector）：这里既包括英国的养老院，也包括护理院。

照料质量管理委员会（Care Quality Commission，CQC）：英格兰医疗和社会照料服务的监管机构。

日间照料服务（Day Care Services）：这个定义可以有很多不同的含义，但大致是指在老年人居所之外的某一建筑物内提供的服务，通常不包括很多个性化照料。在相当多的案例中，参加日间照料中心的老年人还会受到除此之外的家庭照料或机构照料；有时老年人到日间照料中心是为了让非正式照料者得以喘息（AgeUK，2011a）。

直接付费（Direct Payments）：支付给符合条件的服务使用者（或指定的朋友/家庭成员）的现金，用来替代社区照料服务。其目的是为服务使用者提供更广泛的选择，让他们选择最适合自己的照料。金额必须足以使服务使用者通过购买服务来满足自己符合评估标准的需要（eligible needs），而且钱必须用于购买符合标准的服务。

居家照料/家庭照料（Domiciliary/ Home Care）：是指在服务使用者自己家中提供的正式照料。

额外照料住房（Extra Care Housing，ECH）：具有多种定义，但一般来说是指有灵活照料安排的独立住处。除了生活照料设施和公共设施以外，楼内一天 24 小时都有辅助支持人员；旨在成为一个可以终身居住的场所，并有效地减少入住养老机构的需要。此类住房具有多种使用形式，包括租用（rent）、购买使用权（leasehold）和共享所有权等（Baumker et al，2011，p. 523）。

正式照料（Formal Care）：由收费的服务组织提供的照料。

非正式照料（Informal Care）：通常由被照料者的朋友或亲属承担，虽然并不属于付费照料，但满足某些特定收入和照料角色标准的照料者，可以向国家申请"照料者津贴"。

机构照料（Institutional Care）：指在医院或养老院中提供的照料。

终生之家（Lifetime Homes）：住房旨在满足每个人的可及性和适应性标准，因此，要考虑到各类群体当前或未来潜在的需求（例如：轮椅使用者）。

经济状况调查（Means Test）：对个人财务状况的官方调查，旨在确定其是否满足国家救助的资格。

护理院（Nursing Home）：为长期患病老年人提供住宿和饮食服务，按照法律要求，除了护理员之外，护理院必须全天有合格的医疗专业人员值班（RNHA，2012）。

老年人/年长者（Older People/ Elders）：除非另有说明，本报告中老年人都是指 65 岁及以上的人。

个人预算账户（Personal Budgets）：是指评估后分配给使用者的、足以满足其经过评定的照料需要的资金。使用者可以用直接付费（见上文）的方式领取个人预算资金，或者自主选择满足其需要的照料方式以及服务提供者，但委托服务的职能仍由政府来承担（或者可以选择上述两种方式的结合）（Community Care，2007）。

个性化（或"以人为本的"照料）（Personalisation（or "person centred" care））：按照卫生部（DoH）的描述，这是指"每一个获得支持的人，无论接受的是政府购买的服务，还是自费购买的服务，在所有的照料设施中，对所获得服务的形式都有选择权和控制权"。尽管这种表述通常与采取预算方式还是直接付费方式相关联，但也要求根据个体的需要来提供服务，而不是以"一刀切"的方式提供服务。同时，还包括提供改善家庭照料和支持的信息和建议，投资于预防性服务以减少或推迟对生活照料的需要，在个人和社区中推广独立和自力更生的理念（Dunning，2008，para 1）。

私营的照料服务提供者（Private Care Providers）：提供营利性的服务，收入来源于地方政府购买服务的资金，或不满足政府资助条件的老年人的自付费用。绝大多数社会照料机构都是私营机构。

康复（Re-ablement）：帮助服务对象学习（或重新学习）和练习日常生活技能，如洗漱、穿衣，以使其能独立生活更长的时间（Dilnot et al，2011，p. 58）。

养老院（Residential Care Home）：为具有一定程度照料需求但不一定是护理需求的老年人提供饮食和住宿服务。

庇护住宅（Sheltered Housing）：涵盖多种形式的老年人住房，每种住房提供的服务和支持有很大差别。这类住宅最常见的共同点是，都是专门为老年人建造的，通常雇佣一名管理员来负责日常管理和处理紧急情况。

远程监护（Telecare）：通过使用电子传感器和电子辅助设备使家中环

境变得更安全，从而让老人能够独立地在家里生活更长的时间。传感器向呼叫中心、管理员或朋友和家人自动报警（Allen and Glasby，2013，p.912）。

第三部门（Third Sector Organization，TSO）：是指非营利的、提供照料服务的慈善组织，收入可能来源于地方政府的资助，或购买服务者的自付费用。

缩略语

ADASS（Association of Directors of Adult Social Services）：成年人社会服务理事协会

CLG（Department for Communities and Local Government）：社区与地方政府管理部

CQC（Care Quality Commission）：照料质量管理委员会

LA（Local Authority）：地方政府

ONS（Office for National Statistics）：国家统计局

TSO（Third Sector Organization）：第三部门

简介

本报告考虑了人口变迁和社会照料服务过去60年左右的发展情况，介绍了当前和未来可能的服务供应状况。由于组成英国的四个地区（英格兰、威尔士、苏格兰和北爱尔兰）都有高度自治权，在社会照料的立法及实践方面存在较大差异，因此，本报告主要以英格兰地区（占英国总人口的84%）的数据和政策为例进行介绍。但在一些案例中也会涉及其他地方的一些信息，使用时都进行了说明。过去25年左右，社会照料政策的最高目标一直是致力于尽可能减少对机构照料的依赖，代之以预防性措施或提供必要的支持，推进以包括居家和专门寓所在内的、以社区为基础的照料服务。

本报告的一个核心观点是：长期的资源短缺加上当前财政紧缩背景下的进一步削减，使得目前很难提供非常优质的照料服务，尤其是在老年人身体功能开始衰退，产生照料需求的早期阶段。简单来说，就是资金没有随着人口老龄化背景下预期需求的增加而得到充分的增长。对于现在的社会照料环境，所有政党都承认：现有体系已经不再适用，迫切需要进行改革。为此，联合政府委托专人撰写了一份报告，旨在协助重建老年人社会照料体系，稍后会对此问题进行专门讨论（Dilnot et al，2011，p. 11）。

一、养老服务的历史和发展历程

（一）人口结构变迁和老龄化历程以及老年人照料需求演变过程

从微观层面看，受不同人口统计学因素影响，英国人的预期寿命存在很大差异。例如：从经济社会发展水平看，与出生在格拉斯哥市的男性（72.6岁）相比，出生在多塞特郡东部的男性（82.9岁）有望多活10年（ONS，2014）。还有城乡差异，预计到2029年，在大多数农村地区，超过1/3的人口将超过60岁，而在大多数城市，这一比例不到1/4。但是，到2029年城市地区75岁及以上人口比例将增加47%，增长率将是农村地区的近两倍（CLG et al，2008，p. 26）。除此之外，最贫困的老年群体往往比最富裕群体提早十年出现长期健康损害状况（Barnett et al，2012，cited by Independent Commission on Whole Person Care，2014，p. 15）。

然而，尽管存在区域性和人口统计学上的差异，20世纪英国人期望寿命是稳步上升的。例如，当《国民救助法》（National Assistance Act）于 1948 年生效时（见下文），65 岁男性预期寿命是 78 岁；而在 2010 年，65 岁男性预期寿命已增至 86 岁（女性为 89 岁）（Stewart，2012，p. 185）。相应地，与 100 年前相比，老年人口比例大幅上升。例如：1961 年 65 岁以上人口占英格兰和威尔士总人口的 6%，到 1981 年这一比例翻了三倍，达到 18%（Warnes and Law，1985，cited by Bochel，1988，p. 467）；之后 30 年，65 岁及以上人口达到 1100 万，接近总人口的 1/5。本报告主要关注的英格兰地区，老年人总数大约是 924 万（AgeUK，2014a）。

　　预计到 2037 年，60 ~ 74 岁年龄段人口占比将增至 28.7%，75 ~ 84 岁年龄组增幅更明显，为 90%；而 85 岁及以上年龄组占比增长更加突出，接下来 30 年预计将增长三倍（达到 157%）。因此，预计到 2037 年，75 岁及以上人口占总人口的比例将从 10% 上升到 17.9%（ONS，2014，p.5）。当前英国老年人口数与预计增长情况见表 4-1。

表 4-1　　　英国按年龄分组的人口数预测（2012 ~ 2037）　　　单位：百万

年龄	2012	2017	2022	2027	2032	2037
0 ~ 14 岁	11.2	11.7	12.2	12.3	12.2	12.2
15 ~ 29 岁	12.6	12.4	12.1	12.3	12.9	13.3
30 ~ 44 岁	12.8	12.7	13.3	13.6	13.5	13.2
45 ~ 59 岁	12.6	13.3	13	12.6	12.4	13
60 ~ 74 岁	9.4	10.1	10.7	11.6	12.3	12.1
75 岁及以上	5	5.5	6.6	7.7	8.5	9.5
75 ~ 84 岁	3.6	3.8	4.6	5.3	5.4	5.9
85 岁及以上	1.4	1.7	2	2.4	3.1	3.6
所有年龄段	63.7	65.8	68	70	71.7	73.3
中值年龄（岁）	39.7	40.1	40.6	41.3	42.1	42.8

　　资料来源：ONS，2014，p.5。

　　政府部门预测，目前英格兰 65 岁以上人口中有 75% 最终将需要护理，其中 25% 是需要养老院或护理院照料的，另外 50% 是需要家庭照料的（HM Government，2012，p. 14）。除此之外，相当一部分老年人将是完全依靠非正式照料的（将在下文中讨论）。因此，在家接受照料（居家照料和非正式照料）将成为英格兰最普遍的养老形式，而且政府正致力于进一步提高这一比例（HM Government，2012）（下文将进一步讨论）。正如人们所想象的那样，最多的照料需求集中在85岁及以上群体。虽然这一年龄组人口只占整体的一小部分，但自1983年以来，其总量翻了一番，预计其增长率将远高于其他年龄组（如上文所示，见表4-1）。此外，到2030年，需要有人协助洗漱或穿衣的老人预计将从250万增加到410万（Dilnot et al，2011）；到2025年，登记在册的盲人或弱视者将从78.9万增加到117.8万（Bevan and Croucher，2011，p. 16）；到2050年，老年痴呆患者将增加一倍（Alzheimer's Society，n.d，cited by，Independent Commission on Whole Person Care，2014，p. 15）。

（二）养老服务制度框架和发展历程

英国当前的养老服务体系源自1948年的《国民救助法》。从广义上讲，是由中央政府为地方政府提供资金，地方政府按照要求评估申请者的照料需求等级（各地标准存在差异，见下文）和资产状况以确定是否符合资助条件（Humphries，2013，p. 3）。如果申请者符合条件，地方政府会出资帮助其安排照料服务。服务可能是地方政府直接提供的，但更有可能是通过独立服务商来提供的。此外，照料安排也可能是个人预算账户（personal budget）或直接付费（direct payment）方式，在这种情况下老年人在选择服务提供方时是有发言权的（尽管目前只有少数老年人是通过这种方式安排的，见下文）。

与之形成对照的是，英国国民健康服务制度（NHS）（由一般税收支持）赋予老年人的医疗相关救治是以需要为基础的，不论个人收入多少，治疗一般是免费提供的。尽管没有确切的法律定义，但被归为医疗类并由英国国民健康服务制度资助的服务，实践中是这样界定的：与治疗、疾病控制和预防、生病、伤害或残疾相关的需要，以及与此类需要相关的护理或病后调养（aftercare）（无论所涉及的工作是否必须由卫生专业技术人员来提供）（DoH，2012，p. 50）。

与"社会需要"相关的支持（本报告的主要关注点）是指：为日常生活提供帮助，维护独立性和社会交往，使个人在社会中发挥更全面的作用，保护脆弱人群，帮助他们应对复杂关系，以及（在某些情况下）帮助其入住养老机构或其他提供支持的住所（DoH，2012，p. 50）

虽然医疗服务和基于家庭经济状况调查（means test）的社会照料服务可以追溯至1948年的《国民救助法》，但人们普遍认为自20世纪40年代以来，两类服务之间的界限变得越来越模糊。尤其体现在20世纪七八十年代，当时接纳长期住院患者的医院被关闭，老年人的健康需求越来越多地通过社会照料服务来获得满足。可以说，这一转变在许多方面是不公平的，因为后者要求进行家庭经济状况调查，而前者不需要（Means，2012，p. 307）。也有一些情况，比如老年痴呆症等，尽管仍倾向于被认定为是社会照料服务，但事实上有人认为其一定程度上弥合了社会照料和医疗保健服务之间的割裂状况（Barker，2014）。联合政府和反对党工党都认为，社会照料服务和医疗保健服务之间存在相互混淆和割裂的问题，因而双方都有意促进两者更高层次的整合发展。本报告随后会就此进行更详细的分析。

1. 照料设施的构成

英国养老服务体系已经发展成一个包含多种不同照料服务形式的体系，既可以在机构（如护理院和养老院）中提供照料，也可以在社区中提供照料。后者包括在老人家中提供的照料、提供庇护和额外照料的住房（下文简称ECH）、在家庭外提供的日间照料服务；此外，朋友或亲属可能会提供非正式照料（见图4-1）。正如上文提到的，主要政党正致力于增加接受社区照料老年人的数量，老年人既可以在自己家中接受照料，也可以搬到更合适的住所接受服务。由此形成一个共识是，在确保提高独立生活能力方面，适宜老年人居住的房屋类型能够起到关键性作用（HM Government，2012，p.15）。在下文对国家私营部门和非政府组织之间关系的讨论中，更加详细地介绍了不同类型社会照料服务的演变过程。

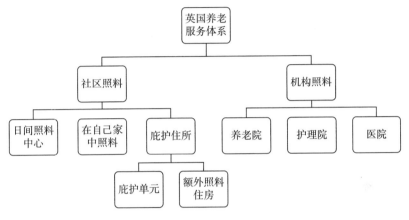

图 4-1　英国养老服务体系构成

Laing and Buisson（2014，cited by AgeUK，2014b，p. 13）估计，目前英国有 40.5 万老年人居住在养老机构。过去的 10 年，尽管 65 岁以上人口增加了 10% 以上，这一数字却一直保持稳定（ONS，2014a，p. 1）。此外，居住在养老机构中的老年人有明显的年龄差异，且这种差异还在持续增长（ONS，2014a）。例如：75 岁以下人群中居住在这类住所的有 10%，75 ~ 84 岁年龄组中有 24%，85 岁以上年龄组有 43%（National Statistics，2012，p. 52）。过去 25 年左右，随着对社区照料的政治性支持，英国机构照料总体上显著减少（尽管地方政府近年来对机构照料的资金分配事实上一直在增加，见下文），而且，近年来有 1610 家养老院被关闭（Ursell，2011）。然而，同时期护理院却增加了 210 家（Ursell，2011），回到上面提到的统计数据，这可能反映出需要更多特别照料的"高龄老人"有所增加（Ursell，2011）。

2004 ~ 2010 年，在养老机构减少的同时，提供家庭照料服务的机构相应地增加了 3645 家，约有 38.46 万老年人接受了由政府资助的居家照料服务，24.3 万名老人由政府资助住在养老机构中（AgeUK，2014b））。如果把所有形式的居家照料（包括个人照料）都算在内（包括帮助购物、休闲活动等），则接受服务的人数将刚好超过一百万（National Statistics，2012）。如果扩展到包括那些通过接受经济支持来进行住所改造、获得远程监护、辅助技术和贴身助理（handyperson）服务的人，总数将上升到三百万（Porteus，2011，p. 8），占英国 65 岁以上人口的 27%。从严格意义上看，最后这个数据可能不具有可比性，因为这是全英国的数据，英格兰受助老年人的数量估计与其人口占比相当，大约为 250 万人。此外，2010 ~ 2011 年，大约有 9.5 万人使用了日间照料服务（National Statistics，2012，pp. 31，39）。然而，与 2005 ~ 2006 年相比，日间照料服务的使用量减少了近一半（Age UK，2014），接受由地方政府资助的居家照料老年人的数量下降了 1/5（AgeUK，2014b）。最近几年，社区照料有所减少的状况与对早期干预的政治性支持相悖，很大程度上反映出很多地方政府受限于日益增加的资源压力而使用了更严格的资格评估标准（见下文）。

2. 社区照料的发展

20 世纪 40 年代，机构照料被视为常态而被人们广泛接受，而且并没有为无法从家庭获得援助的老年人提供居家照料服务的规定（Means，2012，p. 307）。20 世纪 50 年代，尽管人们开始认识到社区照料在节约资金和改善生活质量上的好处（Rathfelder，1956），但针对老年人的正规照料仍通常都是由机构提供的。20 世纪 70 年代，对于不一定必须依靠家庭成员提供所有居家照料这一问题有了越来越多的政治共识，居家照料服务（一般由第三部门提供，某些情况下由地方政府资助）开始发展起来（Means，2012）。但直到 20 世纪 80 年代，政府才开始通过立法的形式积极推进社区照料（Bochel，1988），并因此于 1989 年出版了《关怀人民》（Caring for People）白皮书，将其目的阐述为：促进居家照料、日间照料和喘息服务的发展，只要条件允许，就尽可能帮助人们生活在自己家中（Department of Health，1989，p. 5）。

《国家卫生服务和社区照料法》（National Health Service and Community Care Act）的颁布使这些原则具有了法律效力（HM Government，1990）。加强社区照料背后最主要的驱动力是认识到，正如上述 Guillebaud 提出的那样，机构照料更加昂贵且从长期来看是无法持续的（Lymbery，1998，p.870）。此外，20 世纪 90 年代初，国家开始成为服务的"推动者"而不是"提供者"，开始鼓励地方政府通过签约将服务外包给独立机构（HM Government，1990：DoH，1989）。随后，由于确信将社会照料服务委托给非政府部门的做法提高了服务质量、增加了服务对象的选择并降低了成本，地方政府被进一步鼓励继续推行这项政策（NMDF，2010）（下文在探讨国家和独立提供方之间关系时将就此进行进一步讨论）。20 世纪 90 年代，直接补贴制度（direct payment）的发展使得服务使用者有了选择权，即接受照料者在决定如果花掉他们应得的资助时有了一定的话语权（见下文）。

正如上文提到的，当前社区照料的状况和未来前景已经得到了广泛的跨党派支持，而且自 20 世纪 90 年代起源以来，社区照料一直关注强有力的伙伴关系、以人和社区为中心的照料、早期干预等。除了节约资金的必要性之外，福祉（wellbeing）的概念一直是老年人社会照料政策研究的前沿问题，通常被用作"一系列可以由个人、家庭和社区享有的、有益的个人、心理和社会结果"的简称（SCIE，2013，p. 12）。在这方面，引入了"健康和福祉"理事会，其作用是关注各个人群在诸如公共卫生及本地公共服务（包括教育、住房、交通、公园、休闲、治安和环境）等领域的更广泛需求（SCIE，2013）。表 4-2 概述了针对成年人社会照料的主要政治愿景。虽然每个政党可能有各自比较关注的领域，但每个政党都或多或少地支持那些主要目标。

表 4-2　　　　　　　　　针对成年人社会照料的主要政治愿景

增加独立性	选择供应商和服务、个性化、个人预算账户和直接补贴、在社区内接受照料
预防性服务	就地安养（aging in place）、终身之家、辅助技术、康复服务、建议和信息、关注预防性健康服务和福祉
更强的合作伙伴关系	特别是英国国民健康服务体系、社会照料和住房服务之间的合作，还包括更广泛的社区合作
多元化	服务的选择性、庇护所或额外照料住房、居家照料、日间照料、机构照料、各种各样的提供者、公共部门、私人机构和非政府组织

资料来源：DoH，2010；DoH，2005.

（1）支持性住房（Supported housing）

社区照料主要是针对那些住在自己家里的老人，英格兰大约有 477526 间针对老年人的支持性住房单元，以及大约 55675 间辅助生活 / 额外照料住房单元（Elderly Accommodation Counsel，2012），为大约 6% 的老年人提供服务。在这类住房尤其是额外照料住房中，个体能够获得辅助性技术或提高适应能力，以便更好地"就地安养"（DoH，2004，p.24）。

作为养老机构的替代形式，庇护住宅的发展始于 20 世纪 40 年代，但直到 20 世纪 70 年代才出现相当零散的增长。虽然有许多不同的类型或不同的叫法，如 "特别庇护""辅助生活""退休屋""退休村""额外照料""密切照料"和"持续照料"等（HAPPI，2010），这些名称大致可被视为介于额外照料住房和传统庇护性住宅之间的不同样式。本报告主要侧重于额外照料住房。表 4-3 回顾了针对老年人的庇护性、非机构化照料住宅的发展过程。

表 4-3　　　　　　　　　庇护住宅在英国的发展

1944 ~ 1960年	庇护住宅的发展始于第二次世界大战结束后，增长比较缓慢，当时不足30000名老年人住在这种类型的住宅中，地方政府是主要的提供者
1958年	保守党政府鼓励建设有管理员协助的住房或 "介于独立自给的寓所和提供照顾的旅馆之间的住房"（Ministry of Housing and Local Government Design Bulletin，1958）
20世纪70年代	庇护住房供给持续增长，分为两类，1类和2类分别收住比较虚弱的老人和比较有活力的老人

续表

20世纪80年代	首次开始建设额外照料住房，尽管数量很少
20世纪90年代	保守党政府承认：没有足够的、能提供"额外照料"的住房来支持老年人更高层次的需求。这进一步表明，建于20世纪70年代的庇护住宅不足以满足老年人更加现代化的需求。此外，更广泛的承诺包括：在社区内提供照料和尽可能避免机构式照料
2004～2010年	工党政府向地方政府社会服务和住房协会提供了2.27亿英镑，供其建设额外照料住房项目
2012年	目前大约有477526间庇护单元，其中10%是额外照料住房。政府做出政治承诺并提供资金以建设更多的庇护单元。

资料来源：Baumker et al，2011；DoH，2004；Elderly Accommodation Council，2012.

（2）额外照料住房

所有的主要政党都相信，额外照料住房（在普通房屋的基础上提供更好的支持和／或适应性，见下文）最终可以取代机构照料（Baumker et al，2011；Wright et al，2010；DoH，2005），尽管对那些需要医疗护理的人可能不适用（Baumker et al，2011，p. 524）。如上所述，目前大约有10%的庇护住宅属于额外照料住房。尽管提供照顾的方式有差异，比如可能是运营方自己提供服务，或者是雇佣私人家政公司提供服务（Wright et al，2010），但一般来说，所有额外照料住房都提供24小时照料服务。

与前任政府一样，现任政府致力于发展额外照料住房，并为此预留了资金。同时，地方政府也热衷于建设额外照料住房，因为这符合十年来一直在贯彻的"就地安养"的政治主张（Baumker et al，2011，p. 524：Heywood et al，2002），而且一些地方政府正致力于尽可能使额外照料住房最终取代目前的机构照料（DoH，2004，p. 5）。更确切地说，额外照料住房契合了上述提到的预防、个性化、伙伴关系和多元化等政治理念（表4-2）。也有研究表明：这类庇护住宅增加了老年人的福祉，比机构照料更有成本效益，且减少了对非正式照料的需求（Baumker et al，2011）。此外，人们发现：与居住在普通住宅时相比，额外照料住房的住户评定的照料需求等级往往会有所降低。这是因为，一般情况下，这类住宅的设计是专门针对残疾人的，能够使洗衣或做饭等活动更加便利（虽然每个住房项目的具体设计细节可能有差异）（Wright et al，2010）。

然而，正如下文将要讨论的，额外照料住房整体上仍不发达，尽管有一些地方政府认同这一基本理念，但总体上仍是少数。造成这种情况的原因之一，是额外照料住房发展的决定权在地方政府，国家在这方面没有法定的最低要求。因此，与需求评估等其他社会照料服务的提供类似，各地额外照料住房的发展存在显著差异，而且如上所述，这种形式只被少数地方政府完全接受。另一个问题是额外照料住房中护理员的流失率很高（Wright et al，2010），由于低工资和条件恶劣，这已成为照料行业整体的问题（稍后将进一步详细地讨论这几点）。

（3）终身之家

20 世纪 90 年代末，当时的工党政府开始采取一种更综合性的策略来预防对照料（特别机构照料）的需求，并研究了地方规划和未来的房屋建筑和设计如何能够更好地为人口老龄化做准备（DoH，2006），"终身之家"（以及终身社区）的原则得到了发展。政府委托了相关研究，目的在于研究如何确保新设计的房子能够随着人们年龄的增加而更有适应性，同时也考虑到可以满足目前就有需求的那些人的要求，如必须方便轮椅的进出（CLG et al，2008）。委员会得出的结论是：从长远来看，"未来适用"（future proofing）的方法将节省资金，避免以后进行造价昂贵的改建，还能减少对长期住院或入住养老院的需求（HAPPI，2010，p. 49；CLG et al，2008，p. 11）。

或许是基于减少机构照料的强烈愿望，如同其他大多数举措一样，"终身之家"的理念同样得到了反对党保守党的支持。例如：所确定的主要设计理念涉及包容性和可及性（适用于所有人）、适应性（考虑到未来潜在的、更高级别的需要）、可持续性（能够作为终身居所）以及在尽可能实现无障碍方面物有所值（Lifetime Homes，n.d）。"终身之家"可以被归为通用住房，但其设计理念是建造能够满足各个年龄段人群各阶段需要的住所。图 4-2 中的示例说明了"终身之家"可能会是什么样子：

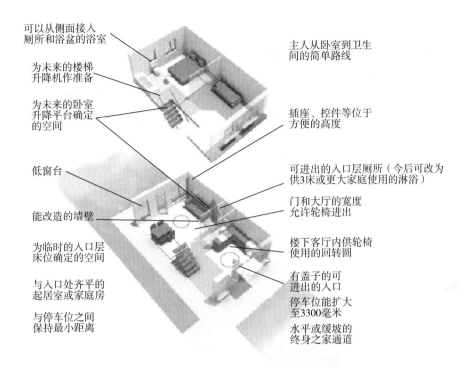

可以从侧面接入厕所和浴盆的浴室

主人从卧室到卫生间的简单路线

为未来的楼梯升降机作准备

为未来的卧室升降平台确定的空间

插座、控件等位于方便的高度

低窗台

可进出的入口层厕所（今后可改为供3床或更大家庭使用的淋浴）

能改造的墙壁

门和大厅的宽度允许轮椅进出

为临时的入口层床位确定的空间

楼下客厅内供轮椅使用的回转圆

与入口处齐平的起居室或家庭房

有盖子的可进出的入口

与停车位之间保持最小距离

停车位能扩大至3300毫米

水平或缓坡的终身之家通道

图 4-2　终身之家

资料来源：CLG et al，2008，p. 89.

　　然而，尽管理念是非常好的，但实际上按照终身标准修建的房屋仅仅占了英格兰房屋总量的一小部分，而且地方政府很少在建筑或规划框架中明确提及"高龄友好"（age friendly）策略（Porteus，2011，同样见下文）。

3. 早期干预

　　如上所述，过去 50 年左右最显著的变化之一，是人们已经越来越意识到预防性措施的重要性胜过救助。议会没有理由限制对最需要照料的人群提供支持。采取限制不但会导致服务效果不佳，也并没有真的节省资金（DoH，2010，p. 12）。

　　目前，所有地方政府都制定了具体的预防性方案，尽管在服务类型、数量和提供方等方面都有比较大的差异。地方政府普遍采取委托私营部门和第三部门机构来提供服务（政府作为推动者的角色问题将在第三部分进一步讨论）。为了便于说明，表 4-4 展示了最近一份报告中 9 个选定地区早期干预服务的主要措施建议（NIHR，2013a）。需要指出的是这份列表并不详尽，只包括了几项最普遍的措施。事实上，其中许多方案只在大约 1/3 的地方实施，说明即使只是在很少的区域范围内，服务模式也是多样化的。这进一步提醒人们注意"邮编彩票"（postcode lottery）的概念，即某些地区提供的预防性服务水平远高于其他地区（NIHR，2013a）。

表 4-4 九个选定地区提供的主要预防服务

康复 （Re-ablement）	最常用的方法之一，在职业理疗师的帮助下主要由专业家庭照料人员完成。许多地方政府要求老年人在首次接受社会照料服务时参与康复活动。这样做的依据是这些服务能够避免或减少受助者需要支持的程度（下文将就此进一步讨论）
基于技术的干预	在列入研究范围的地区中，有2/3把远程监护、远程医疗和/或其他基于技术的干预措施作为首选。这些措施包括：能帮助人们从事日常活动的援助和设备、报警和呼叫系统（老年人可以通过它们获取建议和支援）、监控老年人居住环境和/或健康状况的设备
信息和建议	在列入研究范围的地区，有1/3把信息和建议服务排在首位。所有案例中这服务项都是由第三方机构提供的，老年人和/或他们的照料者可以自行查询。这项服务与地方当局的呼叫中心也有联系
交朋友	资助第三方机构提供一系列有助于交友的服务，从而减少孤独感并提高生活质量
社区社工活动	与社区组织和社区领导人一起确定当地的社会照料需求，通过整合社区和地方政府资源来解决这些问题
老年痴呆症咖啡馆	非正式组织，鼓励老年痴呆症患者分享经验、建立友谊、获取关于老年痴呆症患者如何生活的信息
额外照料住房	制定住房计划，提供带有支持设施和其他可用设施的优质住宿服务（也可见于图4-2）
预防跌倒	多方合作识别有跌倒风险的老人，并协调各方做出响应
健康改善	为老年人提供参加运动课程并从同伴处获取建议和支持以保持健康的机会
上门服务	在做家务和购物等非个人照料服务方面，由受薪人员或志愿者提供较低水平的支持
住房保障 （出院后）	为出院老年人提供与住房相关的支持

资料来源：NIHR 2013a.

从长远来看，许多特定的举措都能节约成本，如减少跌倒的发生率可以降低入住医院或养老机构的可能性（Allen and Glasby，2013，pp. 910-911）。英国国民健康服务体系每年为跌倒造成的髋部骨折支付 7.26 亿英镑（Porteus，2011，p. 18）。而且，提供远程监控等家庭改造可以降低居家照料的成本，且不再需要每日上门访问，同时有助于推迟或防止进入养老院（Porteus，2011，p. 18），但目前在这一领域的研究还很少（Allen and Glasby，2013，p. 913）。

研究结果表明，康复服务减少了 28% 的家庭照料需求（Kent et al，2000，cited by Allen and Glasby，2013，p. 914）。卫生部对康复服务的定义是（DoH，2010，p.13）：一系列旨在帮助人们在健康状况不佳、住院或丧亲之痛后恢复技能和信心的短期干预措施，能够帮助人们继续在自己家中独立生活，而不需要持续性的社会照料。

尽管上述例子表明了早期干预措施的有效性，但社会照料资金的紧张意味着地方政府的支持往往不成比例地集中在对危机的救援上。事实上，目前许多地方政府的想法是只资助有高级或特级照料需求的人。

4. 非正式照料

"非正式照料"一词直到 20 世纪 70 年代中期才出现，是随着对社区照料政治认同的增加而产生的（Walker，1982：Beresford，2008）。尽管可能不太准确，但按照 Wicks（Wicks，1982，cited by Goodman，1986，p. 705）的估计，1980 年代非正式照料人员的数量约为 125 万（不包括偶尔提供照料的人）。据估计，目前英格兰大约有 640 万人（占成年人总数的 15%）从事非正式的、无偿的照料服务[①]（Age UK，2014，p.16）。过去 10 年，提供非正式照料的人数有所增加，增长率超过 25%（Carers UK，2012，cited by Humphries，2013，p. 10），预计到 2037 年会再增加 40%，即增加

---

① 请注意：这一数字是指为所有年龄人口提供非正式照料的人员。

到 900 万人（Carers UK，2014，pp. 1–2）。约 15% 的照料者年龄在 65 岁
以上（Age UK，2012），有大约 250 万人为 75 岁以上人群提供照料（The
Information Centre for Health and Social Care，2010）。

当前的联合政府希望可以更多地使用非正式照料网络，并拓展慈善原
则（DoH，2010），这得到了反对党工党的支持（Independent Commission
on Whole Person Care，2014，见下文）。制定这项政策的依据是人们认识
到非正式照料可以使老年人有能力继续在家独立生活，这对提高生活质量
至关重要，而且还有助于避免入住价格昂贵的养老院（HM Government，
2012）。据估算，每年非正式照料替代的社会照料服务和国民健康服务价
值 1190 亿英镑，大幅降低了用于社会照料的支出。而且已经有人断言，
如果不使用非正式照料人员，老年人社会照料体系将会崩溃（见下文）
（Carers UK and the University of Leeds，2011，cited by Carers UK，2014，p. 2）。
有人指出，尽管非正式照料意义非常重大，但无偿提供照料者却没有得到
足够的支持，本文稍后将再谈到这一点。

5. 公平使用照料服务

所有地方政府都必须对申请者的照料需求进行评估。当前的国家级框
架被称为"公平使用照料服务"（Fair Access to Care Services，FACS），
是前工党政府于 2001 年引入的。在此之前并没有国家级的评估框架，受
助标准和评估工具都是地方政府制定的，由此产生了巨大的地区差异（DoH，
1998）。尽管所有地区都必须通过公平使用照料服务（FACS）框架来评估
老年人的照料需求，但由于各地设定的阈值不同，申请者能否获得资助的
标准是不一样的。即虽然所有地区都必须参考公平使用照料服务的评估框
架，但地方政府在决定是否为被评定为低级、中级、高级或特级的社会照
料需求买单时有自由裁量权。表 4–5 展示了与照料者所需各等级支持有关
的标准。

表 4-5 公平使用照料服务的等级和照料者所需支持的资格标准 *

特级（Critical）	高级（Substantial）	中级（Moderate）	低级（Low）
①生命可能受到威胁 ②主要健康问题已经出现或将出现 ③照料者会或将会基本无法自主决定其所执行任务的性质及其所花费的时间 ④在承担持续性照料任务时，会或将会无法顾及自己的家庭需求和其他日常活动 ⑤在就业或承担其他责任上，会或将会面临风险	①重大健康问题已经出现或将出现 ②照料者会或将会明显不能自主决定其所执行任务的性质及所花费的时间 ③在承担持续性照料任务时，会或将会无法顾及自己的家庭需求和其他日常活动 ④在就业或承担其他责任的某些重要方面，会或将会面临风险 ⑤某些重大社会支持系统和关系会或将会面临风险	①照料者会或将会部分地无法自主决定其所执行任务的性质及所花费的时间 ②在承担持续性照料任务时，会或将会无法顾及自己的家庭需求和其他日常活动 ③某些社会支持系统和关系会或将会面临风险	①在承担持续性照料任务时，会或将会部分地无法顾及自己的一两项家庭需求 ②一两项社会支持系统和关系会或将会面临风险

注：* 在考虑个体资格标准时有等效性评估。

资料来源："按照'以人为本'原则对需求进行排序"：针对社会照料资格的整体系统方法（Department of Health，2010）。

Age UK（Age UK，2014，p.7）认为：由于各个地方政府不同程度的削减，出现了"邮编彩票"现象，即评判能否获得资助的标准将取决于特定的优先级别或地方的财政压力。然而，不幸的是，由于各地正在逐步将标准提高到"高级需求"的级别，所谓的"彩票"差距正在朝着错误的方向缩小。事实上，目前仅有略高于10%的地区为评级在"高级"以下的需求提供资助（见下文）。最后，在某些情况下，老年人可能要自己支付较低级别的照料，特别是在领取每周54.45英镑到81.30英镑照料津贴（Attendance Allowance）等福利的情况下（Gov.UK，2014）。然而，资助的金额不足以覆盖昂贵的适老性改造或辅助技术的成本，老年人仍然可能要依靠地方政府来提供这些服务。

6. 法律保护和监管机构

除了保护个人要求照料权利的《欧洲人权法》（European Human Rights Legislation）（Equality and Human Rights Commission，2011）和确保所有机构

在服务提供过程中要明确评估对老年人的影响的《平等法（2010）》（Equality Act 2010）（HM Government，2010a）之外，对老年人照料服务进行监管的主要立法是《医疗与社会照料法案（2008）（受监管的活动）规章2010》（Health and Social Care Act 2008（Regulated Activities）Regulations 2010）以及《照料质量委员会（注册）规章（2009）》（Care Quality Commission（Registration）Regulations 2009）。此外，照料服务提供者还必须遵循与丧失决策能力的老年人有关的立法，遵守《人权法案（1998）》（Human Rights Act 1998）、《精神健康法（1983）》（Mental Health Act 1983）、《心智能力法（2005）》（Mental Capacity Act 2005）的有关要求。英格兰也有许多代表受照料群体利益的协会，其中比较重要的有注册护理院协会（Registered Nursing Home Association）、英国社区照料协会（English Community Care Association）、全国照料联合会（National Care Association）以及全国照料论坛（National Care Forum）。包括老年英国（Age UK）等在内的第三方机构会游说政府，试图影响与老年人照料相关的决策。

当前的社会照料检查和监管模式始于20世纪80年代早期，是依据《注册养老院法（1984年）》（Registered Homes Act（1984））建立的。但是，这个法案并不关注居家照料。有人也指出这个法案的评估条款含糊不清，且是由地方负责执行，因此各地存在很大差异（Monthorpe and Stevens，2009）。《照料标准法（2000年）》（HM Government，2000）引入了全国最低标准，并将监管范围扩大到各种形式的照料，包括居家照料。20世纪早期，有多个机构涉及检查和监管社会照料服务职能，如国家照料标准委员会（National Care Standards Commission）（负责养老院照料）、社会服务视察团（Social Services Inspectorate）、综合社会照料委员会（General Social Care Council）以及新成立的卓越社会照料研究所（Social Care Institute for Excellence，SCIE）。2003年，社会照料监督委员会（Commission for Social Care Inspection）整合了上述大多数机构的职能（DoH，2003a），但于 2009 年解散，被照料质量委员会（Care Quality Commission，CQC）取代（下文将详细介绍）。卓越社会照料研究所（SCIE）目前仍然存在，但其作用通常是支持和提供信息，而照料质量委员会（CQC）则侧重于监管社会照料服务。

照料质量委员会于 2009 年在英格兰成立，目前仍然是成人社会照料服务的独立监管机构，负责对英国国民健康服务体系（NHS）和成人社会照料服务进行监管。所有为老年人提供有偿性医疗和个人照料（无论在家中还是在照料机构内）的服务提供者，都必须进行注册。但是非正式照料者所从事的活动不在监管范围内，因此不受限制（CQC，2010，p. 7）。照料质量委员会有权起诉未注册或不遵守规定的养老院，通过民事和刑事法庭立案，也可以对其实施经济处罚或责令其暂停运营（CQC，2012a）。

公众可以很容易查询到照料提供者是否在照料质量委员会进行过注册，也可以很容易地查看最新的检查报告、检验日期、整体评级以及是否遵守政府政策。照料质量委员会也鼓励公众直接与其联系报告任何他们觉得有必要调查的、不符合法定标准的问题（CQC，2012）。政府已经承诺要使这一过程更加便利，现在每一个注册过的养老院都将在主要的英国国民健康服务体系（NHS）网站上拥有高质量的档案信息，其中包括机构概述和照料质量委员会的检查结果（HM Government，2012）。照料质量委员会拥有法定职权，有权在全国范围内收集服务缺陷和问题的证据，并确保有关监管机构、其他独立机构（arms length bodies）和政府部门做出相应的回应。最近，政府也设立了一个健康观察网络（Health watch network），虽然这并非监管机构，但却拥有收集服务缺陷和问题证据，并就此与照料质量委员会和其他相关方进行沟通的法定义务。除了全国性的健康观察网络，每个地区都有收集地方照料情况并为改善服务提供支持的地方组织（NHS Choices，2014）。

（三）老年人照料体系中，国家、私营部门和非政府组织之间的关系及其发展

尽管有证据表明，接受照料者担心私立机构受利益驱动，提供的服务不值得信赖，因此往往更喜欢公立机构提供的服务（Beresford and Andrews，2012），但事实上地方政府通过合同把大部分照料服务都外包给了私营部门。这样做的主要原因是政府认为外包的成本更低，而且相信通过鼓励竞争可以进一步降低价格（Rubery et al，2011）。目前，地方政府把 90% 左右的老年人照料服务都外包给了独立机构（Humphries，2013）。就筹资角度看，2010 年养老院市场价值为 140 亿英镑，其中私营部门占 99 亿英镑，非营利部门占 19 亿英镑，地方政府直接提供的服务为 22 亿英镑（Laing & Buisson，2012，cited by Age UK，2012）。

独立机构作为主要的照料提供者的格局与 20 世纪 80 年代政治改革前有明显不同。此前，服务提供是以国家为主导的，改革就是为了摆脱这种国家主导的模式（DHSS，1981，cited by Bochel，1988，p. 467）。在 20 世纪 60 年代，地方政府提供了 66.6% 的居家照料，第三部门提供了 23.5%，是私立机构（10.3%）的 2 倍（Townsend，1962，p. 43）。到 1981 年为止，地方政府运营养老院的比例整体变化不大，仍占 62.3%；私立机构占 19.4%，第三部门占 18.3%（DHSS，1982，cited by Bochel，1988，p. 469）。然而，从 1981～1984 年，尽管在地方政府管辖的区域内，公共部门仍然是主要的服务提供者（尽管提供的服务水平千差万别，有些地区政府只提供少数服务，个别地方政府则负责提供 100% 的服务）（Bochel，1988，p. 470），但服务占比降低到 55.1%。相应地，1979～1986 年间，私立机构提供的住宿服务增长了三倍（Andrews and Phillips，2002，p. 67）。

自 20 世纪 50 年代末开始，长期住院病房（long stay hospital wards）就成为一种在政治上不受欢迎的选择（Townsend，1962）。20 世纪 80 年代大规模关闭长期住院病房，同时国家提供资金保障，是私立养老院得以快

速发展的基础条件。国家提供资金保障是指经评定有资格获得国家资助的老年人可以用这笔钱来支付私立机构或第三部门提供的服务。然而，虽然这一规定至今仍然有效，但 20 世纪 80 年代的相对慷慨的经济激励导致独立机构数量快速增加的趋势，却没能在接下来的十年间继续保持下去。例如：1990 年《国家社区卫生服务和照料法》（1990 National Health Service and Care in the Community Act）（HM Government，1990）在社会照料体系中引入了市场机制，这意味着国家不再承诺保障性资金，机构照料的提供者需要通过竞标来获得资助。此外，正如上面所讨论的，社区照料开始被视为是照顾老年人的最佳方法，以减少机构照料需求为目的的社区照料成为主要的政策目标并加以推动（Andrews and Phillips，2002，pp. 66–67）。

总体而言，1970～2000 年，地方政府的养老床位数从 10.87 万张降至 6 万张，而同期的私立机构床位数从 2.37 万张上升到 18.51 万张，非营利机构床位数从 4.01 万张上升到 5.51 万张。可以看到，私立机构提供的床位数增长更加明显，在此期间增长了近 800%；相应地，医院长期病床的比例从 52% 降至 19.7%（Laing，2002，cited by Peace 2003，p. 24）。作为服务提供者，公共部门所起的作用在逐年下降。如图 4-3 所示，到 2012 年，私营部门提供的照料服务占总量的 78%，第三部门提供的占 14%，而政府直接提供的占比只有 8%（其中地方政府占 5%，英国国民健康服务体系占 3%）（Laing and Buisson，2013，cited by Humphries，2013，p.6）。

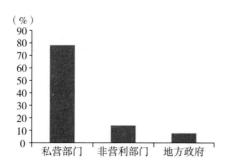

图 4-3　英格兰社会照料服务供给（%）

资料来源：Laing and Buisson，2013，cited by Humphries，2013，p.6.

（四）养老服务的筹资：付费方及其变化

养老服务融资方面最主要的变化是前面提到的地方政府从直接提供服务转为委托独立机构提供服务。第二个变化（下文将详细讨论）是一项渐进性的政策调整，旨在鼓励服务使用者接受直接补贴（direct payments），目的是为了增加选择性（尽管正如下文将提到的，这种方法也存在一定问题）。此外，养老服务资金不足的问题过去60年几乎没有改变，筹资压力意味着社会照料服务正被明显削弱，老年人照料资金占所有社会照料资金的比例已从2007/08财年的57%下降到2012/13财年的52%（HSCIC，2013，p. 16）。

据估计，英格兰大约有200万65岁以上老人有照料需求，2012/13财年老年人所需的各类社会照料服务的总费用为89亿英镑，占所有社会照料支出总额的一半以上（HSCIC，2013，p.11）。2012/13财年的护理院支出为13.7亿英镑，养老院支出为33.6亿英镑，共计47.3亿英镑，其余是社区照料支出（见图4-4）（HSCIC，2013，p. 19）。除了获得社会照料资助外，老年人也可以通过特定的普惠性残障福利制度获得一些资助，如上文提到的照料津贴（Attendance Allowance），这对于那些照料需求较低因而不符合政府照料资助标准的老年人尤其有用（Dilnot et al，2011，p. 21）。

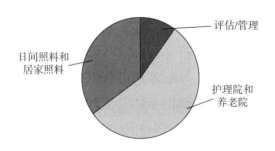

图4-4 保健部门的政府开支比例

资料来源：HSCIC，2013，p. 12.

对庇护住所或额外照料住房的资助比较复杂。例如：住房成本可能会以地方或中央拨款的形式出现。如果符合资格的老年人的房子是租来的，则可以申请租金补助。如果房子是买的，那么老年人就得自己承担大部分成本。与申请机构照料者相比，毫无疑问，地方政府会对申请住房津贴以支付庇护性住所者更感兴趣。这是因为按照目前的规定，符合资格的低收入老年人租用额外照料住房的费用是由中央政府的就业和退休保障部（Department for Work and Pensions，DWP）来支付的（而所有照料费用都由地方政府承担）（Baumker et al，2011，p. 525）。

如上所述，2011/12 财年到 2014/15 财年，拨给地方政府用于所有成年人社会照料的经费额度下降了超过 25%，2015/16 财年计划进一步降低10%（Ismail et al，2014）。因此，地方政府被要求节约资金。Ismail 等（2014年）建议采取以下措施进行节约（下文将进一步详细讨论前三项措施）：提高获得资助资格的门槛（从中等需求提高到更高等级需求）；提高使用者付费额；减少对独立照料提供者的付款；对服务进行重新设计并减少一般管理费用。

尽管在此期间直接补贴（目前只能用于支付社区照料费用）提高了42%，但由于获得直接补贴的老年人很少（见下文），因此，增加的额度对提高老年人照料筹资水平的影响非常有限（HSCIC，2013，p. 13，20，27）。已经有事实表明，经历了 2005/06 财年的停滞之后，2009/10 财年到2012/13 财年，尽管实际上需要照料的老年人比例在继续上升，但社会照料资金的总量实际上却降低了 7%（从 106 亿英镑下降到 98 亿英镑）（Ismail et al，2014，p.21）。另外一个问题是，尽管政府旨在扩大个人预算（personal budgets）的覆盖范围，但由于上述针对照料经费的整体削减，一些地方政府正在降低补贴金额（ADASS，2013）。

1. 谁有权获得政府资助

获得财政资助的老年人总量估计为 110 万（HM Government，2012），其中大多数是在社区内得到照料（在家里或日间照料中心），占 82%；住在养老院和护理院的比例分别是 16% 和 7%（National Statistics，2012，p. 33，见图 4-5）；尽管从支出金额上看，养老机构的费用占了一半以上[①]。65 岁以上、居住在养老院或护理院的老人，享受政府资助的比例为 65% 左右（National Statistics，2012，p. 31）。英格兰共有 24.3 万老人享有地方政府资助的机构式照料服务，其中住在养老院的有 16.4 万，住在护理院的有 7.9 万（AgeUK，2014b）。尽管过去 10 年养老机构的入住率基本保持不变，但在 2005/06 财年和 2012/13 财年之间，机构照料者中获得地方政府资助的数量实际上增加了 20% 多（AgeUK，2014）。

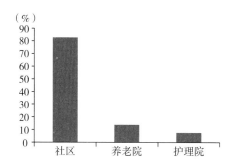

图 4-5　英格兰（政府资助）老年人接受服务的类型（%）

资料来源：National Statistics，2012，p. 32.

多年来，地方政府一直在开展家庭经济状况调查（Means test）以评估老年人是否需要为照料服务付费，其中包括了当前收入、存款和所有资产（如如果老年人是房主则要包括房产）。目前，如果老年人的个人资产不超过 14250 英镑，则不必为任何"符合评定标准"的照料服务支付任何费用。资产在 14250 ~ 23250 英镑（上限）之间的老年人将被要求支付部分费用，具体额度将以应税收入（tariff income）的方式来计算。资产超过 23250 英镑的人，如果住养老院则需要全额自费，但如果接受的是居家或社区照料，则房产价值将不会被计入评估范围（Gheera and Long，2013，p. 12）。正

---

①　总数加起来超过 100，这是因为服务使用者可能在同一年同时接受了养老院照料和居家照料，所以在某些类别中有"重复计算"的情况。

如上文所述和下文将要谈到的，在许多地方政府的辖区内，照料需求较低的老年人（即使收入或资产足够低）仍需要自付照料费用，大多数情况下，资金只提供给那些有更高级照料需求的人。

2. 自我付费者

虽然大多数的老年人能够从政府得到正式的扶持，但有近2/3需要为部分照料项目自付费用。自费者的准确人数尚不清楚，但估计约有7万人需要为个人照料服务付费，还有约25万人为购物或帮助做家务等非个人照料服务付费（Institute of Public Care 2012，cited by Humphries，2013，p.7）。据进一步估计，共计约11亿英镑被花在非机构照料服务上（Laing and Buisson，2013，cited by Humphries，2013，p.7）。而且，据估计，居住在独立养老机构的老年人（和残疾人）中，大约43%需要自付全部照料费用，护理院居民中全自费比例为49%，略高于养老院居民的比例（39%）。养老机构居民中需要为部分服务项目付费的比例占到57%（Laing and Buisson，2012，cited by Humphries，2013，p.7）。目前，经济状况调查方案的实际效果是鼓励拥有房产的老年人留在家里，因为按照目前的方案，只有申请搬进养老院时才会考虑其房产的价值（前提是家中没有其他亲属居住）（Dilnot et al，2011，p. 11）。

正如前文表4-5所指出的，评估结果为照料需求等级较低的老年人可能在某些特定领域仍然需要照料或帮助，如在个人卫生或使用厕所等方面（Age UK，2014，p.7）。但由于近年来资助门槛的提高，有中低级照料需求的老年人越来越多地被要求为接受的照料买单，而不论其收入如何，只有13%的地方政府仍在继续资助此类等级的照料需要。目前，85%的地方政府只资助有高级照料需求的老年人，而且还有2%的地方政府只为有特级照料需求的老人提供资助（Age UK，2014，p.7）。事实上，只资助最高等级需求的地方政府占了很高的比例，2005/06财年占了65%，此后随着时间的推移，情况也在不断恶化（Ismail et al，2014，p. 2）。图4-6显示了只为高级或特级照料需求者提供资助的地方政府所占比例逐年变化的情况。

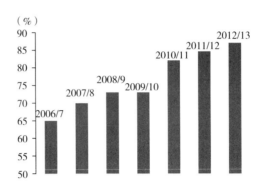

图 4-6 只为高级或特级照料需求提供资助的地方政府所占的比例（%）

资料来源：Ismail et al，2014.

此外，有报告指出，日间照料中心（UNISON and Needham，2012；AgeUK，2011a）和其他社区照料服务（Humphries，2013）的资助门槛也有所提高，这似乎与宣称的"在早期阶段提供足够的支持以避免今后投入更多成本"的政治目标相违背。

3. 居家照料和机构照料成本的比较

居家照料或日间照料中心能够节省大量资金，其成本还不到机构照料平均成本的一半（见表 4-6）。加之 90% 的老年人更喜欢在家中接受照料（Age UK，2011，p15；Heywood et al，2002，p155），因此从提升福祉的角度来看，增加这种形式的照料是很有意义的。正如上面所讨论的，这正是当前的政治目标。表 4-6 分别列出了由政府资助和自费者机构照料和居家照料的成本。

表 4-6   不同类型老年人照料服务成本（按资助者划分）   单位：英镑

	居家照料	日间照料中心	养老院	护理院
政府资助	187[1]	77	492	507
自费者	不适用	129	893	无数据

注：[1] 所有数据是指 65 岁以上平均每人每周的花费。

资料来源：HSCIC，2013，pp.24—25.

从表 4-6 可以看到，个人自付的照料费用明显高于由政府资助的费用。原因可能是与地方政府等大买家相比，个人不太可能拥有相同的谈判或议价能力。现任政府正在采取措施来解决这个问题（虽然可能无法完全解决），本报告第二部分中将就此问题进行讨论。

4. 符合资格的社会照料资金是如何支付的

由于照料费用水平随地区和照料类型不同而发生变化，因此，很难为地方政府提供的资助水平建立数据库（Rubery et al, 2011）。尽管如此，仍可以认定当前的资助水平处于历史低点（NMDF, 2010），而且很多独立的服务提供者都难以实现收支平衡（NMDF, 2010）。此外，有关研究还指出了一些其他问题，比如照料提供者可能只能竞标短期合同，或者投标成本高昂，或者较小的服务提供者无法接下太大的合同等（NMDF, 2010）。日间照料中心也存在问题，近年来由于资金不足，一半以上的日间照料中心已经关闭或削减了服务（UNISON and Needham, 2012, p. 3）。

对于政府资助的居家照料服务，联合政府正致力于倡导更加以人为本的模式，特别是倾向于采用直接补贴的方式建立个人预算账户（Gheera and Long, 2013, p. 3）。制定让受助者对自己的照料经费负责的目标是基于以下观点：让老年人接受个性化的照料服务可以增加对服务的选择性和控制力（HM Government, 2014, p. 18, 54）。向接受照料者直接付费的转变始于 20 世纪 90 年代中期，其依据是《社区照料（直接补贴）法》（Community Care（Direct Payments）Act）（HM Government, 1996）。2000 年，这种做法得以扩展到接受家庭照料的 65 岁以上老人（DoH, 2000）。当时，地方政府可以自主决定是否提供直接补贴，但到 21 世纪早期，提供直接补贴成为强制性措施（DoH, 2003）。

直接补贴账户持续增长，2006/07 财年到 2011/12 财年期间增加了三倍，同一时期以这种方式支付的资金增加了 175%（CQC, 2013）。最近的《照料法》（Care Act）（HM Government, 2014）已经发布措施以提高以这种方式接受照料者的比例，目标是达到 70%（DoH，2010）。个人预算账户的引入很可能有助于进一步降低机构照料的使用，因为人们普遍认为机构照料不如在家中接受照料受欢迎（Wood，2010）。也就是说，虽然个人预算账户目前还不能支付给需要机构照料的老年人，但政府将在少数人中开始这种直接补贴的尝试（HM Government，2012，p.55）。

对大部分符合资格的受助者采取个人预算账户的理念将明显改变目前这种从居家照料提供者手中采购大量"批量合同"（block contracts）的方式。例如：很多地方政府已经开始转向与服务提供者签订框架协议，即如果地方政府直接管理个人预算账户（目前，大多数受助老年人是这种情况），则将与服务提供者就价格达成一致，但不会向其承诺大规模的采购量（NIHR，2013）。这种做法增加了竞争，而且在很多情况下也可能通过降低给服务提供方的承诺而让他们感受到压力，从而直接给出更低的报价以赢得合同。关于更加以人为本的付费模式也存在一些问题。比如有人认为，个人预算账户的管理不一定"具有包容性"或适合老年人，例如，相关信息可能是通过互联网提供的，但老年人有可能不上网。

也有人指出，老年人更倾向于由地方当局来管理他们的个人预算账户，而且不太热衷于直接补贴（AgeUK，2013a）。此外，还有人提出直接补贴的方式不适合那些缺乏自主能力的老人（比如老年痴呆症患者），尽管补贴可以支付给照料者（Dunning，2008）。此外，社会照料领域的工作人员认为，资源不足和最近对服务的削减损害了地方政府在各自领域有效落实个性化服务的能力。例如 82% 的社工认为这助长了官僚主义，特别是自助式服务增加了评估过程中所涉及的案头工作。此外，大约 2/3 的受访者认为对于某些服务使用者而言，评估过程太复杂了（Community Care，2012）。另一个潜在问题是，农村地区潜在的居家照料服务提供者数量有限，因此，能够提供给老年人的选择比较少（NIHR，2013）。此外，已经有研究发现，目前的社会照料工作人员接受培训的水平不足以应对计划推出的个性化服务（Beresford and Andrews，2012），且在地方层面提供服务的质量需要得到显著改善（Dunning，2008）。

　　然而，尽管一些人持有保留意见，但也有人建议：更好的沟通、支持和管理能够保证直接补贴政策发挥很好的作用，实现提供更有针对性服务的目的（AgeUK，2013）。另外，如果潜在受助者不适合使用个人预算账户的话（如缺乏决策能力），地方政府仍可以灵活地通过传统方式来提供资助（HM Government，2014）。然而，目前接受直接补贴的老年人只占照料使用者总数的 3.6%（Porteus，2011，p. 21），因此，如果要实现上述目标还有很多工作要做。现在，确保地方政府改进信息传播方式成为《照料法》（Care Act）的一部分（见下文）。然而，不管所提供信息的质量如何，资金不足仍然是个问题。有调查结果表明，目前个人预算的水平通常不足以满足老年人的照料需求（AgeUK，2011）。

　　总之，目前英格兰老年人照料整体上资金不足，使得"老年英国"（Age UK（2014，p.2））得出这样的结论：目前约 80 万老年人的照料需求没有得到满足，这是一种危机状态（Forder and Fernandez，2011，cited by Age UK，2014，p.10）。这些问题在政界得到了广泛的承认。

二、老年人照料体系改革及所面临的挑战

　　正如本报告所强调的，当前的社会照料体系自 20 世纪 40 年代建立以来一直存在资金不足的问题。而且，近年来尽管需要照料的老人的比例有所增加，但资金短缺的问题却变得更加突出。如 2006～2010 年间，所有社会照料预算的赤字率估计有 10%（Personal Social Services Expenditure and Unit Costs，2010，cited in Dilnot et al，2011，p. 14）。人们普遍认为英格兰老年照料体系已经变成一个有缺陷的、不可持续的体系（HM Government，2012，p. 3），因此联合政府委托专家进行了一次独立审查。《关于照料和支持资金的审查报告》（The Report of the Commission on Funding of Care and Support）（Dilnot et al，2011）的主旨是需要进行哪些改革以解决当前和未来的长期照料费用问题，重点是如何更公平地进行改革。法律委员会（Law Commission）的一份报告（2011 年）为此提供了支持，该报告评估了目前的立法结构需要做出哪些改变才能更好地反映当前的现实情况。

尽管对具体筹资水平部分有所调整，但 Dilnot 等人和法律委员会提出的系统重构建议在很大程度上被纳入了新的 2014 年《照料法》（Care Act 2014）（HM Government，2014）。虽然主要的建议和立法改革广泛地回应了前工党政府提出的增加个性化预算所占比例和支持早期预防以降低养老机构入住率的观点（HM Government，2010，p. 30），但主要内容发生了质变。例如，首次对老年人预计将为照料费用支付的金额设置了上限（见下文）。此外，政府目前的行动方向是继续保持和拓展地方政府作为服务推动者的地位，同时委托了一项研究以评估和发展终身之家和邻里互助的概念（Bevan and Croucher，2011），见下文。

目前阶段还不可能对最新《照料法》影响进行评估，因为新措施直到 2015 ~ 2017 年才会得以落实，但其主要原则已经受到了批评，主要观点见下文。

（一）关于照料和支持资金的审查报告（The Dilnot report）

1. 社会照料成本

Dilnot 报告得出的结论是，英格兰现行的社会照料资助体系存在不足且迫切需要改革，而且该体系是复杂的、不公平的和前后矛盾的。这些结论本身并不是什么新鲜事，正如上文所强调的，这些问题自社会照料体系建立以来一直存在。报告中提到的一个主要问题是，如前所述，每一个地方政府都有不同的服务提供体系，评估、收费和服务通常都是地方政府决定的。然而，在当地围绕服务可及性的沟通往往是碎片化的，使得许多老年人及其家人很困惑或者不知道可以寻求什么帮助。表 4-7 比较了 Dilnot

提出的主要建议、《照料法》规定的英格兰社会照料体系当前状况和未来拟进行的调整（HM Government，2014）。

表 4-7 Dilnot 报告的主要建议和改革计划

	当前现状	Dilnot的建议	政府改革计划
当前在政府提供资助前的终身照料消费限额	没有消费限额	35000英镑	72000英镑
存款上限，超过上限的个人没有资格享有国家资助的照料服务和居住安排	23250英镑	100000英镑*	118000英镑*
有能力获得地方政府的资助，从而可以推迟出售房屋以支付照料费用	在一些领域可用	引入国家延迟支付方案（national deferral payment scheme）	已被同意
应协助自费者寻求优质的、价格合理的照料	自费者需要自己购买照料服务，而且在某些情况下，费用比受资助者高一倍	老年人可以要求地方政府帮助找到合适的照料服务，并谈判得到更便宜的价格	已被同意
如何评估照料需求水平	在地方一级进行评估，导致了"邮编彩票"现象	制定全国性评估和资格框架，并设定为高级及以上都可以获得照料	已被同意
照料资格能够在各个地区之间转移	由于不同地区评估标准不同，一般不可异地接受照料	照料资格可转移，搬到其他地区后依然有资格接受照料	已被同意
完善建议和信息的提供	有一些资金资助了建议和信息服务，但非常有限。立法没有要求地方政府提供特定形式的建议	发展新的信息和建议服务策略	正在设计国家战略，要求立法确保提供合适的建议和信息

注：* 如果老年人的收入高于 14250 英镑，则仍然需要支付一定比例的照料费用。
资料来源：HM Government，2014；Dilnot et al，2011．

除了建议政府应如何资助改革，报告还认为私人融资可以发挥潜在作用，例如，为意外的照料费用提供保险。这项制度目前尚未得到落实，原因是老年人的照料具有不可预测性，而且私营部门也无法承担潜在的风险（Dilnot et al，2011，p. 30）。下面依次详细介绍了各个主要建议及其需要关注的问题，之后是一般性的批评意见。

（1）设置照料费用自付限额和存款上限

虽然政府已经同意为老年人自付的照料费用设置上限，但设定的金额是 Dilnot 报告推荐的 2 倍多（7.2 万英镑，而不是 3.5 万英镑）。此外应注意，这个上限仅仅是指照料服务的费用。也就是说，任何相关的成本（如食物或住宿费用）将被单独设置上限，为每年 1.2 万英镑（这也比 Dilnot 等建议的金额高出 7% ~ 10%）。尽管政府提出的上限水平已经远远高于建议的水平，Age UK（Age UK，2013）对此也表示很失望，但必须注意的是，目前老年人自付的照料费用可能是没有上限的。例如，目前在英格兰 65 岁以上老年人中，大约有 10% 的人一生中将需要为照料服务自付超过 1 万英镑，其中还不包括住宿或任何其他相关成本（Dilnot et al，2011，p.12）。

（2）房屋出售延期（Home sell deferral）

没有资格享受政府资助的老年人现在可以申请国家延期支付方案，这意味着在有生之年可以推迟为了支付费用而出售房屋的行为（Charlesworth and Thorlby，2012，p. 19）（65 岁以上人口中约 70% 拥有自己的房子（Porteus，2011 p. 15））。虽然这种模式以前就存在，但地方政府在是否实施时有自由裁量权，实际上只有少数地方政府提供了这一模式。简单来说，就是地方政府会先为老年人的照料买单，然后在房产售出后收回成本（HM Government，2014）。然而，地方政府可以通过评估判定所需费用不合理（如费用是用于支持有低或中级照料需要的人）而拒绝提供这项服务。另外，必须记住的是，对于任何贷款，地方政府都可以收取利息和"管理费"（HM Government，2014a；AgeUK 2013，p.10）。

（3）以"优惠的价格"为自费者提供服务保障

被采纳的建议之一，是没有资格享受政府资助的机构照料服务的老年人可以要求地方政府凭借购买力帮其与养老机构达成交易（并因此可以按照地方政府的"常规价格"付款）。正如上文提到的（表 4-6），当前没有资格享受政府资助的老年人必须自行采购居家或机构照料服务，但价格可能是由政府资助老年人的两倍多。此外，对于自费者而言，很多地区的日间照料中心的价格都在上涨，以弥补地方政府拨付资金不足造成的亏损（UNISON and Needham，2012）。

　　然而，很多人担心这种改革造成服务提供方损失了收入，有降低服务质量的风险，因为服务提供方可能会为了维持服务供给而简化服务。有研究支持了这种担忧，证据表明，地方政府对养老机构的资金削减导致质量下降（Humphries，2013）。此外，57%的社会服务机构负责人表示，未来两年，由于资源短缺加剧，服务机构将越来越难以有效运行（ADASS，2013）。因此本文认为，地方政府将不得不提高给独立机构的支付标准，原因是如果所有居民都按照地方政府设定的较低费率付费的话，养老机构将无法维持服务的供给（AgeUK，2013，pp. 16–18）。然而，在过去几年扣除物价因素的实际费用有所减少的背景下（Humphries，2013，p. 11），提高支付标准的结果似乎不太可能发生。例如在2013/14年，近一半的地方政府未支付通货膨胀的部分，而在居家照料服务方面，这一比例增至65%（ADASS，2013）。

　　（4）照料需求评估

　　Dilnot报告建议用精简的、全国最低资格标准取代当前由于各地评估标准差异造成的"邮编彩票"现象，这项建议已经被采纳。虽然这并不妨碍地方政府设定更低的资助门槛（DoH，2013；HM Government，2012，p. 32），但确实能保证所有地方政府必须为评定为有高级照料需求的老年人提供支持（Dilnot et al 2011，p. 46）。这将简化当前的体系，目前受到该资格标准调整影响的是那些只为评定为有特级照料需求的老人提供资助的地区，仅占所有地区的2%。然而，这种调整不一定必然导致所有地区的均衡性，因为居住在少数采用较低资助门槛地区的老年人，可能会因为当地更加慷慨的服务提供而受益更多。尽管有人可能认为设置如此高的资助门槛与侧重于早期干预的理念相悖，政府已经宣布要采取措施确保那些达不到资助标准的人能够得到更好的建议以支持其独立生活（DoH，2013）。虽然这项建议受到了欢迎，但正如在整个讨论中反复提到的，人们普遍担心现有资金不足以为那些低于特级照料需求的人支付服务（见下文）。

（5）异地照料

全国最低资格标准评估框架的主要好处之一，是可以确保老年人异地迁移时照料服务的平稳过渡，即如果老年人想搬到不同地区，无需进行新的评估，从而可以避免不必要的延误。地区之间采取统一评估框架能够避免潜在的评级降低（Dilnot et al 2011，p. 45），但要重申的是，毕竟目前只有 2% 的地区不为有高级照料需求的老人提供资助。此外，如果老年人碰巧生活在更加"慷慨的"地区，如果搬到以高级照料需求作为资助门槛的地区后，可能会失去原来享受到的资助。一个更令人担忧的局面是，"慷慨"的地区可能会将资助门槛提升到有高级需求者以确保与其他地区保持一致，从而保证老年人在搬家时能实现平稳过渡。这意味着少数居住在为中级照料需求提供资助地区的老年人可能会失去目前得到的资助。

（6）信息的提供

Dilnot 报告指出了提高公众对当前社会照料体系的认识和理解的重要性，可以使所提供服务的成本和 / 或好处清晰透明。报告建议通过在地方层面提供通过更多建议和支持来实现这个目的，而且要求建议和支持既提供给服务使用者也提供给照料者。报告进一步指出这符合政府增加居家照料的期望，因为人们将能够通过各种可用的方法获取信息，特别是前面提到的特殊辅助技术。政府已经把这些建议纳入《照料法》，要求地方政府提供适当的咨询服务，并以各种形式在辖区内提供有关不同服务成本和可及性的信息。此外，地方政府也需要去寻找那些可能需要照料的人（HM Government，2014a），把目前无法寻求帮助的老年人作为目标。政府也在开发新的全国信息网站以确保提供清晰、一致和透明的信息，使老年人可以更好地了解自己的权利和责任（HM Government，2012）。

（7）照料人员

Beresford（Beresford，2008，p. 12）提醒：由于家庭构成、地域分散、保持经济活力的压力不断增长等原因，当前这种把非正式照料看作是理所当然的，因而没有为其提供足够支持的做法越来越站不住脚。Dilnot 报告重申了朋友或亲属在提供非正式照料方面所起到的宝贵作用，而且再次强调照料者需要得到服务、建议和帮助，并能够很容易地了解有哪些可用的帮助，特别是在他们同时也在通过就业为经济做出贡献的情况下。报告进一步强调，确保照料者充分了解信息并能够得到支持，可以增加老年人留在自己家中的可能性，有助于减少机构照料带来的高昂成本（Dilnot et al 2011，p. 54）。目前的《照料法》要求地方政府对照料人员进行诸如一般福祉（general wellbeing）之类的整体需求评估。

　　然而，考虑到非正式照料人员在成本节约方面起到的宝贵作用（如上文所提到的，据估计每年达1190亿英镑）以及为社会照料服务体系提供的必要支持，可以说这些改革做得还远远不够。有人认为"照料者津贴"（Carers Allowance）是照料者能够获得的主要福利，目的在于负担其生活成本。但这一津贴的发放是基于家庭经济状况调查的，设定的收入标准很低，且津贴额"不能预防财务困境的发生"（Carers UK，2014，p. 7）。还有研究显示，有正式工作的照料者抱怨制度安排缺乏灵活性，无法有效地在他们工作的时间段安排正式照料服务。在某些情况下，这导致照料人员被迫放弃工作，由此造成的经济损失超过50亿英镑（Carers UK，2014，p. 10）。

2. 对 Dilnot 建议的一些批评意见

　　有人认为，尽管 Dilnot 报告受到了广泛关注，但报告本身并没有提及某些重要问题（The Centre for Social Justice，2013）。例如，没有充分考虑到预防性服务或低水平照料需求的问题，尽管这被认为是首要的政治目标。而且有人认为，建议忽略了当前体系中的一些固有问题，如即使是享有政府全额资助的人群也无法获得足够的照料服务（The Centre for Social Justice，2013）。例如，照料质量委员会（2013年）在最近的检查中发现，1/5的护理院和约1/10的养老院都存在安全隐患；此外，员工的高流失率是造成居家照料出现问题的重要原因。因此有人建议，设定上限可能会使钱更好地花在改进现有照料服务方面（The Centre for Social Justice，2012）。

还有人指出，Dilnot 报告并没有解决照料人员的低工资问题，或地方政府对独立提供者资助不力的问题，这两个问题都会降低社会照料服务的质量。政府声称已经认识到由于人数和状况的变化，从事养老服务的员工需要培训，并将为此拨款 3.35 亿英镑（AgeUK，2013，p.15）。虽然联合政府已经讨论过提供更多培训和支持的问题，但却没有打算提高当前的工资水平（HM Government，2014）。

（1）早期干预和预防保健

正如整篇报告所强调的，主流政党都期望需要照料的老年人能够留在社区内。此外，通过推广个人预算使享受政府资助的人获得更加个性化的照料仍然是主要的政治目标（个性化服务是新工党执政时提出的，其最新报告似乎对此关注较少，见下文）。然而，终极目标仍是积极预防或延迟对照料的需求。这一原则已经通过立法并纳入《照料法》中（HM Government，2014a，section 2，para 61-64）：地方政府……（必须）考虑如何充分利用社区设施来预防、延迟和减少对照料和支持的需要；并在提供或安排预防性服务时，考虑到辖区内成年人和照料人员未被满足的照料和支持需要……（地方政府需要采取）措施，以预防、减少和延缓对照料和支持的需要……地方政府必须在辖区内提供能够推迟、预防和减少照料和支持需要所需服务的信息。

在这方面，联合政府在当前的规划框架中引入了建设灵活的、终身住房的原则（Bevan and Croucher，2012），如建设通用终身住宅和进一步发展额外照料住房单元（Housing Lin，2012）。政府正在提供财政支持以鼓励额外照料住房的建设，并认为这种类型的住宅有利于满足低层次的需求，而且比机构照料更有成本效益（HM Government，2012，p. 27）。法案还进一步鼓励地方政府在各自辖区内建设新住房时，要特别考虑到针对老年人的住房的建设（HM Government，2012），比如上文所提到的类似于前任政府关注的"终身之家"。图 4-7 概述了现任政府构想中的老年人社会照料服务的未来图景。左边是当前的体系，往往不能进行早期干预。右边显示了未来的体系，能够在早期阶段提供帮助和信息，从而避免长期住院或入住养老机构。

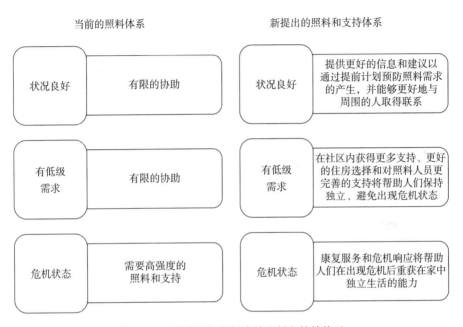

图 4-7 当前体系与新提出的照料和扶持体系

资料来源：摘自英国政府："关心我们的未来：改革照料和扶持"（Caring for our future, reforming care and support）（HM Government, 2012, p. 8）。图 4-7 展示了现任联合政府的意图，即通过早期提供帮助和支持，避免直到危急关头或者照料需要达到高等级时才提供支持，以减少对正式照料（特别是机构照料）的需求（HM Government, 2012）。

表 4-8 列出了这类预防性、社区干预方式的主要资金来源。

表 4-8 为确保老年人可以留在家里而提供／分配的资金

住房基金，旨在支持和鼓励专业住房（即适应性/支持性住房）的发展	5年内2亿英镑
残障设施拨款（Disabled Facilities Grant）支持人们进行家庭改造	4年内7.45亿英镑
提供服务以帮助老年人独立地生活在家中，并防止照料需求升级	3～4年内65亿英镑
针对住院老年人的康复服务，以确保他们出院后能在家中获得支持	4年内10亿英镑
在老人家中提供的身边人服务（Handy person service）	4年内5100万英镑
在家中提供辅助技术	4年内1840万镑
第一站服务，主要提供关于住房、照料和支持的独立建议	150万英镑

资料来源：Caring for our Future：Reforming Care and Support，HM Government 2012.

注重预防的模式可以大量节约成本，一般来说，推迟一年进入养老院人均每年可以节省 2.8 万英镑（Laing and Buisson，2008，cited in Allen and Glasby，2013，p. 911）。相应地，据估计，推迟一年为老人家庭进行适老性改建，导致增加的家庭照料时间可能价值 4000 英镑（Care and Repair，2010）。国家鼓励关注预防性措施，但事实却与之相反，地方政府仍处在被迫采取行动以应对危机的局面中。例如，虽然政治上转向了社区照料，但过去六年接受家庭照料的人数下降了 1/5，而且自 2005/06 年以来，使用日间照料服务的老年人已经减少了近 50%（Age UK，2014，p.2）。据估计，考虑到人口结构的变化，自 2005/06 年以来，服务实际覆盖的老年人下降了超过 1/3（Age UK，2014）。

此外，经费总量大体上与前任政府相似，只有很小的变化。例如，除残障设施拨款以外，新工党为有效的咨询服务、康复、身边人服务、家庭改建计划提供了资金支持（CLG，2008，p. 40）。康复服务的增长更加显著，在接下来的四年里将从 2011/12 财年的 1.62 亿英镑和 2010/11 财年的 7000 万英镑上升到每年 2.5 亿英镑（尽管如果按实值计算明显是逐年在减少）（Porteus，2011，p. 18），如果考虑物价因素，残障设施拨款大体保持不变（CLG，2008，p. 12）。此外，在四年内有 65 亿英镑专项经费被用于帮助老年人独立地在家中生活，按照扣除物价的实值计算，这与上届政府针对老年人群的名为"支持人民"（supporting people）的专项拨款没有什么区别（Housing Lin，2012，p. 2）。

另外，专门用于适老性改建的资金实际上是需要经过家庭经济状况调查的，所以只能用于低收入老人（House of Commons Library，2013）。此外，除经济状况调查外，残障设施拨款的等候名单一直很长（Porteus，2011）。另外，在公布的节约资金的途径中，超过 2/3 的地方政府希望削减支持和预防相关的服务，另有 1/5 希望降低当前的个人预算支付金额（ADASS，2013）。也有人指出，一些特定项目的管理需要得到更好的落实。例如，社会服务机构负责人指出目前只有 1/4 的地方政府已经开始执行支持康复模式的框架（ADASS，2013）。

此外，联合政府支持终身之家的建设并打算采取进一步的激励措施，但这同样是由前工党政府提出的，并没有什么新的内容，国家尚未通过制定法规来强制执行这些标准，因此并没有要求地方政府必须这样做（Housing Lin，2012，p. 5）。所以尽管有人认为老龄化社会造成的人口结构变化应该成为地方制定规划框架的核心要素，但目前大部分地方政府并没有这样做（Porteus，2011）。而且有人指出，资产投资（capital grant funding）关注的往往是专业化住房和支持，与更广泛的、关注"住得好"（living well）的目标不完全一致，也不利于在第一时间避免对支持的需求（Porteus，2011）。

也有证据表明，目前对于康复等服务的资金支持对急诊住院问题影响有限。照料质量委员会（2013 年）指出，2007/08 财年到 2012/13 财年的 5 年间，可避免的住院增长了 42%，从 37.4 万上升到 53 万，超过了老年人口的增长率（CQC，2013）。更确切地说，75 岁以上人口中，非必要住院的比例从 7% 增长到 9%。在 2012/13 财年，在应该使用替代选择的情况下，共计 50 万老年人（90 岁以上人口中有 20%）被允许住院（CQC，2013）。正如其他研究结果显示的，非必要住院受地理因素影响，东北部地区有超过 6% 的老年人受到影响，而东南部地区为 15%（CQC，2013，p. 13）。尽管出现这种情况的原因是多种多样的，但有人建议，地方层面有效的多部门合作和积极的"健康促进"是减少住院的两个非常重要的方法（CQC，2013，p. 12）。

（2）协调服务

按照 Dilnot 报告的建议，政府的目标是确保地方政府在社会照料、医疗卫生和住房服务之间进行更好的协调。这是很重要的，因为照料和住房之间存在紧密联系。同样地，如果老年人住进医院，与住房和照料／支持团队之间更有效的联系可以确保住院者能更快出院。已经有人指出，当前住房条件差直接造成英国国民健康服务体系每年要花费 6 亿英镑用于老年人治疗服务（Porteus，2011，p. 23）。另一个政治共识是社会照料服务和医疗卫生服务的整合能节约资金，就像刚刚提到国民健康服务体系的例子，原因是可以避免长期住院或非必要的机构照料（HM Government，2012，p. 57）。因此，目前政府已经成立了一个38亿英镑的"更好照料基金"（better care fund）以促进这项工作（HM Government，2014）。

尽管建立的基金是专门用于促进国民健康服务体系和社会照料服务的，但有人发现这项预算的1/3实际上被用于弥补常规服务供给的不足（Humphries，2013）。这也说明必须进行更进一步的整合，而且社会照料服务和国民健康服务体系有必要与装备、运输和就业服务等建立更紧密的联系（Beresford and Andrews，2012）。另外，具体到住房方面，社会照料服务和国民健康服务体系也都与房屋设计、规划和租赁有联系（Housing Lin，2012，p. 5）。这有一定道理，因为老年人的照料需求可能与很多领域相关，不同部门之间更多的沟通可以确保更准确、更快速地做出评估，并避免出现职责交叉。新的健康和福祉理事会（Health and Wellbeing boards）将有可能在这一过程中发挥作用，具体效果还有待观察。

3. 总结

尽管政府已经决定未来几年内要为建设专业化住房、住房支持、康复、辅助技术、提供咨询建议和整合服务等具体的早期干预项目投资数十亿英镑，但很多人一直认为这种投资水平还远远不够，为了与人口老龄化的节奏保持一致，未来20年社会照料的资金支出应该是目前预算的3倍（Porteus，2011，p. 7）。Dilnot等（Dilnot et al，2011）的报告中提出了一个更温和的数字，认为无论如何当前的社会照料资金务必保留，未来25年内资金支出将需要增加1/3。此外，有人指出，2013/14财年人口结构变化带来的影响只有76%纳入考量范围，而上一年这一比例为82%（ADASS，2013）。另外，目前政府已经开始启动Dilnot等提出的一些改革措施，按此计算，今后总的成本会比现在预测的更高（Charlesworth and Thorlby，

2012，p. 9）。最后，在目前的体系中，社会照料总支出中只有 4.2% 被用于预防性服务（ADASS，2013）。虽然资金已被指定用于特定的早期干预项目，如康复等领域，但有建议称，为了使地方政府真正致力于实行预防干预模式，国家应考虑把政府资助的门槛降低到中等需求水平（见下文）。

（二）反对党工党的提议

正如整篇报告所强调的，一般来说，主要政党的期望是一致的，即都希望建立以训练有素、相互协作的员工为基础、以非正式照料人员和"适应未来需求"（future proof）的住房为支撑的、能够提供个性化的、以家庭为中心的照料服务的体系。工党最新的报告明显是建立在这些愿景基础上的。但却有人认为，多年来对于社会照料问题的普遍政治共识实际上却阻碍了大规模的、有效性的变革（The Centre for Social Justice，2012），因此造成为老年人提供充足的照料服务这一宏伟目标整体而言仍未实现。虽然跨党派的支持不足以确保有效的社会照料体系得以建立，但政治共识是必要的，因为长期的、保持一致的方案是确保能够成功执行的基本条件（Humphries，2013）。工党最近发布了 2015 年之后老年人照料体系建设的文件——"整体个人关怀独立审查报告"（The Independent Commission on Whole Person Care）（2014 年），确实提出了一些不同于现任联合政府领导的改革的建议（主要涉及英国国民健康服务体系，因此对其进行详细讨论超出了本报告的研究范围），尽管报告提到的是相同的问题，但却给出了更广泛的、更全面的解决办法。例如，该审查报告更加强调从整个生命历程的角度寻求防止可能在未来引发疾病的健康问题（如肥胖），还建议制定"信息质量标志"（information quality mark）并将其作为一种认证，从而更好地确保提供建议和信息的质量。在提供以社区为中心的照料方面，该报告比现任政府走得更远。有些建议相对较小，如在地方层面开展"预防性检查"（prevention checks）（如识别跌倒的风险）以避免住院。有些建议有更为深远的意义，如考虑把通常在医院才提供的化疗或输血等特定的医疗保健服务引入社区。有人坚持要保留后面这项建议，认为只要经过适当调整，许多目前基于医院的程序可以在家中进行，从而可以提供"个性化、非机构化"的照料（Independent Commission on Whole Person Care，2014，p. 24）。

由工党委托的审查似乎也对整合医疗和社会照料服务做出了更大的承诺，甚至建议把英格兰国家健康服务体系（NHS England）重命名为"关怀"英格兰（Care England）以更好地反映国民健康服务体系和社会照料服务在"整个人"（whole person）的福祉方面所发挥的作用。工党也倡导建立一种不同于"按结果付费"（payment by results）的筹资方式，认为按结果付费是鼓励服务碎片化的方式，而新的筹资方式即"按结局付费"（outcome based）能够覆盖个人的整体需求。根据建议，将委托一位代表协调所有相关的服务提供者，涵盖各个照料提供体系，更加关注服务提供的纵向整合（称为"年度化人头付费"（annualised capitation tariff））。起初将仅限于有复杂的长期照料需要的老人，最终将推广到所有符合条件的老年人。报告认为，2015 年起 5 年内投入 100 亿英镑将有助于实现这种更大程度的服务整合。该报告最后强调跨党派支持在讨论未来社会照料筹资问题上的重要性，也认为预计的成本会很高，为此进行融资并不容易。有人认为，联合政府高估了 Dilnot 建议的重要性，且未能有效地应对社会照料经费削减的实际问题，并且对于在哪些地方设置照料资金支出的上限并没有给出具体建议（Labour Party，2014）。

这份报告欠缺的是在未来的模式中如何使个人预算（工党声称致力于此）发挥作用（特别是在讨论如何协调大量潜在服务提供者的服务时），且没有提出如何为这些提议筹资的详细计划。也有人认为，整合医疗卫生和社会照料服务确实应该受到欢迎，但是关于在家中提供传统上由医院提供的服务建议似乎有些超前，也许更应关注那些当前更紧迫的问题，比如如何有效协调老年痴呆症照料的问题。

（三）如何实现有包容性的、负担得起的社会照料

可以肯定的是，有效的、政府支持的预防性社会照料花费会很高，而且正如反对党工党所建议的，需要多党派共同来讨论哪种支付方式最佳的问题。然而，考虑到用于老年人的全部资金中，国民健康服务体系的支出占了35%，且比社会照料服务部门的支出高近六倍时[①]（Dilnot et al，2011，p. 57），减少可避免的费用（如非不必要住院）等就应该成为优先项。在给国王基金会（Kings Fund）的报告中，Barker（Barker，2014）提出了一些可选的筹资方式：

（1）提高效率：如整合国民健康服务体系和社会照料服务。

（2）通过以下方式筹措更多的私人资金。①开发保险市场：如前所述，一旦社会照料服务支付上限能够确定下来，开发保险市场的可能性将会增加，因为社会照料服务总成本的不确定性将会降低。②对国民健康服务实行"限额配给"（Rationing）：例如，取消针对60岁以上人群的普遍服务，如处方费的豁免。③取消私人医疗保险的税收减免（或类似措施）。

（3）通过以下方式筹措更多的公共资金。①增加税收：通过一般税收（如所得税、遗产税）或对指定产品征税。②取消普遍的、无需进行经济状况调查而获得的福利，如冬季取暖补助（winter fuel allowance）。③对私人医疗保健收取增值税。

上述提议并不完备，其目的是为了表明政府可以考虑多种途径来为改善当前老年人社会照料服务进行筹资，其中有些方法迄今为止一直是被忽视的。虽然有些建议并不受欢迎，如提高税收等，但各政党间协商一致可以通过制定政策来增加筹资的可能性。本报告最后一部分分析了当前的哪些改革可能有效，以及对当前老年人照料体系还可能有哪些改进。

---

① 其余支出主要是花在了福利和养老金上（占59%）。

三、对中国的启示——什么可行和什么不可行

尽管以上讨论基本上着眼于具体政策和程序在英国的有效性（主要是英格兰），但我们认为，规划老年人照料体系时，优先提供以人为本的社区照料的原则适用于任何政治环境。而且，本部分提供的全部建议是基于以下认知：有效的改革需要强大的中央政治支持，因为研究结果表明，地方政府在一些项目（如"终身之家"或额外照料住房）上拥有自由裁量权，加上有些项目（如康复）缺乏明确的目标和时间表，会导致服务提供的不均衡乃至滞后。本部分讨论的主要问题是：①早期干预模式；②照料需求评估；③照料费用的支付；④多部门协作；⑤"终身之家"模式；⑥确保照料者得到适当的支持；⑦提供足够的建议和指南；⑧确保与照料提供者之间的良好关系；⑨以人为本的照料。

以下将分别讨论这些问题，重点论述每项措施为何重要（及可能如何进一步完善）以及是否已被证明有效。

（一）早期干预模式

尽管现任政府已经在某些方面立法以确保地方政府有责任采取更加以预防为导向的模式（HM Government，2014），但最近的研究表明，许多地方政府仍在继续以危机干预的方式运作。但我们相信，老年人社会照料体系应该是基于早期干预和社区照料的。从长远来看，社区照料往往成本更低，不仅如此，老年人自己对此也有更高水平的满意度和福祉。正如整篇报告所强调的，由于存在许多问题，提供有效的早期干预服务仍是一个未实现的目标，这份报告已经提到了其中的问题，但主要还是由于在执行上缺乏中央指导和监管，政府缺乏资金，为需求评估设置高门槛以及为家庭经济状况调查设置门槛。

尽管按照 Dilnot 的建议，家庭经济状况调查的门槛有所下降，但仍有

大批老年人可能难以支付照料费用，特别是在不符合目前大多数地方政府为需求评估设置的高门槛的情况下。

（二）照料需求评估

在评估老年人的照料需要时，设置范围更大的、一致性的框架以提高公平性和透明度是至关重要的。但仍有建议认为，当前推荐的最低限度为"高级照料需求"的门槛过高，而且这违背了宣称的"通过早期干预来防止照料升级"的政治目标。例如，人们已经发现，采用更高资助门槛的地区延迟出院的比例更高（Fernandez and Forder，2008，cited in Charlesworth and Thorlby，2012，p. 9）。如果将资助门槛设定为"中级照料需求"，预计将使总开支增加17%（15亿英镑）（PRSSU，未注明日期），但如果考虑到由此带来的长期潜在的资金节约时，这项调整应该被纳入考虑范围。此外，在任何情况下，经评定有较低照料需求的老年人的照料成本更低，因为他们需要的照料服务水平更低。设置较低门槛的另一个优点是地方政府将会有更大的动力在早期阶段提供干预，以防止老年人需求升级。

（三）照料费用的支付

人们认识到尽管有缺陷，但现在就取消当前用于评估政府资助标准的家庭经济状况调查是不现实的。因此，重要的是让自费者付的钱能够实现更大的价值，而且允许地方政府代表服务使用者寻求合适的照料也非常重要，尽管这可能导致潜在的问题（下文将提到）。最终结果是，在享受同等照料服务的情况下，自费者不应该比受到政府资助的人花更多的钱。关于资产上限的设置，虽然没能推荐具体的数值，但为那些可能面临很高照料需求的人提供保护应该被纳入考虑范围。国家延迟支付方案也可能是有效的，因为地方政府基本上都能在未来的某个时间点收回成本。然而，潜在的收费水平应该是公平的，且不应允许在地方层面出现很大差异。

（四）多部门协作

确保多个机构共同参与未来的老年人照料规划有很多好处，因为可以提供协调、无缝的服务，减少老年人的困扰，并确保他们的需求能被整体考量。同时这也是遵循了以人为本的政治目标，并且有助于预防因沟通不畅或忽视而造成的照料需求升级。正如上文所提到的，不仅住房部门、医疗卫生和社会照料部门应该考虑这些问题，还应扩展到更广泛的、涉及建设和规划的部门。然而，有效的多部门协作需要强有力的领导来确保各个组织能够有效地共同工作（Housing Lin，2012，p.5）。例如，健康专家对规划服务的理解可能很有限，反之亦然。

相关研究指出，地方政府的社会照料团队应该更好地沟通；服务提供的巨大差异是广泛存在的，只有少数几个地区存在非常有效的地方主导项目。该研究建议把各个地区的资源汇集在一起，就可能会产生一些可供大家相互学习的经验教训。例如，英国国家健康研究所（NIHR，2013a）发现，很多地区早期干预的成功案例都是效仿的国家或其他地区的项目或计划。

（五）"终身之家"模式

已有证据表明，发展额外照料住房可以避免入住昂贵的养老机构，且大部分老年人不希望入住养老机构。如果发展终身之家和更专业的额外照料住房的政治目的能够有效地实施的话，可以在一定程度上提供人们实际上需要的住房。"终身之家"模式得到强烈推荐，是因为构建或改造住房能更好地适应老年人口的需求，将导致减少对养老机构的需求，而且已有研究证明机构照料的经济和福利成本都是非常高昂的。

然而研究表明，各地推进这些目标的进展差别较大，有些地区的进展甚至非常有限。例如，仅有不到1%的老年人住在额外照料住房里（Porteus，2011，p.8）。此外，目前很少有地方政府将老龄化需求作为规划框架的首要考虑问题。原因之一是尽管历届政府都对终身之家和额外照料住房做出了承诺，尤其是以建议和经济激励的形式，但并没有任何具体策略要求地方政府保证执行。因此，在缺乏更明确指令的情况下，发展专业化住房等更长期目标的落实仍旧非常滞后。

（六）确保照料者得到适当的支持

同样重要的是承认和支持无偿提供照料的人员，因为如果不这样做的话，这个体系就有崩溃的风险（AgeUK，2014，p.17）。因此在任何照料体系中，确保亲属不会因得不到政府支持或不堪重负而拒绝承担照料角色是非常重要的。正如本报告所讨论的，非正式照料人员每年为英国国民健康服务体系和社会照料体系节省了数十亿英镑，他们工作的价值应该得到重视。目前政府已经将为提供各种等级照料的人员进行评估纳入《照料法》（此前只提供给提供高等级照料的人员），从而构建了更有效的支持体系；而且，有人还主张提供更多的建议和支持。例如，希望类似 Carers UK 的机构能够评估这些措施的效果，尤其是确保捉襟见肘的地方政府有能力完成所增加的工作量，且无需诉诸建立长长的等候名单（如前面提到的残障设施拨款长长的等候名单）。

（七）提供足够的建议和指南

目前，关于英国老年人照料筹资和服务的建议很混乱，尽管《照料法》试图简化这些内容，但成效仍有待观察。有人建议，为了鼓励人们对自己的照料服务进行规划，并能够了解自己应当承担的付费义务，提供全面有效的建议和信息服务至关重要。从筹资和福利的角度来看，这是有道理的（AgeUK，2014，2013）。

（八）确保与照料提供者之间的良好关系

总体上，历届英国政府都认为，国家的"推动者"（enabler）角色能够节约成本、提高效率。但有人担心，支付给社会照料组织的费用越来越低，再加上竞争加剧，进一步降低成本的压力会越来越大，因此会产生整体服务质量降低的风险。考虑到照料质量委员会的调查结果表明，少数养老机构出现不符合安全评估标准的情况，这个问题更应当引起重视。对于将照料服务外包是否可取的问题，本报告无法提出建议，尤其是在老年人本来就偏好由政府对自己的照料服务提供资助的情况下。但我们想强调的是，这样的体系只能在服务提供者不需要为了生存而偷工减料的情况下才能实现良好运作。降低服务质量最终将导致老年人自己承受更糟糕的结果，这有悖于照料体系关注福祉的目标。

相关报告指出，为专业化的、薪酬合理的劳动者提供支持非常重要。这样的措施可以提高满意度，并相应减少员工流失率，从而对改善受照料老年人的生活质量有利。正如本报告已经强调过的，社会照料人员的收入仍然过低、流动率很高，政府已经承诺提高工作人员的专业化程度，这可能有助于让员工感到自己正被重视（HM Government，2014）。但是这些变化尚且处于早期阶段，其影响还有待进一步观察。

（九）以人为本的照料

关于个人预算账户，如果能够得到正确使用的话，可以让使用者对提供的服务做出选择，但有人认为目前尚没有非常充分的证据来证明其有效性，尤其是对于老年人而言。此外，有人认为许多老年人更喜欢通过传统方式安排照料服务（Woolham and Benton，2012）。还有人进一步指出，农村地区的老年人可能在任何情况下面临的选择都很少，因此，认识到具体的人口差异会如何影响个性化服务的提供更为重要。作者认为个人预算或者地方政府直接提供服务的方式都可能是有效的，最重要的应该是确保优质且价格合理的照料服务的可及性能够不断提高。

四、结论

总的来说，本报告认为尽管已经开始进行改革，但英国老年人照料服务体系可能仍不足以满足当前和未来潜在的需求。最终，《照料法》没有真正解决 20 世纪 40 年代社会照料服务全面启动以来就一直存在的资金短缺问题。事实上，这种情况在过去几年中每况愈下，尽管需要照料的老年人数量在不断增加，但政治性的财政紧缩政策造成实际的筹资水平一直在下降。另外，宣称保障老年人照料需求的政治目标在短期内是很难实现的，原因是对服务提供者拨付的经费不足，且许多地方政府未能完全接受"终身之家"的理念或预防性干预策略。为了支持之前的观点，照料质量委员会正在继续甄别未能达标的服务供给。有关调查结果显示，只有少数地方政府在政策或规划制定中将终身适用的标准纳入考量范围，而许多地方政府都没能充分利用针对预防性计划（如康复）的拨款。而且，在对服务需求进行审核时，近 90% 的地方政府被迫采用更高的门槛。此外，少数社会服务机构负责人认为，现行的政策可能导致未来几年老年人的生活质量下降（ADASS，2013）。

有数据显示，医院病床使用率和地方政府资助的机构照料近年来都有所增加，在这种情况下，为了建立有效的、侧重预防的老年人照料模式，不仅需要投入更多资金，也需要中央政府更强有力的引导。通过多机构协作和提供更全面的建议和信息，《照料法》至少将在一定程度上帮助老年人及其照料者强化沟通和支持网络，并提高政府资助以外的自费者的支付能力，但这些政策在地方层面的实施效果还有待观察。但法案最终仍没有解决对服务提供者支付不足、照料人员短缺等问题，也没有采取措施支持早期干预模式。也就是说，资助门槛仍然比较高，为建造终身之家或确保人们可以"就地安养"的资金仍然不够。从本质上看，用于预防性措施的支出仅占社会照料总支出 5% 的事实与将预防性措施视为英国社会照料体系核心的说法是矛盾的。总之，只要地方政府继续优先考虑满足高级照料需求且提供最低水平的财政投入，以预防为主的模式就不可能实现（Humphries，2013，pp. 8-9：Dilnot et al，2011，p. 60）。

本报告对当前英国老年人照料体系提出了批评，还指出未来政府应该考虑改善服务提供及其筹资方式。然而，通过发展有效的基础设施来提供合适的、预防性的老年人照料服务是很复杂的，必须与特殊政治环境下具体的财政状况相适应。提供充足的财政支持以避免依赖机构式照料应该是任何条件下建立照料体系的基础。从长远来看，这样做既可以省钱，还能确保老年人更好地"就地安养"，从而获得更大的福祉。

（执笔：Sarah Alden　Alan Walker）

参考文献

[1] ADASS. 2013. Social care funding bleak outlook bleaker [Online]. Available：http：//www. adass.org.uk/Content/Article.aspx?id=1034 [Accessed 05. September 2014].

[2] AGEUK. 2014. Care in Crisis：What's next for social care?，London，AgeUK.

[3] AGEUK. 2014a. Later Life in the UK，London，AgeUK.

[4] AGEUK. 2014b. Care in Crisis，London，AgeUK.

[5] AGEUK. 2013. The 'Dilnot social care cap'：making sure it delivers for older people，London，AgeUK.

[6] AGEUK. 2013a. Direct payments for social care：options for managing the cash，London，AgeUK.

[7] AGEUK. 2011. "Care in Crisis：Causes and Solutions."，London，AgeUK.

[8] ALLEN，K. & GLASBY，G. 2013. 'The Billion Dollar Question'：Embedding Prevention in Older People's Services—Ten 'High-Impact' Changes. British Journal of Social Work，43，904－924.

[9] ANDREWS，G. J. & PHILLIPS，D. R 2002. Changing local geographies of private

residential care for older people 1983 – 1999: lessons for social policy in England and Wales. Social Science & Medicine, 55, 63 – 78.

[10] BARKER, C. 2014. A new settlement for health and social care: Interim report, London, The Kings Fund.

[11] BÄUMKER, T., NETTEN, A., DARTON, R. & CALLAGHAN, L. 2011. Evaluating Extra Care Housing for Older People in England: A Comparative Cost and Outcome Analysis with Residential Care. Journal of Service Science and Management, 4, 523–539.

[12] BERESFORD, P. 2008. What future for care?, York, Joseph Rowntree Foundation.

[13] BERESFORD, P. & ANDREWS, E. 2012. Caring for our future: What service users say, York, JRF.

[14] BEVAN, M. & CROUCHER, K. 2011. Lifetime Neighbourhoods, London, CLG.

[15] BOCHEL, M. 1988. Public Policy and Residential Provision for the Elderly. Geoforum, 19, 467–477.

[16] CARE STANDARDS ACT. 2000. The Care Standards Act, London, Crown Copyright.

[17] CARERS UK. 2014. Policy Briefing: Facts about Carers, London, Carers UK.

[18] CHARLESWORTH, A. & THORLBY, R. 2012. Reforming social care: options for funding, London, Nuffield.

[19] CLG, DoH, DWP. 2008. Lifetime homes, Lifetime neighbourhoods: A National Strategy for Housing in an Ageing Society, London, Crown Copyright.

[20] COMMUNITY CARE. 2007. Direct payments, personal budgets and individual budgets [Online]. Available: http: //www.communitycare.co.uk/2007/01/05/direct–payments–personal–budgets–and–individual–budgets/ [Accessed 01 September 2014.

[21] COMMUNITY CARE. 2012. The State of Personalisation 2012 [Online]. Available: http: //www.communitycare.co.uk/the–state–of–personalisation–2012/ [Accessed 03 September 2014.

[22] CQC. 2013. The state of health care and adult social care in England, Norwich, The Stationary Office.

[23] CQC. 2014. Avoidable' emergency admissions among the elderly increasing [Online]. Available: http://www.cqc.org.uk/content/cqc-publishes-fourth-state-care-report [Accessed 07 September 2014.

[24] HAPPI. 2010. Housing our Ageing Population: Panel for Innovation, London, DCLG, DoH, HCA.

[25] DILNOT, A., WARNER, N. & WILLIAMS, J. 2011. Fairer Care Funding The Report of the Commission on Funding of Care and Support London, Crown Copyright.

[26] DoH. 1998. Modernising Social Services: Promoting independence Improving protection Raising standards, London, The Stationary Office.

[27] DoH. 2000. Community Care (Direct Payments) Amendment Regulations 2000, London, Crown Copyright.

[28] DoH. 2003. Community Care, Services for Carers and Children's Services (Direct Payments) Guidance England 2003, London, Department of Health.

[29] DoH. 2003a. The Social Services Inspectorate: Who we are and what we do, London, Crown Copyright.

[30] DoH. 2004. Extra care housing for older people: An introduction for commissioners, London, Department of Health.

[31] DoH. 2005. Independence, Well-being and Choice: Our vision for the future of social care for adults in England, London, Crown Copyright.

[32] DoH. 2010. A Vision for Adult Social Care: Capable Communities and Active Citizens, London, Crown Copyright

[33] DoH. 2012. National Framework for NHS Continuing Healthcare and NHS-funded Nursing Care, London, Crown Copyright.

[34] DoH. 2013. Draft national minimum eligibility threshold for adult care and support: A discussion document, London, Crown Copyright.

[35] DoH. 2006. Our Health, Our Care, Our Say: A New Direction for Community Services, London, HMSO.

[36] DUNNING，J. 2008. Personalisation [Online]. Available：http：//www.communitycare.co.
uk/2008/08/07/personalisation/ [Accessed 01 September 2014.

[37] Elderly Accommodation Counsel. 2012. "Statistics on specialist housing provision for
older people in England." [Online]. Available：http：//www.housingcare.org/downloads/
eac%20stats%20on%20housing% 20for%20older%20people%20February%202012.pdf
[Access 08 October 2012].

[38] GHEERA，M. & LONG，R. 2013. Social care reform：funding care for the future，
London，House of Commons Library.

[39] GOODMAN，C. 1986. Research on the informal carer：a selected literature review Journal
of Advanced Nursing，11，705–712.

[40] GOV.UK. 2014. Attendance Allowance [Online]. Available：https：//www.gov.uk/
attendance–allowance/overview [Accessed 09 September 2014.

[41] HEALTH AND SOCIAL CARE INFORMATION CENTRE（HSCIC）. 2013. Personal
Social Services：Expenditure and Unit Costs，England 2012–13，Final release，
London，Health and Social Care Information Centre.

[42] HM GOVERNMENT. 1990. National Health Service and Community Care Act 1990
[Online]. Available：http：//www.legislation.gov.uk/ukpga/1990/19/contents [Accessed 30
August 2014].

[43] HM GOVERNMENT. 1996. Community Care（Direct Payments）Act London，HMSO.

[44] HM GOVERNMENT. 2010. The Coalition：our programme for government

[45] London，Cabinet Office.

[46] HM GOVERNMENT. 2010a. The Equality Act 2010 London，Crown Copyright.

[47] HM GOVERNMENT. 2012. Caring for our future：reforming care and support，London，
Crown Copyright.

[48] HM GOVERNMENT. 2012a. The Health and Social Care Act London，The Stationary
Office.

[49] HM GOVERNMENT. 2014. Care Act 2014，London，The Stationary Office.

[50] HM GOVERNMENT. 2014a. Care Act 2014: Explanatory notes [Online]. Available: http://www.legislation.gov.uk/ukpga/2014/23/notes [Accessed 02 September 2014].

[51] HOUSE OF COMMONS LIBRARY. 2013. Disabled Facilities Grants（England）, London, House of Commons Library.

[52] HOUSING LIN 2012. Policy Briefing: The Coalition Government's Housing Strategy, London, Housing Lin.

[53] HUMPHRIES, R. 2013. Paying for social care Beyond Dilnot, London, The Kings Fund.

[54] INDEPENDENT COMMISSION ON WHOLE PERSON CARE. 2014. One Person, One Team, One System, London, Report on the Independent Commission on Whole Person Care.

[55] ISMAIL, S., THORLBY, R. & HOLDER, H. 2014. Focus On: Social care for older people: Reductions in adult social services for older people in England, London, Nuffield Trust.

[56] LABOUR PARTY. 2014. Agenda 2015 Policy Paper: 21st Century NHS and Social Care: Delivering integration, London, Labour Party.

[57] LIFETIME HOMES. n.d. Lifetime homes principles [Online]. Available: http://www.lifetimehomes.org.uk/pages/lifetime-homes-principles.html [Accessed 04 September 2014].

[58] LYMBURY, M. 1998. Care Management and Professional Autonomy: The Impact of Community Care Legislation on Social Work with Older People. British Journal of Social Work, 28, 863 - 78.

[59] MANTHORPE, J. & STEVENS, M. 2010. Increasing Care Options in the Countryside: Developing an Understanding of the Potential Impact of Personalization for Social Work with Rural Older People. British Journal of Social Work, 40, 1452 - 1469.

[60] MEANS, R. 2012. A Brave New World of Personalized Care? Historical Perspectives on Social Care and Older People in England social policy and administration, 46, 302 - 320.

[61] MORSE A. 2013. Emergency admissions to hospital: managing the demand London, The Stationary Officer.

[62] National Statistics. 2012. Community Care Statistics 2010–11： Social Services Activity Report， England. London， Health and Social Care Information Centre.

[63] NHS CHOICES. 2014. Health Watchdogs and Authorities [Online]. Available： http：//www.nhs.uk/NHSEngland/thenhs/healthregulators/Pages/healthwatch–england.aspx [Accessed 07 September 2014].

[64] NIHR. 2013. How far do managed personal budgets offer choice and control for older people using home care services?， NIHR.

[65] NIHR. 2013a. Prevention services， social care and older people： much discussed but little researched?， London， NIHR School for Social Care Research.

[66] NMDF. 2010. Building Constructive Market Relations. London， National Market Development Forum.

[67] OFFICE FOR NATIONAL STATISTICS. 2011a. National Population Projections， 2010–Based Statistical Bulletin， London， Office for National Statistics.

[68] OFFICE FOR NATIONAL STATISTICS. 2014a. Chapter 2： Results， 2012–based NPP Reference Volume， London， Crown Copyright.

[69] OFFICE FOR NATIONAL STATISTICS. 2014b. Life Expectancy at Birth and at Age 65 by Local Areas in the United Kingdom， 2006–08 to 2010–12， London， ONS.

[70] OFFICE FOR NATIONAL STATISTICS. 2014a. Changes in the Older Resident Care Home： Population between 2001 and 2011， London， Crown Copyright.

[71] PEACE， S. 2003. The development of residential and nursing home care in the United Kingdom.. Oxford： Oxford University Press. In： KATZ， J. S. & PEACE， S. M. （eds.） End of Life in Care Homes： a Palliative Approach. Oxford： Oxford University Press.

[72] POOLE， T. 2006. Wanless Social Care Review： Direct Payments and Older People London， Kings Fund.

[73] PORTEUS， J. 2011. All party parliamentary group on housing and care for older people： Living Well At Home Inquiry， London， Counsel and Care.

[74] PRSSU. n.d. Implications of setting eligibility criteria for adult social care services in

England at the moderate needs level London，PRSSU.

[75] RATHFELDER，M. 1956. The Guillebaud Report [Online]. Available：http：//www. sochealth.co.uk/1956/01/10/guillebaud-report/ [Accessed 01 September 2014].

[76] RNHA. 2012. "Registered Nursing Home Association." [Online]. Available：http：// www.rnha.co.uk/general.php?r=MANKY421443 [Accessed 17 October 2012].

[77] STATISTICS，N. 2012. Community Care Statistics 2010-11：Social Services Activity Report，England，London，Health and Social Care Information Centre.

[78] STATISTICS，O. F. N. 2011. Trends in life expectancy by the National Statistics Socio-economic Classification 1982 - 2006 London，ONS.

[79] STEWART，A. 2012. From family to personal responsibility：the challenges

[80] for care of the elderly in England. Journal of Social Welfare and Family Law，34，179-196.

[81] THE CENTRE FOR SOCIAL JUSTICE. 2012. Transforming social care for the poorest older people，London，The Centre for Social Justice.

[82] THE CENTRE FOR SOCIAL JUSTICE. 2013. Why the Dilnot social care reforms miss the point [Online]. Available：http：//www.centreforsocialjustice.org.uk/ [Accessed 30 August 2014].

[83] The INFORMATION CENTRE FOR HEALTH AND SOCIAL CARE. 2010. "Surveys of Carers in Households 2009/10." [Online] Available http：/ww.ic.nhs. uk/ webfiles/publications/009_Social_Care/carersurvey0910/Survey_of_Carers _in _ Households_2009_10_England_NS_Status_v1_0a.pdf Accessed 17 October 2012].

[84] TOWNSEND，P. 1962. The Last Refuge，London，Routledge and Kegan Paul.

[85] URSELL，F. 2011. "Care home funding：what to expect and what to do." Nursing &Residential Care，13（2）：94-96.

[86] WALKER，A.（ed）（1982）Community Care，Oxford，Blackwell

[87] WOOD，C. 2010. "Personal budgets will revolutionise social care delivery，but only if local authorites are fully prepared..." Personal best. London，Demos.

[88] WOOLHAM, J. & BENTON, C. 2012. The Costs and Benefits of Personal Budgets for Older People: Evidence from a Single Local Authority. British Journal of Social Work, 43, 1472 - 1491.

[89] WRIGHT, F., TINKER, A., MAYAGOITIA, R., HANSON, J., WOJGANI, H. & HOLMANS, A. 2010. What Is the 'Extra' in Extra Care Housing? British Journal of Social Work, 40, 2239 - 2254.

第五章

英国的养老服务人员

　　英国由英格兰、威尔士、苏格兰和北爱尔兰组成，各地区都有独立的权力，其社会照料立法也不相同。本报告所用数据和资料主要适用于英格兰地区。然而，在有些情况下相关信息也适用于其他英国地区，届时本报告会进行说明。在英格兰，社会照料工作的立法和证书适用于所有需要个人照料的人群，因此一些研究没有区分为老年人提供照料的服务和为年轻人提供照料的服务。而且，在某些情况下，研究者只能获得那些得到资助的受照料人口的数据。此外，许多对正式和非正式护理员的统计也不区分护理对象的年龄（这意味着年老和年轻的残疾人都会包含在内）。然而，既有信息显示：为各个年龄段提供服务的护理员往往有相似的人口统计特征。

一、英国人口老龄化和社会照料体系的概况

　　在英国，老年人（Older People/ Elders）一般是指 65 岁及以上的人。

（一）英国人口老龄化的状况

和世界其他地方一样，英国的人口老龄化问题也是由于生育率降低和寿命延长两个因素叠加造成的。生育率下降现象是伴随着经济和社会发展出现的。在英国，这一现象始于19世纪初，那时平均每个妇女生育5个孩子。到了20世纪30年代，降至每个妇女平均生育1.8个孩子。二战后有短暂的"婴儿潮"，之后生育率又回到1.8的水平。而正常人口更替率是2.1。在生育率下降的同时，人均预期寿命在整个20世纪稳步提高，65岁男性的预期寿命延长了6年（达到16年）；65岁女性的预期寿命延长了8年（达到19年）。当然，预期寿命是受社会和经济地位影响的。在英国，不同社会阶层之间的预期寿命有很大的差距。例如，生活在伦敦和谢菲尔德市富裕地区的人均寿命比那些生活在贫困地区的人要高出约10年。

目前，英国65岁及以上人口所占比例略低于17%（ONS，2011），而中国同一年龄段人口所占比例是9%，日本是25%。在欧洲，一些国家65岁及以上人口占比高于英国，如德国是21%、瑞典是18%、意大利是20%。健康预期寿命（HLE）在欧洲国家之间也有很大差距。例如，在欧盟国家，爱沙尼亚65岁男性和女性的健康预期寿命都只有2年，而丹麦65岁男性的健康预期寿命为14年。

最需要社会照料服务的群体是85岁及以上的老年人，这一人群只占人口总数的2.2%。但值得注意的是，这一人群增长是最快的，1983年以来人数已经翻番。

（二）英格兰社会照料体系的结构

根据是否社会化，照料服务可分为正式照料（Formal Care）和非正式照料（Informal Care）。前者是指由相关组织提供的、收费的照料服务，后者通常指由朋友或亲戚对需要照顾的老年人提供的照顾和护理。虽然非正式照料人员不属于领薪的护理人员，但是如果符合特定的收入和护理角色标准，可以从国家领取照料者津贴。根据服务提供组织的属性，正式照料服务提供者又可分为地方政府的照料服务（Local Authority Care Services）、非营利照料服务提供者（Not for Profit Care Provider）和私立照料服务提供者（Private Care Providers）。

在英格兰，地方政府的照料服务是由地方政府直接提供的服务，这部分只占老年人全部照料服务的 7%。由于 20 世纪 80 年代开始实行服务购买方和提供方分离，现在地方政府主要扮演委托人的角色，向营利或非营利服务提供者支付费用，购买老年照料服务。非营利照料服务是由不以营利为目的的慈善组织提供的照料服务，他们的资金或来自地方政府，或来自使用者个人付费。在英国的老年人照料服务提供者中，只有 10% 属于这一类。私立照料服务提供者是以营利为目的提供服务组织，经费主要依靠地方政府资助或不属于政府资助范围的老年人自付费用。英格兰老年人社会照料大约有 4/5 是由私立照料服务提供者提供的（而在 20 世纪 70 年代，公立照料服务机构所占的比例也是 4/5）。

根据服务对象的自主性，英格兰老年照料可分为社区照料和机构照料两大类。

在英格兰，社区照料主要包括居家照料（Domiciliary Care）、日间照料（Day Care Services）和庇护住宅（Sheltered Housing）及额外照料住房（Extra Care Housing）。

其中，居家照料是在护理对象家中提供的正式照料。日间照料服务的定义很广泛，但大体上指在老年人家庭以外的建筑物中提供的各项活动和服务，包括休闲活动、金融咨询、理发和饮食，一般不包括比较个人化的照料。在许多情况下，老年人接受日间照料服务的同时也接受居家照料或机构照料；有时日间照料是为了让非正式护理人员能有一段喘息的时间（Age UK，2011a）。虽然日间照料中心的工作人员和其他护理老年人的工作人员在法律上得到同等保护，但他们通常不承担个人照料或医疗服务责任，因此通常不纳入照料质量委员会（Care Quality Commission）的监管范围（参见下文）。

庇护住宅涵盖很多种为老年人提供服务的住所，提供的支持服务各有不同。此类住所多数都是专门为老年人建立的，由一个管理员负责管理公寓并应对突发情况（有些会组织一些社会活动）。其中，在额外照料住房（Extra Care Housing），照料人员 24 小时随叫随到，同时提供膳食和辅助设施（DoH，2003）。

在英格兰，照料机构（Care Home Sector）是指养老院（Residential Care Home）和护理院（Nursing Home）。前者是为需要一定程度的个人照料（不一定是医疗护理）的老年人提供住宿的机构。后者是为长期患病的老年人提供住宿和照料服务的机构，依据英国法律，这些老年人除了得到一般护理人员的照料外，还必须有符合资质的医务人员全时值班服务（RNHA，2012）。

（三）英格兰社会照料的法律体系

本报告所涉及的主要法律有五项，分别是《照料和支持法（草案）》，这是基于《我们未来的照料：照料和支持改革白皮书（2012 年）》这一咨询报告产生的由于尚未得到王室批准，因此严格上讲它还不是一项法律；《照料质量委员会（注册）规章（2009 年）》；《健康和社会照料法（2008 年）（受管制活动）规章（2010 年）》；《健康和社会照料法（2012 年）》和《弱势群体保护法（2006 年）》（根据 2012 年《自由保护法》进行了修订）。

2010 年选举产生的联合政府正试图修改照料相关的法律。与老年人照料密切相关的是 2012 年 3 月 27 日获得王室批准的《健康和社会照料法（2012）》以及正在起草阶段的《照料和支持法案（2012）》。这两项主要法案与既有立法一起，构成本报告讨论的重点。

目前，政府正急于让非正式照料网络发挥更大作用，扩展慈善原则，确保公民不要误认为所有社会照料服务的筹资都是国家责任（DoH，2010）。据估计，在 200 万 65 岁以上有照料需要的老年人中，大约只有

60% 获得国家提供的正式支持，一旦政府削减这方面的支出，这一比例可能进一步下降（Age UK，2011，第 5 页）。近年来，更令人关注的是，地方政府收紧资格标准，例如在 2005/6 年度，被确定为有"中等照料需要"的老年人中，有约半数有资格获得国家适当资助的服务，但到 2011/12 年度，这一比例已下降至 18%（ADASS Survey，2011，引自 Age UK，2011，第 6 页）。据了解，2014 年老年人社会照料资金按不变价格计算要少于 2004 年，而事实上，老年人中需要照料的比例仍在继续上升（Age UK，2011）。由于照料标准的提升，入住养老院的老人或被认定仅达到"中等照料需要"的老年人被告知他们不再有资格享受日间照料中心的相关服务。前一种情况中，机构养老者被拒绝的理由是他们已经在养老院服务方面享受了政府资助。后一种情况中，中等照料需要者被拒绝的理由是为了降低日间照料中心的费用支出（UNISON and Needham，2012）。此外，接受日间照料的老年人，也可能因为日间照料中心的撤并，不得不走更远的路才能到达照料中心（Age UK，2011a）。在很多地区，自费接受日间照料服务的老年人数量在增加，这种做法一定程度上弥补了地方政府在这方面的经费缺口（UNISON and Needham，2012）。

英国政府的总体目标是从机构养老向居家养老转变（参见《照料和支持法（草案）2012 年》）。政府的构想是发展基于社区的养老服务，符合政府资助条件的老年人可以获得一笔个人预算，用来依据自身需要选择并定制照料服务。最近十余年，重点发展在独立环境中的照料服务已经成为一个政治议题。例如，上届工党政府资助建设针对老年人的额外照料住房。这种能够提供额外支持的住所一般被视作养老院的替代品，是提供高强度照料的护理院的反例（DoH，2005）。本届政府将继续发展加护老年公寓（参见《照料和支持法（草案）》（2012））。地方政府也被鼓励将社会照料服务委托给非政府机构（参见国家市场发展论坛，即 NMDF，2010a），据称这样做会提高护理质量、增加选择性和降低费用。

涉及老年照料服务的主要立法有《健康和社会照料法（2008 年）》（受

管制活动）规章（2010年）》和《照料质量委员会（注册）规章（2009）》。此外，《欧洲人权法》保护服务需求者的个人权利，《平等法（2010）》规定所有机构需要评估所提供服务对老年人的影响。在服务对象不能自主做出决定时，服务提供者还需要进一步遵守《人权法案（1998）》《精神健康法案（1983）》及《心智能力法案（2005）》。英国还有很多协会来代表服务对象的利益，主要有注册护理院协会、英格兰社区服务协会、全国照料协会和全国照料论坛。类似 Age UK 的非政府组织游说政府，努力影响老年照料相关法律的制定。

（四）英格兰社会照料的监管

照料质量委员会（Care Quality Commission，CQC）是英格兰地区医院和社会照料服务质量的监管者。它于 2009 年 4 月开始运行，是英格兰对成年人社会照料服务实施独立监管的机构，其主要作用是确保上述法律得到遵守。所有社会照料服务提供者在开展有关健康或老年人照料的有偿工作时，无论是在老年人家中还是在照料机构中，都必须事先在该委员会注册。非正式照料者提供的服务不在监管范围之内，因此免除注册义务（CQC，2010，第 7 页）。自愿从事社会照料服务的人员需要接受与其角色相称的培训（Skills for Care，2011）。照料质量委员会的监管覆盖 16 个主要地区，其主要目的是对老年照料服务提供者进行常规检查，确保他们遵守上述法律。照料质量委员会有权起诉未注册的养老服务提供者和那些不守法者，有权在民事和刑事法院对有关案件提起诉讼，并有权对相关提供者处以罚款或勒令其停业（CQC，2012a）。

总之，照料质量委员会（CQC）（2010）必须确保照料服务提供者遵守《健康和社会照料法（2008 年）（受管制活动）规章（2010 年）》。该《规章》规定照料质量委员会（CQC）负责监管 28 项内容，下面所列是与老年照料工作人员密切相关的项目：①尊重并请服务对象参与有关其照料的决定（第 17 条）；②确保服务对象同意接受所提供的照料和治疗（第

18 条）；③如果适用，应确保服务对象理解所有收费内容（第 19 条）；④确保服务对象得到恰当的照料服务，确保福利的标准化和对服务对象人身安全危害的最小化（第 9 条）；⑤确保服务对象的营养需要得到满足（第 14 条）；⑥与其他服务提供者合作，确保服务对象的需要得到满足（第 24 条）；⑦保护服务对象不受到虐待（第 11 条）；⑧保持清洁卫生和有效控制传染病（第 12 条）；⑨有效管理药品（第 13 条）；⑩确保居住环境的安全和方便（第 15 条）；⑪设备、器材的安全可及和适用（第 16 条）；⑫工作人员符合相关要求（第 21 条，此项内容在下文将进一步讨论）；⑬确保有足够数量的且适当受训、有技能、有经验的工作人员（第 22 条）；⑭确保员工能够获得学习和支持计划，鼓励他们参加专业培训，以更好地履职（第 23 条）；⑮服务提供者必须确保持续不断地对所提供服务的质量进行评估和监督，并在照料质量委员会（CQC）提出要求时提交相关书面报告（第 10 条）；⑯建立可靠的投诉程序，便于识别、接收、处理和回复（第 19 条）；⑰管理者和服务提供者必须接受常规的、适用性的培训（第 7 条）；⑱服务提供者必须确保在财力上能够满足运行标准（第 13 条）。

照料质量委员会（CQC）通过检查对老年照料服务提供者的服务标准进行评估，并确保评估结果向公众公布。检查时不会事先通知，这样能促使服务提供者保持服务水准，另外在接到投诉时还要对相关服务进行评估（CQC，2012）。很容易查看一个机构是否在照料质量委员（CQC）注册、他们最新的检查报告及其日期、总的评级以及是否遵守政府政策。照料质量委员（CQC）还进一步鼓励公众与照料质量委员会建立联系，举报任何服务提供者未能达到法律规定的标准、需要照料质量委员会进行调查的问题（CQC，2012）。2012 年检查结果发现，在被检查的为成年人服务的照料提供者中，72% 达到或超过了政府设定的最低标准；在未达标的提供者中，1% 需要立即采取整改措施（CQC，2012c）。委员会已经设定了与质量检查相关的若干指标，其目标是 100% 达标，当然这仍未实现（CQC，

2012）。《我们未来的照料：照料和支持改革白皮书（2012年）》使得监督过程变得更容易。现在所有注册的养老院和养老服务提供者在英国国民健康服务（NHS）网站上都有质量评价介绍，其内容包括总体介绍和照料质量委员会（CQC）检查评估结果。

二、英格兰确保老年照料人员素质的法规措施

英格兰已经立法保证为老年人提供最低标准的照料，无论他们住在自己家里还是在养老机构。关于从事特定任务的护理人员最低年龄的立法措施也已出台，规定21岁以下的人不得负责管理养老机构，从事护理工作的员工必须年满18岁。

（一）人员素质的最低标准

《照料标准法（2000）》的第23（1）条规定了国家最低标准。对于老年照料工作，特别规定员工和管理者必须是有能力且训练有素的。法律明确规定，在任何时间，养老机构都应当确保至少有一半以上的在岗人员（永久的或派遣的）是经过完整培训的（即有相应的证书）。它还规定所有新入职者都要经过适当的培训。需要说明的是，在护理院计算人员占比时，合格员工不包括合格的医护人员（DoH，2002）。这些最低标准随后已得到发展，照料质量委员会（CQC）负责确保员工符合这些标准。

最初，照料质量委员会（CQC）（2012）只负责监管养老机构的服务，但随着其他照料环境中玩忽职守和虐待行为的不断曝光，现在，照料质量委员会（CQC）对所有养老服务提供者都进行检查。在社区接受照料的老年人可能留在家里，或搬入最能满足他们需要的改造过的住所或庇护住宅。法律更关心提供照料的类型，而不是提供照料的场所，所以本报告中提到的居家照料包括住在各种类型住房中的老人。如上所述，有关法律一般不

适用于日间照料中心的员工，因为他们一般不提供个人照料或健康服务（CQC，2010）。

《健康和社会照料法（2008年）（受管制活动）规章（2010年）》的第21条列出了所有照料提供者在雇佣护理人员时必须考虑的主要条件。这条规定既适用于养老机构也适用于居家养老服务。服务提供者的职责主要有四条。一是经过有效的招聘程序，以确保所招录的人员品行良好，有执行工作必需的资格、技能和经验，且在身体和心理上都适合这份工作。二是确保本规章第3项所列的从事受管制活动人员所需接受检查的各项信息及其他适用信息都是可得的。三是确保录用的从事受管制活动的雇员都按照法定要求在与其所从事工作相关的或与其所使用头衔相关的机构注册。四是在雇员不再适合从事受管制活动时，能够及时告知相应的专业机构，例如，如果该雇员是医疗专业人员，要向监管医疗专业人员的机构通报；如果该雇员是在社会服务综合委员会（General Social Care Council）注册的社会工作者，则要向该委员会报告。

如上所述，现行《健康和社会照料法（2012）》保留了照料质量委员会（CQC），并通过建立一个"健康观察"（Healthwatch）机构以及规范发布照料服务提供者的标准以确保更大的问责性和可视性从而提高透明度。到2013年，相关的照料提供者将允许客户提供反馈和投诉，并要详细公布已经进行的员工培训情况。《我们未来的照料：照料和支持改革白皮书（2012）》对"健康观察"（Healthwatch）进行了介绍。它是一个独立组织，将以照料使用者及其家属的体验为中心，将成为一个法定的、CQC所属的委员会，将对照料提供者进行更深层次的详细调查（CQC，2012b）。政府已资助设立了一个举报热线，以便员工、家属、服务对象在发现服务未达标时向CQC投诉（HM Government，2010a）。目前，国家卫生与临床技术优化研究所（NICE）仅对医疗卫生部门提供指导和支持，到2013年，其作用将得到拓展，将和CQC一起对英国社会照料服务提供者进行指导，以确保他们达到当前设定的这些标准。

（二）人员素质的蓝十字标准

如果可以证明员工达到特定标准，护理院可以向注册护理院协会提出申请，授予"蓝十字护理院"的称号。这类护理院必须符合的标准主要有三条。一是确保员工具有执行所有指定任务的资质，同时能够提供全面的服务，并确保听取老年人的意见。二是护理院必须满足 CQC 规定的标准。三是护理院的管理者必须能够证明他们具备必要的技能和经验（RNHA，2012）。

当老年人寻找护理院时，这是一种帮助老年人确定其能够获得最低标准的有效方法。蓝十字护理院很容易识别，且遍布整个英国。

（三）老年照料专业人员的一般性培训

"照料技能"（Skills for Care）是帮助照料者达到上述法律规定技能的主要组织。其主要作用是提供合适的培训，颁发"照料技能证书"。这是一种以操作为基础的资格证明，有 3 个等级，培训课程分为 3 大类。一是专门为新进入照料行业人员设计的培训项目，即"普通入职标准"（Common Induction Standards）课程；二是为在特定领域谋求发展者设计的项目，即"职业技能"（Occupational Competence）课程；三是为在职者提供更专业培训的项目，即"持续职业发展"（Continuous Professional Development）课程。

2011 年，国家职业资格证书（NVQ）培训计划被"照料技能证书"体系所取代，但对于那些在新证书制度实行前就从事照料工作的人来说，NVQ 仍视为有效证书（Skills for Care，2012a）。

如上所述，CQC 没有设置具体的培训要求。一般来说，服务提供者有责任帮助每个员工明确其角色和职责需要哪些培训。下面举例说明不同级别合格员工（非护士）的角色定位。

B2/3 级员工一般取得国家职业资格二级证书或相当于二级。其中，B2 级（辅助工人、家政工、厨师）承担一般性个人照料和清洁、餐饮工作，通常需要承担一般性记录和参与制定照料计划。B3 级员工承担 B2 级员工的职责，但要求更高，以便在没有社区支持者或夜间照料助理指导下也能完成工作。

B4/5 级员工一般取得国家职业资格四级证书或相当于四级。其中，B4 级员工主要承担一般性护理任务，制定活动计划，有一定的督导职能但一般不需要具备管理一个团队的能力，但偶尔会需要扮演一下 B5 级员工的角色，所以一般需要接受与 B5 级员工同水平的培训。B5 级员工承担团队领导或轮班管理职责，负责管理和督导一个支持性团队，并负责为病人或客户制定所有照料计划，承担轮班工作并获得一定的管理授权。

B6/7 级员工一般取得国家职业资格六级证书或相当于六级。其中，B6 级员工掌管日常运营工作，负责分派任务和职责，并协调日常工作，他们管理或指导 B5 级员工，并且代表经理的角色，承担监管和日常审计的职责。B7 级员工是服务领域的经理，对确保整体服务质量、风险管理和有效治理负有领导职责，负责确保信托政策和程序能够有效执行，有关服务目标能够实现。对其服务承担规划和开发职能，并协助董事会达成目标。

实际上每个角色还有更多的要求，以上只是对每类角色和职责类型的概述。

（四）临终照料专业人员的专项培训

养老机构的黄金标准框架始建于 2004 年，是一个为员工量身定制培训的国家项目，旨在提高养老机构中临终老人的护理质量。2010 年，又重新开发了一个等同于黄金标准框架的培训上门护理员的项目，为留在家中的临终老人提供护理服务（The Gold Standards Framework，2012）。

在英格兰，尽管所有主要的照料协会和政策小组都推荐使用这一培训项目，但是临终照料服务提供者并没有法定义务安排员工参加。然而已有超过 2000 家养老机构（超过总数的 10%）参加了此项目，且平均每年还有 200 家获得新认证。人们发现，在采用了黄金标准框架的服务提供组织，员工满意度较高，并且由于降低了医院的住院率而节省了成本（The Gold Standards Framework，2012），这也促使政府开始推动减少不必要住院的措施（DoH，2010）。培训本身是很耗时的，养老机构的员工一般要进行 6～9 个月的初期培训，之后在取得认证前还有最少 3 个月的巩固期，并且，3 年后养老机构将需要重新申请资格认证。与以上讨论的蓝十字标准和 CQC 类似，老年人及其亲属在选择合适的养老机构时，也可以寻求黄金标准标志。

（五）照料人员的普通入职标准（Common Induction Standards）

按照《健康和社会照料法（2008）（受管制活动）规章（2010）》第 3 条的规定，申请人在受雇提供健康和老年社会照料服务之前需要接受必要的检查。CQC（2010）建议所有员工都应得到适当培训，取得与其岗位相符的资格证书，或者录用后要尽早取得。CQC 认为，护理人员应在开始照料工作三个月内接受培训，以确保他们达到规定的最低标准。这就是所谓的普通入职标准（CIS）。CQC 建议新员工在完成适当培训前不要独立工作（Skills for Care，2012）。CQC 还建议所有的护理人员都应有机会取得技能提升的证书；尽管并不是所有护理人员都必须获得证书，但正如上面讨论的，服务提供者必须确保他们有最低数量的合格员工。全国照料论坛（National Care Forum）是一个非营利服务提供者的会员组织，在英格兰和威尔士地区有大约 1500 家养老机构和居家服务组织是其会员。调查发现，大约 2/3 的照料人员取得了全国资格证书（或新证书），在养老机构和居家服务组织中这一比例分别是 69.2% 和 65.1%（National Care Forum，2012）。

如上所述，一旦达到这个最低标准，护理人员将被鼓励通过取得更高级别证书的培训来深化知识，尽管这不是对所有护理人员的强制要求。

（六）照料人员犯罪记录审查

根据《弱势群体保护法（2006 年）》（HM Government，2006）和对其进行修正的《自由保护法（2012）》）的规定，英格兰所有从事个人照料或与健康相关照料活动的人员都必须接受犯罪记录局（Criminal Records Bureau，CRB）的审查，并在独立保护局（Independent Safeguarding Authority，ISA）登记（HM Government，2012 a）。前者将审查员工之前是否有任何的刑事犯罪，后者将评估服务使用者是否有被员工伤害的风险。如果发现风险存在，ISA 有权禁止申请人在此行业就业（ISA，2012）。如果一个员工因让服务对象处于危险之中而被解雇，相关信息将会报给 ISA，以确保日后其他组织进行审查时能够查到这些信息（HM Government，2012a）。从 2012 年 12 月起，CRB 和 ISA 将合并为信息披露和限制服务局（ISA，2012）。CRB 和 ISA 适用于所有需要正式从事健康照料和个人照料的成年人，无论是在社区还是在养老机构中（HM Government，2012a），但并不适用于提供非正式照料的人员。

（七）相关挑战和应对策略

CRB 过程可能有延迟，在此期间潜在的雇员可能会找到其他替代性的就业机会（Rubery et al，2011）。还有一个问题是费用。确保照料人员按照有关法律要求得到适当培训是比较昂贵的，一些服务提供者很难达到这样的要求（参见下文）。在某些情况下，服务提供者可以申请培训资金补贴，但一般认为政府并没有提供足够的资助（The Low Pay Commission，2011）。

三、英国稳定老年照料人员队伍的法规措施

（一）绝大多数照料人员只能得到法律规定的最低工资

在英格兰，老年护理人员的工资因服务提供者类型（如私营、非营利、地方政府）、养老场所类型和地区的不同而有所差异（Skills for Care，2012）。首都伦敦的护理员平均工资高于英国其他地区。许多照料人员的

工资水平是政府设定的国家最低工资标准。目前，21 岁以上员工的最低工资为每人每小时 6.19 英镑，16 ~ 17 岁的为 3.68 英镑，18 ~ 20 岁的为 4.98 英镑（DirectGov，2012）。如果在学徒期，雇员的最低工资标准是每小时 2.65 英镑。Skills for Care（2012）发现工资水平最低的是私营部门，为每小时 6 英镑，志愿部门约为每小时 7.03 英镑，最高的是地方政府设立的机构，每小时为 7.73 元。最新数据表明，全国照料人员工资的中位数为每小时 6.70 英镑（介于 6.18 英镑到 7.50 英镑之间），高级照料人员为每小时 7.18 英镑（介于 6.52 英镑到 8.40 英镑之间），已注册的照料机构管理者大约为每小时 12.00 英镑（社会照料国家最低标准数据，National Minimum Data Set for Social Care，2012，表 18）。

相对于专业要求和与角色相关的责任而言，普通照料或高级照料人员的工资偏低。有些行业工作责任更小、工作时间更灵活，但报酬却和护理行业类似，如零售业（Rubery et al，2011）。低工资委员会（Low Pay Commission，2011）发现，在英国，照料人员属于报酬最低的专业人员，其中，按最低工资标准领取工资的员工比例最大，10% 的员工工资收入低于最低工资。后面这种情况主要发生在居家护理员身上，这是由于工资计时没有充分考虑上门访问路程中所花费的时间，也没有给足实际服务时间。低工资委员会（2011）在报告中指出，由于地方政府资金不足，照料人员的报酬很难提升。随着财政补助资金的进一步减少，照料领域的财务状况将变得更糟，照料人员的报酬还会下降（Age UK，2011）。一些研究表明，照料服务提供者认为改善工作环境、增加加班或夜间轮班的补贴能够增加员工稳定性，也符合员工的利益（Skills for Care，2010）。然而，大多数照料服务提供者并没有给加班或轮班提供更多的加班费（Rubery et al，2011）。

在英格兰，大部分照料人员是劳务派遣工（agency employee）（也就是说，他们没有与服务单位签订永久合同）。最新立法规定，只要已经在一个组织工作 12 周，雇主必须确保派遣工能够获得和合同工同样的基本权利，这样，在节假日、疾病和产假期间就可以获得更好的权益保障（这在下面将有进一步详细讨论）（BIS，2011）。

（二）英格兰最大非营利养老服务组织的工资

Anchor 是英格兰最大的非营利性老年照料服务提供者，在超过 1000 个地方提供居家、养老院和护理院服务。招聘广告发布的护理助理的报酬范围因日班和夜班职责不同，从每小时 6.09 英镑到 7.37 英镑不等，拥有所要求证书的照料人员的小时工资会增加约 25 ~ 30 便士。虽然所有员工入职后都会接受相应的培训，但许多空缺的护理助理职位都要求申请人在入职前有证书和食品卫生资格证书（Anchor，2012）。护理组组长的工资为每小时 7.17 到 9.38 英镑。这个岗位更多的责任是监督员工，确保员工符合照料质量委员会的要求，通常这个岗位要求申请人具备合适的经验和资质（Anchor，2012）。

（三）老年照料从业人员的职业前景

养老机构和居家照料人员的培训计划很相似，这意味着员工们可以在不同类型场所工作，但薪酬和职业前景是不同的。护理助理的职业前景是相当有限的，可以经过培训成为高级护理助理，经过努力也可以成为护理管理者。然而，与整个照料产业规模相比，老年照料的管理岗位是很少的。

（四）老年照料从业人员的非工资待遇

在英格兰，照料人员和其他从业者一样享有法定的就业保护。举例来说，全职员工可以享受的最低保护包括每年 28 天法定假期（兼职员工按相应比例计算）、带薪产假、陪产工资以及在遇到不公平解雇时有权利要求补偿（Citizens Advice Bureau，2012）。

除了最低工资和法定权利，其他福利和费用是由雇主决定的，因此不同组织的情况是不同的，这取决于雇主（Skills for Care，2010）。虽然照料人员没有统一的附加待遇，但一些私人雇主会提供特别的激励，特别是较大的雇主。例如，Anchor，英国最大的非营利服务提供者会为加入私人医疗保健或人寿保险提供 25% 的折扣，还有儿童照顾优惠券（Anchor，2012）。BUPA（2012）是另一家较大的非营利照料服务提供者，也提供类似的福利。研究发现，一些雇主提供很小的激励来稳定员工队伍，例如，生日贺卡、圣诞派对、给有良好健康记录的人发巧克力。虽然这些激励不太值钱，但仍引起了一些变化，增加了员工的满意度（Skills for Care，2010）。

除了以上所谈到的福利之外，老年照料从业人员的福利很少。很多员工说在本行业就业是受内在价值观的驱使，例如，他们相信能够改变他人的生活，或者可以帮助他人（Rubery et al，2011）。虽然有一些雇主会提供免费的制服和就业前审查，但仍有 1/4 的养老机构和不到 1/3 的居家服务从业人员需要自己支付制服和 CRB 审查费用。此外，拥有工会代表的比例也很低，且近 70% 的居家服务从业人员是零小时合同，不保证工作时间和工资（Rubery et al，2011）。

（五）相关挑战和应对策略

关于英格兰照料服务提供者的研究（Rubery et al，2011，第 124 页）发现，超过 3/4 的居家护理服务提供者和大约 1/4 的养老院难以招募到员工，尽管有大约 1/3 的服务提供者表示经济衰退使得招聘变得容易些了。专为老年人提供照料的从业人员的流动率，要高于那些为所有成年人提供照料的从业人员。国家保健论坛（National Care Forum，2012）对其会员的一项调查发现，养老院从业人员的年流动率为 19%（相对而言，为所有成年人服务的供养机构员工流动率为 14.9%）。居家养老服务人员的流动率更高，为 27.7%（相对而言，成年人居家服务人员的流动率为 15.9%）。进一步研究发现，工作 12 个月后大约 1/3 的员工离岗，2 年后超过一半的人离岗（NCF，2012，第 5–6 页）。《照料和支持法草案（2012）》旨在增加各个年龄组的学徒。学徒在从事带薪工作的同时将获得高强度的培训，国家提供培训费用，而雇主提供工资。政府相信提供这种类型的计划将鼓励实习员工留在社会照料队伍中。然而，学徒的国家最低工资设定为每小时 2.65 英镑（DirectGov，2012），低于正式员工的国家最低工资标准。

2007 年，Skills for Care 开发了照料形象大使计划。这是针对护理岗位没有吸引力问题采取的应对措施（Skills for Care，2011）。最初，社会照料员工访问学校和学院推广照料行业，试图吸引年轻人考虑将其作为一个职业选择（Farrell，2011）。现在这种目标对象已经扩展到所有年龄人群。目前，在英格兰大约有 1300 个照料形象大使（Skills for Care，2011）。《照料和支持法草案（2012）》旨在进一步发展这个计划，让大使们在更多地点和场合推广照料服务行业，并争取更高级别的人物作为大使参与到推广活动之中。

四、英国社会照料服务体系及从业人员的基本数据

（一）服务体系的基本情况

按照服务类型划分，英国养老服务体系主要是由机构服务（如护理院和养老院）和社区养老所组成的。后者包括在老年人家中提供的居家照料服务，以及在庇护住宅和额外照料住房中的服务。对于社区养老中的正式照料服务，是在老年人家中还是在外部提供，在很大程度上取决于具体项目设计。

基于养老服务市场调查收集的数据（Laing and Buisson，2011），Age UK（2012）估计英国养老院有 10445 家，护理院有 3836 家；这两类养老机构供养的老年人数量估计为 40.4 万人（Laing and Buisson，2011，引自 Age UK，2012）。据估算，英国享受国家补贴的居家服务的 65 岁以上老年人口是 83.7 万人。如果只考虑与护理相关的服务人口，大约为 53.2 万人。还有 27 万老年人自费购买某种形式的家庭帮助，其中有大约 17 万老人购买某种形式的个人照料服务。因此，在各类居所接受个人照料服务的老年人总数刚刚超过 70 万或占 65 岁以上老年人口的 6.6%。如果将其扩展到所

有照料服务（即协助购物、休闲活动），社会养老服务总人数将超过100万。在2010～2011年间，大约有9.5万65岁以上老人使用了日间照料服务（与2008～2009年间相比，人数减少了近1/5）（National Statistics 2012，第31和第39页）。

社区照料的主体是居家养老，但在英国大约有477526套庇护住宅（Elderly Accommodation Counsel，2012年）及大约55675套辅助生活设施或额外照料住房。后者通常配备24小时员工，并提供照料设施（Elderly Accommodation Counsel，2012）。住在养老机构的老年人年龄特征很明显，75岁以下的老年人中只有10%选择住在养老机构，75～84岁的老年人中24%住在养老机构，85岁以上老年人中则超过43%住在养老机构（National Statistics，2012，第52页）。如上所述，政府致力于增加在自己家中接受照料服务老年人的数量。

从服务组织的性质来看，虽然公共部门一般不直接提供社会照料，但大多数照料服务都是受其委托的（Low Pay Commission，2011），大约70%的养老院或护理院的服务是由地方政府资助的（Gage et al，2009）。65岁以上老年人获得国家补贴居住在养老院及护理院的人数分别是16.7万和7.9万，大约占居住在养老院和护理院老年人口总数的65%（National Statistics，2012，第31页）。与直接承担照料角色相比，地方政府更愿意把照料服务承包给外部的私人公司和非营利部门，主要原因是私人公司和非营利部门成本较低，且地方政府相信通过鼓励竞争可以进一步降低价格（Rubery et al，2011）。有关研究（Laing and Buisson，2007）还发现，私营部门约占照料服务总量的78%，第三部门占14%，国家直接提供的只有8%。

研究发现，2010年养老机构市场整体估价可达140亿英镑，其中私营部门所占份额为99亿英镑，非营利机构占19亿英镑，地方政府占22亿英镑（Laing & Buisson，引自Age UK，2012）。对国家资助水平进行估算是很困难的，因为个人付费因地区和服务类型的差异而有不同（Rubery et al，2011）。

（二）服务体系的变动趋势

在 2004 ～ 2010 年间，机构养老整体上在减少，而居家养老服务提供者数量增加了 3645 个。事实上只是养老院在减少，在同一时期英国有 1610 家养老院倒闭，但在此期间护理院则增加了 210 个（Ursell，2011）。但总的来说，英国养老机构明显减少。

从不同类型服务对象的受助情况来看，国家资助养老服务的重点是社区服务。享受国家资助的老年人，82% 接受的是居家服务和日间照料服务，16% 是养老院服务，7% 是护理院服务（National Statistics，2012，第 32 页，见图 5-1）。当然，从社会养老服务公共支出结构来看，机构养老超过了一半（Age UK，2011，第 7 页）。应该指出的是，这些数据可能没有严格的可比性，因为社区服务既包括一般性的支持，也包括健康和个人照料服务。

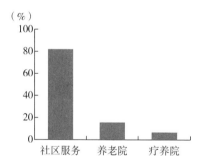

图 5-1　英格兰享受国家补助的老年人接受各类服务的比例（%）

资料来源：National Statistics（2012），第 32 页。

2010 ～ 2011 年，各类养老机构中老年人的数量都有所下降。地方政府运营的养老机构更为明显，人数减少了 11%，私人养老机构只减少了 3%（National Statistics，2012，第 50 页）。地方政府向照料服务提供者支付的费用水平正处于历史低点（NMDF，2010），而在许多情况下独立的服务提供者很难达到收支平衡（NMDF，2010a）。一方面是低水平的付费，另一方面员工权利法案做出的一些新规定（如最低工资、休假权、提高员工最低培训要求等）导致用人成本上升。两者综合作用导致一些养老机构被迫关闭（Gage et al，2009）。对英国养老服务提供者的调查（Netten et al，2003；Ruberyet al，2011，第10页）发现，关闭的养老机构中有3/4是由于地方政府资金不足。受影响最明显的是中小型的服务提供者，因为他们不太可能从地方政府得到大规模资金。更突出的困难在于服务提供者只能就短期合同进行投标，或者对于较小服务提供者来说投标成本太高或合同太大（NMDF，2010a）。日间照料中心也面临一些问题，超过一半由于资金不足而关闭，未关闭的也不得不减少服务。研究发现，英国日间照料中心的关闭对老年人的影响尤其不利（UNISON and Needham，2012，第3页）。矛盾之处在于，地方政府在寻找投资重点时往往认为员工培训水平是一项重要的效果指标，但却没有提供充足的资金以使服务提供者能达到这个要求（Rubery et al，2011）。正如以上所强调的，联合政府旨在促使社区照料成为一种常态，并且认为自主性是节省成本和提高生活质量的关键。在这种背景下，对养老机构投入下降的趋势可能会一直持续。

关于居家养老，联合政府正致力于给符合条件的老年人提供个人预算账户，由老年人自主决定这笔资金的用途。其初衷是使老年人对照料服务有更多的选择权和责任心（HM Government，2012）。但是也有观点认为个人预算账户中的资金额度不足以满足老年人的需要，此外，目前老年人还不能用这些钱支付养老院的服务（Age UK，2011）。如果个人预算账户成为常态，现有的养老服务体系结构将发生改变。例如，与居家养老相比，养老院已被列为较不受欢迎的类型（Wood，2010）。此外，研究发现那些有个人预算账户的老人在日间照料中心活动上花钱较少，而更多地花费在一般性的休闲活动上（Wood，2010）。

（三）从业人员与老年人配比的数据

英国没有关于养老服务人员与老年人配置比例的标准，但在《健康和社会照料法（2008年）（受管制活动）规章（2010年）》和照料质量委员会（CQC）的规定中都明确要求：为了维护服务使用者的健康、安全和福利，注册人必须采取适当的步骤，确保在任何时候有足够数量的、资质合格、有技术和有经验的从业人员，开展受管制的活动（regulated activity）。

照料质量委员会（CQC，2010）的主要规定是，员工数量要充分满足上述质量和基本安全标准；反过来，这将受到在院老人要求的照料水平和持续时间的影响。同时，有关准则规定服务提供者必须坚持确保合格员工不低于 50% 的比例。这些准则适用于养老院、护理院和居家养老服务。

质量监管和改进机构（Regulation for Quality and Improvement Authority，RQIA，2009）估算了北爱尔兰需要的最低员工数量。北爱尔兰是英国的一部分，但获得了下放的权力并在这一领域拥有独立的立法。其内容与英格兰制定的《健康和社会照料法》的原则十分相似。例如，《养老院条例（北爱尔兰 2005）》的第 20（1 a）条款规定，基于养老院的规模、声明的目标和在院老人数量及需要，注册人必须确保在任何时候，在养老院有适当数量、合格的、有能力和有经验的员工在岗，以确保在院老人的健康和福利。

质量监管和改进机构建议，10 ~ 30 张床位的养老院应该有 3 ~ 4 名员工，41 ~ 50 张床位的应该有 4 ~ 5 名员工，51 ~ 60 张床位的应该有 5 ~ 6 名员工。同时规定，白天经理应该全天在岗，高峰时段（如用餐时间）工作人员应该相应增加。此外，RQIA 还规定，有更高护理需求的人必须得到更多的支持。

2001 年，英国卫生部委托 Netten 等对若干家养老机构的调查显示，尽管人员配置水平上略有差别，但养老院（residential home）员工与老人的平均配置比例为 1:9，护理院（nursing home）员工与老人的平均配置比例为 1:6。如前所述，按照法规，护理院必须有合格护士全天值班。

照料质量委员会（CQC，2012c）的检查发现：14% 的护理院、10% 的养老院以及 5% 的居家服务组织都面临人手不足问题。进一步分析发现，护理院遵从最低人员配置标准的比例最低（CQC，2012c）。英国皇家护理学院（The Royal college of Nursing）的报告称所调查的护理院中有一半缺乏合格的员工，护理院中合格员工与老人的平均比例为 1:17（尽管一些报道显示的比例更大）（RCN，2010）。

（四）从业人员及非正式照料人员的基本情况

由于社会照料服务是混合型经济，有众多不同类型，并有大量服务提供者，没有精确的老年照料从业人员的数据（Rubery 等人，2011）。

Skills for Care（2010）汇总了社会照料从业者的综合信息，利用的数据主要来自劳动力调查和社会照料国家最低数据系统（Labour Force Survey and the National Minimum Data Set for Social Care）。这里提供的关于非政府组织的数据包括为残疾成年人和老年人提供的服务，我们找不到专门针对老年照料的数据。地方政府照料从业者的统计是把那些为儿童、年轻人以及老年人服务的人员合并在一起的。在公立机构和独立部门，护理人员主要是女性，其中77%的养老院从业人员为女性，79%的居家服务人员为女性，在护理院女性所占比例略低，为68.7%（Skills for Care，2010，第71页，见图5-2）。这种女性为主的情况适用于各类岗位，包括管理者、初级护理员和高级护理员，更为突出的是在市政当局直接经办机构中90%的员工是女性（但如上所述，其中包括了儿童服务从业人员）。

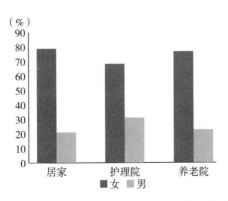

图5-2　不同类型独立照料服务提供者的员工性别分布（%）

资料来源：Skills for Care，2010，第71页。

在护理院里照顾成年人和老人的护理员中，年龄在 25 ~ 54 岁之间的接近 70%，其中 25 ～ 34 岁的占 20%，35 ～ 44 岁的占 24%，45 ～ 54 岁的占 25%。而 25 岁以下的只占 11%，55 ～ 64 岁的占 17%（由于已经超过了国家法定退休年龄，65 岁以上员工只有 4%，Skills for Care，2010，第 77 页）。养老院护理员的相关数据大概一致，25 岁以下的比例仍然是 11%，25 ～ 34 岁的为 19%，35 ～ 44 岁的为 22%，45 ～ 54 岁的为 25%，55 ～ 64 岁的为 18%，超过退休年龄的为 4%。居家护理员的年龄范围与养老机构护理员非常相似。护理行业员工的平均年龄刚刚超过 40 岁（见图 5-3），而高级护理员的平均年龄是 42.9 岁，机构管理人员是 47.5 岁（Skills for Care，2010，第 76 页）。高级护理员和机构管理人员的平均年龄略高，鉴于这些角色往往更多由有经验的员工充当，这一结论并不出人意料（Skills for Care，2010，第 76 页）。有关市政当局直接经办机构从业人员的年龄，目前没有可用数据。

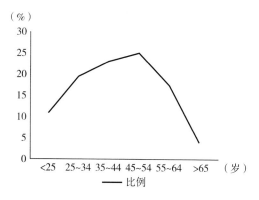

图 5-3　非公部门员工年龄分布

资料来源：Skills for Care，2010，76–77 页。

英国大约有 20% 的护理员（这是指在所有行业和所有年龄组的护理员）是非英国公民（在伦敦这一比例已升至 34%）。雇主们认为这一比例是偏高的，他们在努力招聘英国本土员工。在当前经济低迷阶段，这种趋势可能开始转向（Skills for Care，2010）。

非正式照料队伍的规模庞大。据估计，英格兰大约有 5346325 人（超过人口的 10%）提供非正式的、无偿的照料服务（Carers UK，2011，第 11 页）。大约 15% 照料人员的年龄超过 65 岁（AgeUK，2012）。250 万（大约是非正式照料人员总数的一半）为 75 岁以上的人提供照料服务（健康和社会照料信息中心，The Information Centre for Health and Social Care，2010）。非正式照料人员的综合数据难以显示其服务对象的年龄，所以本节给出了所有非正式照料人员的总体人口学特征。非正式照料人员往往年纪较大，例如 42% 的非正式照料人员年龄为 45～64 岁，相比之下，16～34 岁年龄组的只占 13%（健康和社会保健信息中心，The Information Centre for Health and Social Care，2010），65 岁以上人口占所有非正式照料人员的 1/4。利用家庭情况综合调查数据（只覆盖英格兰样本人口，总数大约 10000 人），个人社会服务研究小组（Personal Social Services Research Unit，PSSRU，2008）对为老年父母提供超过 20 个小时服务的子女进行了分析。其研究结果与照料人员整体情况大体一致，16～29 岁的子女占比不到 2%，35～64 岁的占 64.69%，30～44 岁的占 24.32%。受访的非正式人员中，31.9% 是男性，68.1% 是女性（PSSRU，2008，第 5 页）。

五、总结

19 世纪 80 年代，撒切尔政府出于意识形态的考虑开始推行社会照料的私有化改革。多年来，英国的社会照料体系一直处于变革之中。改革以来，地方当局所扮演的公共部门的角色一直局限于委托和支付社会服务。持续 20 多年的争论一直集中在筹资问题上，直到最近，照料质量问题才开始涌现。如果不密切关注从业人员队伍的质量，包括其工资和工作条件，照料质量问题就难以解决。

（执笔：Sarah Alden　Alan Walker）

参考文献

[1] Age UK（2011）．"Care in Crisis：Causes and Solutions." Retrieved 06 October 2012，from http：//www.ageuk.org.uk/Documents/EN-GB /Campaigns/Care%20in%20Crisis%20-%20FINAL.pdf?dtrk=true.

[2] Anchor（2012）．"Anchor Home Page." Retrieved 13 October 2012，from http：//www.anchor.org.uk/Pages/home.aspx.

[3] BUPA（2012）．"BUPA Home Page." Retrieved 13 October 2012，，from http：//www.bupa.co.uk/.

[4] Care Quality Commission（2010）．Guidance about compliance Essential standards of quality and safety. London，Care Quality Commission

[5] Care Quality Commission（2012）．"Care Quality Commission." Retrieved 05 October 2012，from http：//www.cqc.org.uk/search-criteria/ care-homes.

[6] Care Quality Commission（2012a）．Enforcement Policy. London，Care Quality Commission

[7] Care Quality Commission（2012b）．The Next Phase：Our Consultation on our Strategy for 2013 to 2016. Newcastle Upon Tyne，Care Quality Commission.

[8] Care Quality Commission（2012c）．Market Report Issue 1：June 2012. London，Care Quality Commission.

[9] Care Work Stability Centre（2012）'Present state of care work：2011/12 care work survey'.http：//www.kaigo-center.or.jp/report/pdf/ h23_roudou _genjyou_r1.pdf.（29 October 2012）

[10] Carers UK（2011）．Valuing Carers 2011 Calculating the value of carers' support. London，Carers UK.

[11] Citizens Advice Bureau（2012）．"Advice Guide：Basic Rights at Work." Retrieved 11 October 2012，from http：//www.adviceguide.org.uk /england/work_e/work_rights_at_work.

[12] Department for Business, I. a. S. （2011）. Agency Worker Regulations. London, Department for Business, Innovation and Skills

[13] Department of Health （2002）. Care Homes for Older People National Minimum Standards. D. o. Health. London, The stationary office.

[14] Department of Health （2003）. Extra Care Housing for Older People: An Introduction for Commissioners. D. o. Health. London, Department of Health.

[15] Department of Health （2005）. Independence, Well-Being and Choice. Our Vision for the Future of Social Care for Adults in England. The Stationary Office, Norwich.

[16] Department of Health （2010）. A Vision for Adult Social Care: Capable Communities and Active Citizens. D. o. Health. London, Crown Copyright.

[17] DirectGov （2012）. "The National Minimum Wage Rates." Retrieved 04 October 2012, from http: //www.direct.gov.uk/en/Employment/Employees / TheNationalMinimumWage/DG_10027201.

[18] Elderly Accommodation Counsel （2012）. "Statistics on specialist housing provision for older people in England." Retrieved 08 October 2012, from http: //www.housingcare.org/ downloads/eac%20stats%20on% 20housing%20for%20older%20people%20February%20 2012.pdf.

[19] Equality and Human Rights Commission （2011）. An inquiry into older people and human rights in home care. Manchester, Equality and Human Rights Commission.

[20] Examining Committee on Future Care Manpower Training （2011） 'Report on future care manpower training' http: //www.mhlw.go.jp/stf/houdou/ 2r98520000011uv3-att/2r98520000011uwt.pdf. （29 October 2012）

[21] Examining Committee on Future Care Manpower Training （2011） 'Report on future care manpower training'. http: //www.mhlw.go.jp/stf/houdou/ 2r98520000011uv3-att/2r98520000011uwt.pdf. （29 October 2012）

[22] Examining Committee on Future Care Manpower Training （2011） 'Report on future care manpower training' .http: //www.mhlw.go.jp/stf/houdou /2r98520000011uv3-

att/2r98520000011uwt.pdf.（29 October 2012）

[23] Farrell, Z.（2011）. "Care Ambassadors help recruit young people into care." Nursing & Residential Care, 13（6）: 262.

[24] Gage, H., W. Knibb, et al.（2009）. "Why are some care homes better than others? An empirical study of the factors associated with quality of care for older people in residential homes in Surrey, England." Health and Social Care in the Community 17（6）: 599–609.

[25] Gekkan kaigo hoken（Monthly long-term care insurance）（2012）October No. 200, p18–19.

[26] HM Government（2010）. "The Equality Act." Retrieved 13 October 2012, from http://www.legislation.gov.uk/ukpga/2010/15/contents.

[27] HM Government（2012）. Caring for our future: reforming care and support. London, The stationary office.

[28] HM Government（2012a）. "Changes to disclosure and barring: What you need to know." Retrieved 08 October 2012, from http://www.isa. homeoffice.gov.uk/PDF/DBS%20Summer%202012%20English%20leaflet%20web%20ready.pdf.

[29] Independent Safeguarding Authority（2012）. "Disclosure and Barring Service." Retrieved 08 October 2012, from http://www.isa.homeoffice. gov.uk/Default. aspx?page=2.

[30] Low Pay Commission（2011）. National Minimum Wage. London, The Stationary Office.

[31] National Care Forum（2012）. "A Survey of NCF Member Organisations." Retrieved 09 October 2012, from http://www.nationalcareforum.org.uk/ content/NCF%20Personnel%20Statistics%20Report%202012.pdf.

[32] National Market Development Forum（2010a）. Building Constructive Market Relations. London, National Market Development Forum.

[33] National Minimum Data Set for Social Care（2012）. "National Key Statistics：

Table 18." Retrieved 12 October 2012, from https: //www.nmds−sc−online.org.uk/research/researchdocs.aspx?id=9

[34] National Statistics (2012). Community Care Statistics 2010−11: Social Services Activity Report, England. London, Health and Social Care Information Centre.

[35] Netten, A., A. Bebbington, et al. (2001). "Care Homes for Older People VOLUME 1 FACILITIES, RESIDENTS AND COSTS." Retrieved 11 October 2012, from http: //www.pssru.ac.uk/pdf/chop1.pdf.

[36] Office for National Statistics (2011). "2011 Census − Population and Household Estimates for England and Wales, March 2011." Retrieved 08 October 2012, from http: //www.ons.gov.uk/ons/.

[37] Personal Social Services Research Unit (2008). Informal Care for Older People Provided by Their Adult Children: Projections of Supply and Demand to 2041 in England. London, PSSRU.

[38] RCN (2010). Care Homes under Pressure − An England Report. London, Royal College of Nursing.

[39] Regulation and Quality Improvement Authority (2009). "Staffing Guidance for Residential Care Homes." Retrieved 11 October 2012, from http: //www.rqia.org.uk/cms_resources/Staffing20Guidelines%20for%20Residential%20Care%20Homes.pdf.

[40] RNHA (2012). "Registered Nursing Home Association." Retrieved 17 October 2012, from http: //www.rnha.co.uk/general.php?r=MANKY421443.

[41] Rubery, J., G. Hebson, et al. (2011). "The Recruitment and Retention of a Care Workforce for Older People." Retrieved 11 October 2012, from http: //www.kcl.ac.uk/sspp/departments/sshm/scwru/dhinitiative/projects/scwri−execsum.pdf.

[42] Secretary of State for Health (2012). Draft Care and Support Bill. London, The Stationary Office.

[43] Skills for Care (2011). I care: adult social care workforce recruitment and retention strategy. Leeds, Skills for Care.

[44] Skills for Care（2012）．"Key National Statistics Report "．Retrieved 09 October 2012，from http：//www.nmds-sc-online.org.uk/research/ research docs.aspx?id=9.

[45] Skills for Care（2012a）．"Qualifications and Training."Retrieved 04 October 2012，from http：//www.skillsforcare.org.uk/qualifications _and_training/ dultsocialcarequalifications/continuing_professional_development.aspx.

[46] The Gold Standards Framework（2012）．"GSF Website."Retrieved 05 October 2012，from http：//www.goldstandardsframework.org.uk/.

[47] The Information Centre for Health and Social Care（2010）．"Surveys of Carers in Households 2009/10."Retrieved 08 October 2012，from http：//www.ic.nhs. uk/webfiles/publications/009_Social_Care/carersurvey0910/Survey_of_Carers_in_ Households_2009_10_England_NS_Status_v1_0a.pdf.

[48] UNIISON and C. Needham（2012）．"What is happening to Day Care Services? Voices from Frontline Staff."Retrieved 13 October 2012，from http：//www.unison.org. uk/acrobat/A14463.pdf.

[49] Ursell，F.（2011）．"Care home funding：what to expect and what to do." Nursing & Residential Care，13（2）：94-96.

[50] Wood，C.（2010）．"Personal budgets will revolutionise social care delivery，but only if local authorites are fully prepared..."Personal best. London，Demos.

第六章

瑞典的老龄化与老年照料
——历史、行政、政治和金融

摘要

历史回顾表明，瑞典现代福利制度源远流长。在战后，老年人支出——包括养老金、住房补贴、机构和社区照料——始终保持增长趋势，直到20世纪90年代出现停滞。此后由于服务覆盖范围的缩减，来自家庭的照料和支持呈现增长趋势，各种服务也开始规范起来。比如，在目标人群识别、服务多样化和服务供给等方面效率更高，意味着通过家庭和国家的共同努力，老年人获得的服务一直保持在合理水平。此外，各种市场选择也日益增多。

本报告的目的是梳理目前瑞典的老年照料模式，这既需要采取历史的视角，也需要了解影响照料需求以及公共服务和家庭照料提供方式的人口、社会和经济因素。即使在国家福利制度下，家庭和亲属照料也是非常重要的。为明确起见，文中在不同主题下有时会反复陈述事实和观点。同时，我们也会进行一些国际对比，从而为瑞典的数据和结论提供相关背景。

一、外国人眼中的瑞典

若要了解瑞典的老年照料——无论是占大多数的以家庭为主的老年照料，还是公共部门提供的老年照料——都需要从历史的角度进行审视。人们(包括瑞典人)通常有一种误解，认为北欧国家的老年服务属于现代创新，甚至说整个福利制度就是一项现代发明。在教科书中，现代瑞典更多地被视作为所有人（而不仅是为富人）创造福利的自由和社会主义运动的近代产品。然而，这不过是政治家和领导人的自我奉承。

最常被引用的一个例子就是 1914 年瑞典引进的养老金制度，但教科书中经常忽略的是，1937 年以前这种制度规模很小并且养老金是基于家计收入调查支付的，1948 年之前人们不可能依靠它维持生计。作为一个先进的现代国家，综合了资本主义和社会主义优势的瑞典在 30 年代就已是一个书本中普遍宣扬的形象，虽然其社会保障和体面服务有时被错误地认为是"社会主义"的。我们认为，对于瑞典来说，"现代"福利这一整体概念在历史上是不明确的。

1600 ~ 1800 年间，对瑞典进行报道的外国人呈现给我们的主要是一个肮脏落后的国家形象，虽然其中一些人已经注意到，瑞典组织有序的政府兵团在很长一段时间内屡次战胜利用不可靠的雇佣军的外国武装力量。此外，他们对瑞典国家和新教教会对人民的近乎完全的联合控制印象也特别深刻。18 世纪，法国人在访问中也注意到，瑞典农民装扮得体，充满了自尊和自信，这与当时贫穷的法国农民完全不同。瑞典农民通常拥有自己的土地，参与地方决策，并且在议会中有自己的代表。国王在与强有力的贵族争斗时通常不得不依靠他们的帮助。多数贵族只拥有很少的土地，不得不作为官员或管理者为国家服务。还有一个不同之处是，瑞典的牧师不得不靠在土地上劳作来维持生计。

早在 1904 ~ 1906 年间，瑞典接待了一位来自中国的重要客人——逃亡的变法家康有为。在瑞典的两年间，他参观了斯德哥尔摩的工厂、学校、工人阶级家庭、监狱和一所养老院（实际上是一所济贫院）。使他深受触动的是，这里有整洁的房间和良好的秩序，还有温暖美味的一日三餐：他在日记中写道"在中国，即使富人也没有生活得这么好"，但他同时也感觉到瑞典人忽视了家庭中的老年人。半个世纪之后，来自日本京都的高山岩男教授参观了瑞典并赞扬了这里的服务和养老制度（延雪平大学邮报，1952 年 8 月 26 日；《静冈新闻》，1952 年 9 月）。

不过，这些人士参观过的场所很快就受到当局的谴责，被拆除或重建。一幅当时康有为参观过的济贫院的照片表明，有 16 个女性居住在同一间宿舍。1952 年高山岩男看到的养老院是两个人一个房间，并且房门太窄，轮椅难以通过，洗手间也在走廊里。在当时这些都还属于新建筑，但之后已重建了三次。当时的新入住者只允许带几件家庭合影之类的小物品，除此之外不能再带其他更有实质意义的东西，室内装修如同寄宿学校。几十年之后，这一点也得到了改善。

在审视现代瑞典的过程中很容易忽视的是，其"现代"福利制度的根源在于老旧的结构和传统。现在是以过去为基础的。现代瑞典（以及其他北欧国家）的福利如果没有当代的政治雄心和冲突是无法实现的，但如果没有历史的积累也是不可能的。下面将要论及的一个主题就是地方差异性：每一个北欧国家内部，公共服务的差异都大于这些国家彼此之间的差异。人们往往倾向于认为其他国家和文化与本国相同，而且时间和空间上隔得越远就越是如此。

二、历史根源

北欧国家在中世纪早期的公元 1100 ～ 1200 年间受罗马天主教教会管辖，教会建立了管理制度并沿用至今。当时国力微弱，需要有制度和受过良好教育的管理者来治理。只有教会可以在其教育系统和国际网络的基础上提供法律制度方面的经验。由于北欧国家（挪威、瑞典－芬兰、丹麦）规模小且重要性低（16世纪，瑞典有75万居民，英国有320万居民，西班牙有接近800万居民）。教区管理者对自身事务比大陆教区拥有更多的自治权。济贫是天主教的职责之一，推选出的教区成员在常规会议上做出决定。北欧国家的教区征税为本区贫困者而征并且用于本区贫困者。事实上依照法律他们必须这样做，冰岛早在1281年这么做了，瑞典则于1571年开始这么做。

这就加强了早已存在的本地自治传统，也帮助建立了一种承诺：通过本地征税和采取标准化的本地集体决策来解决"社会"问题。这种历史传统至今仍然存在，并对今天福利制度的成败具有重要影响。由于生活标准和生产力水平的提高，如今这一事务的规模已大大增加。因此，包括瑞典在内的北欧国家，早在"现代"福利制度开始之前就已经拥有了关于保护包括老年人在内的贫、病、弱群体的系统性法规。

瑞典通过2500个教区实现治理，包括土地登记和土地税、法律和秩序、政府征兵、健康和卫生制度等。例如，瑞典是第一个在19世纪早期就开始普遍接种天花疫苗的国家，接种工作由牧师或教会执事承担。北欧国家的一个特点是宗教生活与世俗管理的深度融合。事实上，直到2000年，当教会与国家最终分离之前，保持人口记录始终是瑞典本地教区办公室的一项职责。

在16世纪进行的宗教改革运动中，国家接管了教会控制权并引进了基督教新教，但是教区继续照料贫困者，只是资金减少了。中央政府不时提醒他们履行这一义务，控制教区的主教在定期巡查时也不时予以提醒。在宗教改革运动中，国家拿走了教会的大部分财产，但是将教育、监督和信徒登记的权利委托给教会。即使在瑞典国内旅行也需出示护照。

17世纪开始要求教区重新组织扶贫计划并建造济贫院，但教区并不总是服从命令，甚至直接抗命。尽管命令一直被反复强调，但是1829年的一项政府调查表明，即使在中央指令发出 200 多年之后，仍有许多教区不予执行。事实上，直到 20 世纪初，仍有 1/10 的教区没有执行命令。

这就使得有必要将对贫困者的义务规定得更加明确，因为教区往往在针对特定人员或家庭的责任方面互相推诿。1788 年，中央对地方责任做出了明确规定：每个人在其教区（后来的城市）内均应拥有"居住证"（Home Right）（hemortsrätt，类似于中国的户口），教区有法定义务为其提供居住证。60 岁以后"居住证"不得再改变，除非是再婚的寡妇。若在本教区之外的地点接受帮助，那么提供帮助的教区会向居住证所在教区开出账单以收回成本。

为了控制本地管理权和应对本地异议者，瑞典在 17 世纪设立了行政法院（瑞典、芬兰和德国独有），人们可以向行政法院投诉本地政府税收之类的决策，原则上无须交纳诉讼费。18 世纪的一些法庭案例（以及之后日益增多的案例）表明，穷人从拒绝为其提供帮助的本地决策者那里讨回了公道。诉讼制度帮助地方政府了解如何解读法律，明晰了社会服务领域的模糊之处。

民众一直在地方层面进行组织以解决其共同需求。国家（nation state）的概念和程序需要更长的时间才开始被人们所理解，在瑞典也是如此，而真正的"国家主义"（nationalism）在 19 世纪之前还不为人知。"上层"征收的各种税费和其他负担在历史上遭受到各种形式的反对，人们期望至少部分本地诉求能得到上层的理解。最后一起反抗政府的叛乱发生在 1743 年，来到首都的许多抗议者被军方屠杀。

诸如 1808 ~ 1809 年在与俄国的战争中失败并失去芬兰这样的国家灾难，动摇了国家基础并引发了改革。19 世纪瑞典和平地剥夺了贵族特权，消除了地方贸易障碍并倡导自由贸易。国家通过与私营部门联合，提高了农业水平，制定了现代商业法并形成了银行体系（当地的小型储蓄银行是重要组成部分），对高等教育进行了现代化改革并提高了普及率。19 世纪 60 年代建立了全国铁路系统，其中大部分是与私营部门和外国资本合资建设的。1869 年 10 月中国皇家代表团访问瑞典时乘坐了已近完工的铁路系统，团长是大使志刚和大使孙家谷（当代瑞典实录描述；该代表团早期活动见于张德彝日志）。他们的访问正赶上瑞典的一个关键时期：1862 年地理意义上的教区转变成了同等数量的非宗教城市（宗教意义上的教区仍予保留并由国家控制）。

第一次世界大战以前和大战期间出现了大规模动荡和绝食抗议，直到 30 年代，瑞典出现的示威次数都居于世界首位。雇主与工会之间达成重大协议之后，抗议示威几乎消失了。之所以出现这种相对和平的局面，不是因为工人阶级变弱了，而是开始变得更强大且更有组织性了。从历史的角度看，这种变化大多属于偶发事件，但集合在一起却形成了今天的瑞典：依靠变革，而不是革命。变化通常是在与各种利益团体沟通协商后逐步完成的。比如说，人们期望关于老年照料改革的新方向是通过"涓流"效应[①]发挥作用，某些情况下可以辅以财务激励（见下文）。

土地和人口记录对于税收和一些其他事项来说都属于重要数据。早在 17 世纪瑞典就建立了高效的邮政和马车系统，每 10 ~ 20 公里就建有一处驿站。教会在教授信徒阅读方面取得了成功，1842 年设立小学制度之前，许多人已经学会了阅读。新教教会（Protestant church）希望人们可以直接与上帝交流，因此需要自己阅读《圣经》，能否书写则不那么重要。参加教会礼拜是法定义务，新法规和法律、政府新闻报道、失踪以及通缉人口布告等都在教堂内大声宣读。由于贫穷以及对政府控制人民生活不满等原因，19 世纪出现了大量移民现象（约有 20% 的瑞典人口移居海外）。

在历次战争中，农场需要由农民的妻子来照管，因此，妇女的地位相

---

① 涓滴效应又译作利益均沾论等，指在经济发展过程中并不给予贫困阶层、弱势群体或贫困地区特别的优待，而是由优先发展起来的群体或地区通过消费、就业等方面惠及贫困阶层或地区，带动其发展和富裕，或认为政府财政津贴可经过大企业再陆续流入小企业和消费者之手，从而更好地促进经济增长的理论——译者注。

对较高。据估计，17 ~ 18 世纪，瑞典有 1/3 的成年男子死于战争。这一时期瑞典社会的一个重要特征是具有很高的社会流动性。这为有能力的和勤劳的人提供了机会。近代以前，瑞典始终是一个农村为主的社会（rural society）：1900 年多数（90%）瑞典人仍然居住在乡村地区，20 世纪 40 年代这一比例仍然保持在 50%（目前达到 5%）。许多行业（采矿业、炼铁厂、锯木厂）都处于农村地区，因此，没有创造出大规模的城市无产阶级。瑞典是世界上城市化最快的国家，这也使得住房条件和社会状况在 20 世纪早期成为严重问题。

完全依赖亲属往往缺乏保障，因此 19 世纪和 20 世纪早期许多人组织了互助团体。其中一个典型例证是地方性的自愿医疗保险（voluntary health insurances），直到 1953 年才被国家正式接管并成为强制义务。私人部门和公共部门逐渐重叠、彼此渗透，是北欧社会福利改革的常见措施。一些大型组织的作用也非常重要，比如禁酒运动（酗酒在 19 世纪是一个严重问题）、仍在维护失业者权益的劳工运动、宣扬不同意见的宗教和政治运动，以及各种自助团体如消费者协会，这些共同造就了今天的瑞典社会。

法律和秩序不只是对社会贫穷问题产生作用。总体来说，瑞典人在不得不面对官僚体制时，希望政府可以采取中立和客观的态度，依法办事，虽然瑞典管理机构的法律条文及官僚作风与其他国家相比已经很好了。

近代之前，瑞典的文化相对较为同质。但是目前，由于战后大规模移民，20% 的瑞典人是出生在国外的（65 岁或以上人口中有 12%）。虽然瑞典曾经——现在仍然——是一个阶级社会，不过，北欧国家的社会分歧要小于封建大陆的社会分歧。在人口开始快速增长之前，多数农场规模都很小，多数农民拥有土地。不同的社会阶级都向议会输送代表，国王往往不得不倾听民众诉愿。社会各阶级之间一定的平衡促进了妥协和谈判，这是瑞典关于公共事务决策方面的一个基本特征。

三、瑞典老龄化过程和老年照料需求概述

1749 年，瑞典完成了首次完整和可靠的人口数据收集，发现由于战争、农业欠收、流行病等原因，本国仅有 180 万居民。当时 65 岁及以上的老年人占 6%。之后人口的快速增长造成许多人因没有土地而成为无产阶级，特别是在 19 世纪。1900 年瑞典老年人口比例达到 8%，是当时世界上最"老"的国家。今天（2013 年）瑞典 970 万人口中 19.4% 为 65 岁及以上老年人，5.2% 为 80 岁及以上老人。

近百年来瑞典出现的一个主要问题是出生率大幅下降，老年人口迅速增长，1914 年瑞典成为首先推出几乎人人可以享有养老金计划的国家之一。但如前所述，该计划规模很小且是需要经过家庭经济状况调查的。住房和收入是老年人的主要需求，这也反映了瑞典社会当时的总体情况。政府调查展示许多老年人和青年人生活状况基本或毫无保障。

另一方面，随着人口快速增长，单身人口比例日益增加，尽管有大量移民，年轻成年人仍难以成家自立。移民的男性多于女性，造成性别严重失衡。许多人年龄很大才结婚，也有许多人根本就不结婚。当时的基本观念是——现在也依然如此——只有当你可以不依靠父母做到独立支撑一个家庭并且拥有自己的住房时才可以结婚。瑞典崇尚职业道德精神，这一点如今仍然盛行。

1749 年瑞典约有 5% 的男性（50 岁及以上）和 9% 的女性单身（无婚史）。20 世纪 20 年代，12% 的男性和 19% 的女性在接近老龄时仍然单身，许多人没有家庭，这一人口特征当然是康有为当时不可能知晓的（见上文）。济贫院和养老院中单身人口居多，他们是首先享受延续至今的社会服务的群体。1960 年，瑞典仍有 20% 的老年妇女是单身；2013 年则为 7%。1970 年 24% 的老年人无子女，今天降到"只有" 12%，但与中国相比仍然很高（约为 4%）。

与以往相比，更多的老年人拥有伴侣和依然在世的子女，可以和家人住在一起并得到照料。1945 年 35% 的老年人独自生活，到了 80 年代这一比例逐渐上升到 40%，之后则开始下降，如今（2012 年）又回落到 35%。与南欧国家（如西班牙）相比，这一比例是他们的两倍。虽然过去有多个子女的家庭比现在多，但大多数家庭都还是属于小家庭。今天多数家庭有 2 ~ 3 个孩子，只有 1 个孩子的家庭很少。家庭成员更多意味着需要时可以有更大的机会得到帮助。表 6-1 列举了老年人的照料需求和接受方式，包括正式和非正式途径。拥有更多家庭联系也意味着必须提供支持：调查表明，大约 20% 的成年人（包括老年人）在为生病、年老或残疾的家庭成员提供照料（见下表）。

表 6-1　　　1954 ~ 2009 年瑞典老年人 * 社区照料模式（%）

年份	1954	1975	1988/89	2002/03	2009
需要帮助	42	45	32	25	22
得到非正式老年服务	—	36	23	18	19
–来自家庭	—	—	13	8	8
–来自外部	—	—	12	12	14
正式老年服务	1	17	13	10	9
二者兼有	—	8**	6	6	8

注：* 老年人指在社区居住的 65 岁以上人口，1954 年后规定为 67 岁以上。
** 资料来源：Stockholm: Home Helpandhelp from children 1976/77.

出生率长期下降意味着老年人比例不断增长，虽然不同时期增长率可能略有差异。当前的短暂高峰过后，2020 ~ 2030 年将再次出现老龄化高峰。瑞典规划委员会（Swedish planning commissions）以及其他机构对这一现象进行了多次分析并预测了其对老年人照料成本和服务的影响。事实上，未来老龄化的影响问题很容易被夸大：之前关于灾难降临的预测大部分都被证明是错误的。

如上所示，老龄化既是一种宏观的人口现象，也是每个个体生命过程的转变。这两个角度都值得深入考虑。从个人角度来说，不良居住条件和贫穷使瑞典老年人生活艰难，1954年政府的调查结果仍是如此：老年人通常都居住在破旧的住宅中，只有少数几件现代家具，而且身体状况比较差，包括残疾、脆弱、疾病等。结果是老年人普遍需要帮助，至少需要打扫房间、烹饪和购物等日常生活方面的帮助。

通过1954年、1975年、1988/89年、2002/03年以及之后进行的调查，我们了解到老年人的帮助需求已逐渐开始下降。例如，1988/89年期间，32%的社区老年人需要一次或多次ADL帮助，2002/03年则下降至21%（ADL（Activities of Daily Life）指日常生活活动；本项调查中包括购物、烹饪、清扫、洗衣等工具性需求，以及如厕、洗浴、穿衣、起床等个人护理需求）。这是个好消息，而且如前所述，更多的老年人有伴侣和子女可以提供照料。但与此同时，老年人的数量也开始增加；因此，有照料需求的老年人总数没有发生明显变化，需要个人照料的老年人的比例也一直保持在6%左右。

平均来说，老年人更健康了，且在许多方面变得更积极。多数瑞典人持续工作到60～65岁才退休，更多的老年人在65岁退休以后还继续工作（退休年龄目前改为67岁，今后计划改为69岁）。65～74岁老年人中约有15%（2014年）在工作，通常为兼职，还有更多老年人表示愿意工作。在这些平均数据背后，当然仍存在老龄化和身体机能弱化问题，但这类问题出现得似乎比以前晚。约70%的男性在生命最后阶段将需要照料，相比之下有90%的女性有这种需求，而且需要的照料等级更高、时间也更长。

四、瑞典老年人公共服务的框架及其演变

对于多数老年人来说，养老金是唯一的收入来源，很少有老年人可以从家庭得到财务支持。瑞典的养老金体制非常复杂：国家平均养老金为11300克朗/月，个体之间的差异较大。所有公民都可以得到基本养老金。例如，从未工作过的家庭妇女（如今是一个很小的群体），如果已婚可以

得到 7030 克朗 / 月的养老金，如果未婚则可得到 7881 克朗 / 月的养老金（前提是她在退休年龄之前至少在瑞典生活了 40 年，否则，每少生活一年养老金减少 1/40）。然而，这些数字并不能完全反映老年人的收入，低收入的人通常还可以得到住房津贴，即使他们拥有自己的住房（约一半的人有自己的住房）。

一项研究表明，很少有老年人申请社会福利补贴（social welfare payments）。然而，仍有许多老年人抱怨说他们有时入不敷出，或者宣称日子过得太紧。老年人的养老金收入各不相同，主要取决于工作经历：许多妇女的养老金水平较低，并且过去几年所有退休人员的公共养老金每年减少 2% ~ 3%。20 世纪 90 年代进行的养老金制度政治改革对公共养老金等进行了调整，以反映全国收入水平和生产力水平的变化。

详细内容比较复杂，不过整体情况是新退休群体得到的养老金少于前几代退休人员。改革使得今天的养老金制度更为稳健，而早期的制度被视为过于慷慨。公共养老金是现收现付（pay-as-you-go）（通过税收融资）与累积制（funded payments）的结合。受当前金融危机影响，养老金投资没有获得足够收益。瑞典平均退休年龄与国际相比是较高的（2013 年为 64 岁），而且越来越多的人在 65 岁之后仍在工作。

20 世纪 50 年代以前，公共老年照料还仅限于济贫服务（poor-relief），地方政府和国家都不愿采纳新的政策。直到 1948 年，养老金水平大幅提高、许多城市开始推出住房津贴的时候，老年人仍占济贫服务接受者的大多数。

直到 20 世纪 40 年代，仍旧有很多照料需求较少的老年人由于住房条件太差、没有家庭照料或者过于贫穷而进入养老院，有时是被迫进入。市政机关没收了他们的财产（如果有）以弥补成本。当时的一些照片形象地展示了养老院的条件和入住者的形象——往往没有牙齿，不得不遵守钉在墙上的那些规则。不遵守规则者面临被送往条件更差住所的威胁，多数养老院要求入住者参与劳作，比如劈柴、洗衣和 / 或种田。开始实施养老金制度后，入住者的养老金由市政部门留存，不过有时会给入住者发一些零花钱（该做法在 1948 年停止）。

1918 年颁布的《济贫法》（Poor Law）规定，全额自付费用者也可以入住养老院。到 40 年代，自费者占了入住者总数的 10%，这与其后养老院丑闻的揭发可能相关。1939 年，领取养老金者在社会主义者和共产主义者的倡议下组织了"压力集团"（Pressure Group），努力争取住房津贴、更高的养老金和更好的老年照料，主要是社区照料（今天这些组织都是非政治团体，65 岁以上人口中 40% 是其成员）。他们委托一位知名的左翼作家 Ivar Lo-Johansson（一名贫穷的农场工人之子）和一名摄影师访问了许多养老院和老年人。

1949 年的一系列报道中，Lo-Johansson 在最大的《瑞典周报》（Swedish Weekly）中描述了在养老院的见闻并配以可怕的照片（已结集出版），随后在 1949 年的广播节目中也做了介绍。对于养老院的主要批评是将各种各样的人（甚至包括儿童和残疾人等）混在一起，包括有精神病或严重生理疾病的老年人。人们认为这些人应当去医院或护理院，养老院应当仅收住"正常"的老年人。

那是当时唯一几乎所有人都收听过的全国性广播节目。这次事件作为对市政当局能力的首次严重质疑，导致了一次重大丑闻。公众的关注和这些地方养老院的丑闻，迫使政府不得不启动一个新的老年照料计划，回应了养老金者团体和 Lo-Johansson 提出的"居家照料，不要养老院"（Home-care, not Care-homes）的诉求。在一份政府文件中，这成为官方政策，地方政府逐渐开始推行，但各地进展程度不一（具体如下）。

早期由一些志愿组织提出的关于居家照料的建议和尝试被地方政府忽视，或者被认为有价值但"成本过高""不切实际"。国家和地方政府都认为养老院才是正确的解决方案。然而，丑闻发生后，政府突然就开始宣称社区照料是更人性的，也是照顾老年人最便宜的方式。为社区家庭提供家务和 / 或个人护理的公共服务计划"家庭帮助"（Home Help）成为一种新的养老策略。1950 年，6% 的老年人在养老院生活，1954 年已经有 1%

的老年人开始享受"家庭帮助"，其中贫穷的工人阶级妇女居多。1954年3%的老年人仍然有女佣长住家中，更多的老年人则花钱临时请人提供清扫和洗衣等服务。由于女性劳动力市场的扩大，加上较便宜甚至免费的"家庭帮助"服务的竞争，住家女佣迅速消失了。

这些新方案对于老旧的小城市（如上所述）来说难以实施，因此在1952年的改革中，它们被迫结成大的联合体，70年代的另一场改革中又结成了更大的联合体。原来的2500个小城市最终缩减成290个，居民数量平均为3.3万（4000到50万不等）。尽管中央政府原本希望能够聚集更大的规模，但是此时来自地方的政治阻力太大了，并且地方自主决策权是受到宪法保护的（70年代形成的几个大的联合体后来重新分裂了）。如今芬兰和挪威仍有许多很小的城市，由于地方有良好的合作机制，老年服务管理得很好。

1862年的市政改革（如上所述）也形成了一些地区性的市政单位，基本上是城市联合体，称为"大区"（landsting）。它们提供医院服务（躯体和心理治疗）和基本医疗服务，配备内科医生和片区护士（district nurses）（也叫上门服务护士（visiting nurse），20世纪20年代开始出现）。

虽然20世纪50年代和60年代重新强调了社区照料，但由实力雄厚、野心勃勃的城市和大区为有少量照料需求的老年人创立的各种类型的照料机构也在扩张。当时，机构照料往往是居住条件差并且/或者没有（得不到）家庭照料的工薪阶层老人的另一种选择。

今天的机构照料主要是为那些寻求护理和照料（nursing care）的老人提供的，而不是为寻找住所（housing）的人提供的。养老院类型不同也往往意味着老年人健康状况恶化后就不得不搬家。20世纪70年代有许多居民只在冬天才居住在养老院里，在停车场停一辆小汽车，到了麋鹿狩猎季节就离开。一些观察者认为，地方政府成立养老机构是为了表明他们确实在做事。因为养老院——而不是"家庭帮助"——更容易被人"看见"，并能够显示其政治抱负。

五、瑞典养老制度的法律基础

当前，医疗保健和社会服务系统的法律基础是 20 世纪 80 年代初确立的。根据《健康与医疗保健法案》(The Health and Medical Services Act)(1983 年)，立法的目的是实现良好的健康状况，并按照平等原则，使每个人都能公平获得基于自身需求的健康服务。

《社会服务法案》(The Social Services Act) (1982 年) 规定，市政机关有确保本市所有居民获得所需的支持和帮助的终极责任。同时，《社会服务法案》强调，个人拥有在生命任何阶段接受公共服务和帮助的权利。

表 6-2 中的数据表明，服务的发展并不均衡。这些只是全国平均数据，地方之间无论是过去还是现在都存在明显的差异。这些数据包括了经过需求评估后提供的社会照料和社会服务的总和。然而，有一些跨界的项目难以明确界定，比如所谓的退休者公寓（pensioner-apartments）、55 岁以上老人的私人住宅（private residences for the 55+）以及类似场所。这些项目并不影响整体状况，但具有社会意义，因此在下面列举了出来。

表 6-2　　　　　1950 ~ 2013 年瑞典老年人公共服务的发展（%）

年份	1950	1975	2013
机构照料	5 ~ 6	9	5
"家庭帮助"	0	16	9
除"家庭帮助"以外的其他社区服务	0	0	8 ~ 9*

注：* 根据地方数据预测。

可能还需要加入以下这些社会服务的估计，其中有些时候是基于需求评估的（20 世纪 50 年代绝大多数的住房需求），有些时候不需要需求评估，通常会使用排队系统（trygghetsboende）或者在没有明确的社会立法依据时采取特别的解决方式：

① 1950 年数据中，加入 5% 的所谓的退休者公寓，通常在中央政府补贴下建设，但运营资金由市政部门负责（见 SOU 1956：1）。

② 1975 年数据中，加入 5% 的各种类型的退休者公寓和服务型公寓（service apartments），由市政部门建设，但中央政府为运营费用提供部分补贴（SOU 1977：99）。

③ 2013 年数据中，加入服务型公寓、市属高龄者住房（municipal senior housing（trygghetsboende））以及私人高龄者住房公寓（55 岁以上者住房）（private senior housing apartments（"55+"–units）），其中，有一些是有中央政府补贴的（Socialstyrelsen 2013）。

从后来者的角度看，20 世纪 70 和 80 年代出现了对机构照料和"家庭帮助"的"过度消费"。许多人连续多年使用这些通常免费或价格极其低廉的服务。60 年代由政府发布的一幅照片展示了一个显然有行为能力的男人站在一边观看他的"家庭助手"（Home Helper）（当时属于一种新型服务）替他浇花。家庭助手还负责煮饭、烘烤面包和饼干、擦洗玻璃窗、遛狗，甚至某些特殊情况下还可以为奶牛挤牛奶。在那个时代，市政社会服务部门有时没有固定的预算，或多或少可以自由地自主决定如何花费纳税人的钱。战后经济增长和大幅增加的本地税收收入（20 世纪 40 年代为 6%，70 年代为 20%，80 年代为 30%，当前为 31%）使得地方政府有了可自由支配的资金。

思考这个问题时我们需要记住的是，70 年代仍有许多老年人的居住水平是低于标准的，没有任何送餐服务，并且与今天相比，性别角色也更为僵化。仔细研究 1954 和 1978/79 年斯德哥尔摩针对老年人的一份调查问卷可以发现，1954 年成年已婚男子完全（或几乎）不做任何家务，但这一点在 25 年后得到了改善。最近的一项研究发现，老年男性和女性往往平等地互相提供照顾。

上述平均覆盖率数据表明，1975 年之后在服务覆盖方面出现了全国性的统一和缩减。然而，不论是在服务数量还是在质量方面，从过去直到现在，不同地方之间一直存在较大差异。"家庭帮助"数量在不同地方之间的差异可以由老年人独居状况的差异来解释：65 岁以上人口平均有 35% 独居，但不同地方差别较大，从 40%（大城市）到 26%（小城市）不等。由于社会服务主要是独居者使用，因此独居者分布的区域差异也对社会服务的利用造成了影响。根据《瑞典民事法》（Swedish Civil Law）和社会立法，公民只能期望从配偶处获得家庭支持，并且从官方的角度看，这还并不包括"繁重"的个人照料需求。子女提供家庭支持的义务是在 1956 年和《济贫法》一起被取消的。

上述关于服务缩减方面的数字必须放在相关背景下来考虑。20 世纪 70 年代之后，多数城市创立了之前并不存在的其他服务，比如说交通服务、送餐服务、警报系统等。许多人使用一种或多种此类服务（但不使用"家庭帮助"），如果将这些其他类服务计算在内，总体覆盖率仍与 70 年代基本相当，但选择更多了，如表 6-2 所示。

六、社区照料改革

20 世纪 70 ~ 80 年代对护理院的批评日益增多，因为那里往往两个、四个甚至六个人长时间同时居住在同一个房间，许多人受慢性病困扰，但在这些不适宜且过度医疗化的环境中却几乎得不到任何干预。

这一阶段约有一半的老年人机构照料服务是由护理院和长期照料诊所（long-term care clinics）提供的。20 世纪 80 年代，政府制定了一项新的策略以改革瑞典的养老制度。医疗保健和社会服务划分给两家不同的机构，目的是使划分之后的责任更加明确。地区性医疗保健提供者（"大区"）负责提供医疗保健服务，包括护理院和家庭护理（home nursing），而"家庭帮助"等社会服务则由市政府运营。

职能划分造成了很多问题，如老年照料服务的不同参与方之间合作不畅，筹资和政治责任划分方面也存在分歧，资源无法得到有效利用，日常照料工作出现问题，等等。几乎老年照料领域出现的每一个问题都是因职能划分而起，老年人最终夹在双方之间被互相推诿的现象十分常见。

最终决定是老年照料的所有责任——包括家庭照料——都由一个层面的政府即市政府来承担。1990 年，议会颁布了一项新的老年照料政策——《社区照料改革》（Community Care Reform），并于 1992 年开始施行。

①提供各种类型的机构照料和其他老年照料是市政府的法定责任。原则上，不同类型的机构照料之间的区别已消失。

②市政府的另一个法定责任是为享受机构照料的老年人提供健康保健服务。通过与"大区"达成的协议，市政府还可以承担家庭护理照料责任。然而，提供健康保健的责任中并不包括由医生提供的医疗服务。

③重要的是，市政府的责任包括为患有急性身体疾病的患者提供出院后的照料。这使得市政府有很强的经济激励将患者"带回家"并为其提供居家照料或机构照料。

④市政部门还有责任提供辅助器具。

当然，责任的增加意味着市政府成本的上升。经过复杂的谈判，区域性医疗保健提供者（"大区"）一次性向市政部门转入 200 亿瑞典克朗作为补偿。中央政府还为改善机构照料提供了更为积极的支持，在五年时间内总共提供了 30 亿瑞典克朗作为专项激励资金，用于提高老年人和残疾人机构照料的服务质量。事实上也有很多关于年轻残疾人的重要改革，本报告只讨论老年人及其服务。

迄今为止，这项改革是将医疗保健与社会服务进行整合的主要手段，为市政府提高老年照料的质量和效率提供了经济上和制度上的支持。从技术层面看，改革是建立在法律责任和经济激励上的。

新的法律要求市政府负责所有老年人服务和照料的筹资、组织和提供。然而，法律并未对服务水平做出明确规定，比如说每 100 名老年人拥有的床位数（目前每个老人都有自己的房间）。该法律是一种"法律框架"（frame law），有很大的解读空间。

这项改革实际上是责任和资源从区域性的"大区"到市政府的广泛分

权。市政府相对于中央政府的自治意味着有290个不同"版本"的改革（瑞典市政府的数量）。分散化的一个缺点是不同地区的服务水平和质量存在巨大差异。事实上，改革进一步强化了原本就存在的差异化趋势。

"社区照料"改革的一个即时效应是医院床位数迅速减少，原因是市政府有经济动力提供出院后照料，解决了医院"压床"（bed-blockers）的老问题。如前所述，90年代及之后某些服务出现缩减现象，这与老年人身体功能的改善是同步发生的。

在"家庭帮助"服务中，20世纪80～90年代形成了一种新观念，开始强调员工不应当"接管"（take over）服务对象仍具备的能力。任何他们能够自己做的事情，只要时间允许，都应当加以保护和训练，尽管实际情况是并不能保证总有时间这样做。当时的流行语包括融入社会、常态化、参与和独立。有时候，这种做法也会被过度宣扬。2006年8月被广泛报道的一个案例是，一个90岁的老太太因为屡次申请入住一家养老院被拒而溺水自杀。原因是当地执行严格的"就地养老"政策，市政府的需求评估结果表明，她的健康状况过于良好，不符合入住养老院的条件。事故发生后，该市社会服务局局长被解雇。更近的一个案例是，一位老妇在需求评估员走后跳下阳台自杀，原因是她感觉评估员不会同意她的请求。

批评者认为，自治概念和"就地养老"原则有时会掩盖地方政府的消极被动，作为其不照料老年人、为省钱而让老人生活在困苦之中的借口。另一方面，一些老年人错误地认为，只要在养老院内有一席之地就会获得社交生活、治愈孤单。国家政策和立法与地方诉求之间的紧张关系持续存在。比如说，按规定老年人居室内的房门不得上锁。然而，一种常见的做法是老年痴呆病房的房门是用密码锁上的，密码（充其量）就贴在旁边的墙上。这是为了防止老年痴呆患者"走失"，但却是违法的。依照官方规定，养老院应当有足够的员工负责监护每一个入住者。

有些家属会迁怒于员工，因为他们把入住者锁在房内，另外一些亲属则会因入住者失踪而发怒。根据瑞典文化，自由和自治非常重要，似乎许多家庭愿意接受与自由相伴的风险，如跌倒（每年冬天都有痴呆老年人冻死在户外）。保护和安全措施是要付出代价的。同样，在瑞典很少见到失去吃喝能力的老年人被手工喂食的现象。通常这时家人会接受现实，认为其生命已接近终点，但有时个别家庭并不理解或者拒绝接受。

随着体弱和痴呆老年人数量的增加，出现的另一个问题是一些地区养老院员工比率过低（尤其是在夜间），因此不能为老年人提供官方公布的照料计划中的全部服务，这也是许多老年人及其家人抱怨的地方。新规定（2015年）强制要求地方政府增加员工数量，但这一规定遭到了地方政府的强烈反对，原因是地方政府认为这一规定使得他们不得不增加税收（这在政治上是不受欢迎的）或者减少其他服务。

近年来出现了一个有趣的趋势，对私人退休住宅（private retirement housing）的需求增长了。私人退休住宅是一种特殊公寓，一般要求55岁以上居民才可居住（通常由业主自发组成合作社）。这是喜欢这种生活方式并有支付能力人士的一种选择，但通常只有那些此前拥有自己房屋的人才负担得起。业主去世后，继承人可以卖掉公寓。值得注意的是，这些房屋是私有的，不属于养老院。这些公寓也可以经过改造以适应身体虚弱者的需要，但是很少提供服务或者根本不提供。像所有在社区生活的人一样，居住在私人退休住宅的老人仍有权利选择"家庭帮助"。约有2%的瑞典老人居住在这种住宅中，其需求是很强烈的。

值得一提的是，一些瑞典老人永久或暂时居住在南欧，目前主要是在西班牙。约有1/10的瑞典老人在农村拥有和使用第二套住宅，这些住宅通常缺乏便利设施。原因是近年来很多瑞典人从农村移居到城市，但还想继续保留自己的"根"。

同时还有一些其他类型的私人服务，其中最值得关注的是私营的商业化家政服务。2007年新税法规定，每个人都有权利购买补贴性的服务，包括帮忙清扫房屋、购物、清洗和"结友"（befriend）服务，有10%（2012年）的老年人使用这些服务。当然，这类私营化服务对于亲属为老年人提供照料具有明显的且日益增长的重要性。确实，当我们谈到"家庭"时，主要是指提供更多照料的配偶（男性和女性）及女儿。儿子也会提供协助，但往往都是更为实际的帮助（如下所述）。

服务覆盖率随时间有所变化，"家庭帮助"的覆盖率在 20 世纪 80 ~ 90 年代有所下降，2000 ~ 2009 年又出现上升。目前，老年人及其家人最担忧的是服务质量，特别是缺乏机构照料。如今接受机构照料的老人身体都非常虚弱，往往在入院时就已经出现痴呆；约有 2/3 的入住者都处于这种困境。20 世纪 90 年代，一种针对痴呆老人的特殊机构——"团体之家"（"Group Home"，其他国家如日本也建有类似机构）逐步建立，有些是新建的，有些是将之前的养老院改建而成的，不过大多数老年痴呆患者仍然居住在"普通"的养老院内。包括老年痴呆患者日间照料中心之类的其他项目也在逐步建成，但质量似乎参差不齐。

将今天的"家庭帮助"与 20 世纪 70 年代的"家庭帮助"进行比较会有误导性。今天的用户每天可以获得多次帮助，包括晚上、夜间和周末，这些都是几十年前无法享受到的。不过，如今"家庭帮助"正在试图尽量减少家政类服务（代之以提供送餐等服务）并集中提供个人照料。平均来说，客户每月使用约 22 小时的服务，但其分布具有偏性。多数用户获得的服务很少，但有 23% 的用户每月使用 50 小时及以上的服务。实践中这些通常是思维敏捷但非常虚弱且通常有能为其主张权利的家人的少数群体。

对用户进行纵向队列研究发现，获得支持的总量（包括"家庭帮助"服务及家人照料）通常随需求增长而增长。然而，多数用户在还没接受到非常多的社区照料之前就死亡或是被送进了养老院。据估计，约 2/3 的养老院入住者在住进养老院之前接受过家庭帮助。需要重点提到的是，（通常）针对老年人的所有社会服务是由同一需求评估员（也就是"守门员"）处理的（如下所述）。

调查表明，需求评估越来越严格，市政部门倾向于对法律进行重新解读。根据《社会服务法案》，若用户"无法通过其他途径满足需求"时市政部门应当提供服务，"其他途径"包括有另一名家人可给予帮助等（对98% 的瑞典老年人来说，另一名家人指的是配偶 / 伴侣）。这种情形有时指的是有家人住在附近，或者有足够的金钱购买服务，但这种认定并没有足够的法律支持。法律禁止市政部门让用户等候接受机构照料或其他服务。一旦用户提出申请必须马上处理并做出决定。这是为了避免服务滥用；任何时候都应当让有最大需求的人首先获得养老院的房间。有些市政府甚至会保留一些空房间，这可能是件好事：因为当老年人知道一旦自己需要就可以随时得到房间时，就敢尽可能地待在自己家里。

医疗保健服务可以在初级卫生保健中心（PHC）获得。初级卫生保健中心有些是公立的，有些是私立的（见下文）。"大区"负责监管由医生、护士、职业治疗师和物理治疗师等为包括老年人在内的所有人提供的医疗保健服务。然而，初级卫生保健中心一直存在缺少医生的问题，对市政部门提供长期照料服务造成负面影响。养老院没有医生，但是初级卫生保健中心的医生会定期探视那些接受机构照料的老人，或者有紧急情况时也会提供上门服务。最终目标是要让入住者在同一个地方生活和死亡，因为在医院死去往往既没有医疗意义，也会对患者造成压力。如前所述，养老院入住者通常都有慢性病症（如老年痴呆）；而有急性医疗问题的老年人往往仍住在社区，但是会频繁使用医疗服务。

前面提到的社区照料改革（Community Care Reform）使瑞典的市政府接管了家庭护理服务 / 家庭医疗服务，目的是试图使社会服务与医疗保健整合起来，并能够符合各地的不同需求。最近，一个地方性项目的运行结果表明整合了医生家访的家庭护理服务取得了巨大成功，减少了许多"不必要"的医院就诊。令人遗憾的是，在大多数城市还没有实行这种方式。此外，也有以医院为基础设立的家庭护理机构，通常专门提供缓解病痛服务、家庭康复服务、癌症病人居家照料等。家庭康复服务也可以（在组织形式上）依托初级卫生保健中心或"家庭帮助"服务。但是，老年人和他们的照料者往往认为这些服务过于分散且不易获得。另一个问题就是请医生做家访存在困难。事实上，在多数针对老年人的市政服务中，护士是起核心作用的，往往承担着很多其他国家只有医生才能做的工作。

医疗保健服务与社会照料服务之间的整合问题是瑞典老年人照料长期存在的问题。2010 年，政府推动了一项旨在改善有复杂健康问题和严重照料需求老年人状况的项目。这些老年人通常年纪都很大，有严重残疾，同时需要医疗保健与社会服务，而且通常是全天候的，服务需求的波动很大，需要很多药物，并且在获得公共服务方面存在困难，因此需要依赖于家庭。项目的目标是减少这类老人在危急状况下进入医院的次数。结论是，初级卫生保健在识别和服务有复杂健康需求的老年人方面，需要更好地与社会照料服务合作。这种整合应该在更早的阶段开始，包括在出院时做出更好的安排。由于很多年老体弱的人都高度依赖家人，因此也应提供对家人的支持。

七、政府、市场和非政府组织之间的关系以及瑞典老年服务的演变

如上所述，瑞典的行政管理结构简单，除负责社会服务、小学和其他地方性事务的 290 个市政府外，还有 21 个"大区"负责提供医疗保健服务。地方税的 1/3（也就是个人收入的 10% 左右）用于支付给"大区"，个人收入的 20% 上交给市政府。每四年瑞典人推选政党作为市政府、"大区"和议会代表。因此，市政府和"大区"由本地选举并提供资金，大部分收入税在本地征收和使用。只有高收入者才支付国家累进税。平均来说，瑞典人 54% 的收入用于纳税，包括（国家）消费税（通常 25%）、汽车税、酒精和烟草税等。

与地方政府相比，中央政府（national government）相对较弱，其延伸机构（long arm of the government）——县（län，相当于中国的省）和县长

及其规模很小的办公室无力监督其辖区内的所有市政府。县（län）与大区（landsting）的范围并不总是一致。为了解决老年照料方面的一些问题，2013 年成立了一家全国机构用于监督瑞典的医疗保健和社会服务。

市政税取决于当地居民的富裕程度，因此，各市税收总额差别较大。市政税会根据一个综合考虑了人口、人口密度、外国出生居民人口比重、冬季平均气温等因素的复杂公式进行重新分配，以帮助那些较穷的地区。市政府接受的中央政府资金仅可用于特定用途，作为推动特定项目的激励手段，如 60 年代的"家庭帮助"计划（如下）和 90 年代的机构照料（如上）。总体上，市政府必须对税收的支出进行监管。市民可能并不是很理解这种做法的意义，但也许正是由于有这种自我监管机制，瑞典在 2008 年以来的金融危机中遇到的问题比其他国家更少。这种简单的、部分程度上自我监管的预算系统原则上阻止了过度支出现象的广泛出现（虽然有时也出现过）。

不管是过去还是现在，地方政府（市政府和"大区"）与中央政府之间从某种程度上看始终是一种协商关系：中央与地方之间的冲突是瑞典历史的一部分，欧洲其他国家也是如此。如前所述，17 世纪为了应对对地方政府的普遍不满，创立了与民事和刑事法庭系统并行的行政法庭系统，其作用是监督本地行政管理机关的权力。每年的确有几千人对有关老年照料方面的决定提出申诉；但每年有关公共服务的决定至少达到 30 万件。申诉主要是由于 "家庭帮助"或机构照料的申请被拒绝。申诉数量之所以较低，可能是由于客户认为自己没有理由获得他们没能得到的东西，也表明大多数决定都是能够被用户接受的。

从国际视角来看，北欧城市在行政管理和财政事务中享有高度自治权。社区事务的管理一直以来都是透明的，所有会议和记录都是公开的（1762 年立法正式通过）。虽然除了认为有必要对政策敏感问题进行辩论之外，几乎没有人愿意花时间来参加会议。只有保密的军事文件以及社会保障、医疗保健和社会服务客户个人的记录才向公众保密。例如，个人收入和缴税记录是公共文件。毕竟，人们可能愿意交纳税款（民意测验表明，瑞典民众纳税意愿非常高），但他们也希望能够看到其他人也在依法纳税，并且政府能够合理使用税款。在瑞典媒体眼中，公众人物即使是很小的逃税事件（即使是合法避税）的影响也远大于其他事件，比如（可能的）桃色事件。

与许多中欧国家一样，瑞典一直有私营非营利组织（主要是利益相关者组织和基金会）为老年人提供服务的传统，但数量比大陆国家少。如前所述，非政府组织在瑞典有很长的历史，且往往是很多新理念和新服务的先锋，但我们却经常错误地以为这些都是政府的倡议，并将其视为福利国家的固有部分。慈善团体大都起源于 19 世纪，目前并未消失且开始复兴，很多组织在提供无家可归者临时收容所、流动厨房、被虐妇女避难所、旧货商店、上门服务等。这类慈善团体包括地方红十字会或其他人道组织、基督教组织和退休者组织（pensioners' organisations）。许多城市为志愿者提供资金支持和活动中心。瑞典每 10 个成人（包括老年人）中就有 4 人做志愿工作，不过大部分志愿工作是与体育运动俱乐部、住房协会等相关的会员活动，慈善工作则比较少。调查显示，公众普遍认为不应当将公共义务强加给志愿组织（voluntary organisations）。

至于说法定义务，政府在 1788 年颁布的一部法律中将照顾年老、患病、贫困父母的初始责任赋予了子女（同样父母也有照顾子女的初始责任）。当这项法定义务被取消时，有观点认为老年照顾的公共责任已经如此广泛，因此这部法律已经过时了。但法律制定者强调，他们绝对不想废除扶养父母的道德责任。如前所述，这项法定义务仍适用于配偶，但不适用于高等级的个人照料服务需求（即如果所需的照料需求属于高等级，则不要求配偶必须承担此责任）。在过去济贫时代，许多职能互相重叠，如市政府会给家庭成员提供实物帮助或支付现金要求他们照顾父母或其他亲属。有时这样做是为了防止给市政府造成负担，因为如果家庭负担过重就可能发生；有时纯粹是出于人道主义。

20 世纪 60 和 70 年代，为照料家人者提供报酬是很常见的情况，主要是由于市政部门在推广家庭帮助服务的初期很难招到员工，因此，家庭成员有时可被视作形式上的家庭帮助者（home helper），但今天这种情况已很少见。芬兰在几年前立法设立支付报酬制度（由市政府提供财政支持），但瑞典的多数市政府不赞成这种做法。效仿德国、奥地利、卢森堡或西班牙建立照料保险的提议也没有得到认同（日本的制度是仅提供服务，整体与之相似）。这些保险计划有时用于给家庭照料者支付报酬，对政府来说成本不高，对照料者和被照料者而言都提供了选择的机会。

北欧的传统主要是为被照料者直接提供服务支持。许多老年人获得了服务，但只有少数家庭照料者获得现金报酬（芬兰是个例外）。换言之，家庭照料者得到的支持是间接的，是通过减轻或完全免除某些应由其承担的任务的方式来体现的。公共服务倾向于提供个人照料服务，而将家务劳动留给家人或其他照料者。没有伴侣的老年人日益依赖子女照料，且基本上是依赖女儿照料。原来那种担心国家支持会导致家人之间关系恶化的想法似乎毫无根据。虽然家庭纽带有时显得比较弱，但事实证明这些纽带比政府的项目更为可靠。如前所述，由家人提供照料的情况日渐增加，原因一方面是由于市政部门不能扩展服务，另一方面是由于有更多的老年人拥有家庭（如上）。调查数据显示，多数照料者主要的诉求是他们照料的亲人能得到好的服务，很少有要求为自己提供支持的。约 10% 的照料者接受了某种形式的公共支持，主要是不同类型的喘息服务，但服务的数量和质量往往并不能够充分满足需求。

对于工作的人而言，有一个政府项目（《照料法案》，1989 年）规定，在家庭成员发生了经医生认证的急性和危及生命／绝症的情况下，可以拥有长达 100 天的带薪休假。但是这项规定并不适用于老年痴呆症慢慢恶化的情形。约 10% 的死者家属使用过这项福利，占家庭照料者总数的 2% ~ 3%。而且这一比例最近几年显著提高。通常情况下，很少有雇主意识到家庭照料者有灵活工作时间等方面的需求。

八、市场化替代方案与私营福利的引入

　　1992 年改革之后（如上所述），90 年代迎来的另一个重大改变是市场替代方案和私营福利（private welfare）的引入。在瑞典，这种方案扩散的速度比其他北欧国家更迅速，主要源于对提高公共服务效率和消费者选择性等问题的激烈讨论。市场机制或者"照护服务的私营化"以不同的形式呈现：首先，购买与提供相分离的模式（purchaser-provider model）结束了市政府对照料服务提供的垄断。在市政管理中，需求评估和服务购买工作从实际提供照料服务的部门中分离出来。此外，服务提供部门获得了财务自主权，目的是让他们可以采用新的方式解决问题。同时，这项改革也追求更好的成本控制和更严格的需求评估。

　　后来，服务提供逐渐通过竞标的方式外包，市政府的服务提供部门不得不与私立的投标者共同竞标。在许多案例中，市政府的服务提供部门在竞标中失败，主要是由于各种原因造成的高成本，例如公立机构工人资历往往较高，因此工资也相应较高。公立机构往往缺乏竞标和成本核算能力，而竞标价格往往是起决定作用的。消费者选择是驱动 90 年代私营化的动机之一，但是竞标之后的结果却有些荒谬：消费者如今不得不面对两种垄断之一。因为无论是私营部门还是公共部门中标，都可以垄断该区甚至整个城市的服务提供。另一项创新是 2007 年引入的对购买家务帮助服务进行税收补贴的政策（如上），它消除了（至少部分消除了）之前未纳入征税范围的、非法的服务。

　　消费者选择模式是近年来正接受检验的一种市场机制，尤其是在家庭帮助服务领域。2009 年关于自由选择的新法案给了市政部门签约供应商的另一种选择。上述税收补贴政策进一步推动了消费者选择模式的引进。今天（2013 年），瑞典大约一半的城市在采取这种模式。这种模式基本上源于工作年龄段的残疾人为获得更好服务而进行的斗争。进行需求评估之后，符合条件的人获得服务券从而可以自由选择不同的（合格的）服务提供方。

这种准市场竞争不受价格驱动，因为对所有服务提供者，市政府为每张服务券提供的补贴是固定的。这种设计的初衷是基于质量的竞争能够激励服务创新，并且可以提高质量和效率。

同样，2010 年颁布的一项法律明确了选择由大区财政支持的初级卫生保健服务中心（如上）的自由。根据规定，患者应该拥有自己选择的私人医生（由于初级卫生保健中心医生的流动性，这项规定一定程度上来讲是不切实际的）。只要满足一定的财政和行政标准，私营的保健中心可自由设立。

由于有相对的自主权，不同市政府对市场机制的重视程度不同，采用的具体方式也有差异。目前，大多数市政府（80% 以上）已开始采用这种服务购买和提供分离的模式。虽然竞标方式使得越来越多的照料服务由私营部门提供，且 40% 的市政府如今通过这种方式购买照料服务，但与其他几个欧洲国家相比，瑞典老年人获得的税收资助但由私营部门提供服务的比例仍然较低。但正如表 6-3 所示，这一比例还是处于增长趋势。

表 6-3　接受私营部门提供照料服务的用户比例（按照料类型分）（%）

年份	社区照料（"家庭帮助"）	机构照料
2000	7	11
2013	24	21

市政府与服务提供方（包括私营部门和公共部门）之间的关系通过合同进行管理。如前所述，由于被选中的服务提供商在合同期内可享受实质性的垄断，因此竞争仅仅体现在竞标阶段。无论哪家公司竞得合同，不论是私营机构还是市政府的服务提供部门，都将成为合同区域内唯一的服务提供方。此类合同通常期限为 3 年，在较小的城市可能是 8 ～ 10 年。作为购买方的市政府指定所需的服务及其特征，同时负责监督服务效果和质量。

投标者中有许多小公司，而且这些小公司的数目在不断增长。例如，目前（2014 年）在斯德哥尔摩有 200 多家公司提供老年照料服务，但是已经出现了集中趋势，小公司被挤出市场或被大公司并购。早在 1999 年，前四大私营服务提供商已拥有合同业务的 50%。主要基于价格的竞争和对更大市场份额的追求可能是造成私营服务提供商集中化的原因。对竞标过程进行的评估表明，私营和公立服务提供商之间在价格和质量方面不存在明显差异，不过需要引起重视的是决定竞标结果的基础可能仅限于服务价格而未包括服务质量。

按照项目规定，只有那些私营提供商提供的补充服务（法律未要求市政府提供的服务）的价格是由市场决定。法律禁止公立提供商提供这种由于包含了多种有吸引力的"家庭服务"而可能增加私立提供商利润的服务，为父母或其他亲属购买这种服务也可提出减税要求。不过，纳税少的购买者不能享受减税，因此不喜欢这种政策。对公共服务成本与效率的关注引发了意识上的分化。私营提供商更高程度地参与提供老年照料被视为是提高效率和促进公立与私立提供商之间互相学习的一种途径。然而，当前这些发展背后的最初动因是控制成本。

高税率和以公共部门为主是北欧福利制度传统的一部分，其中公共机构是提供资金和服务的核心部门。然而，过去二十年来，分权机制连同私营化的最初尝试提高了瑞典在服务提供方面的复杂性和多样性。许多欧洲国家的社会安全和社会服务提供是多层次的、复杂的多方参与机制，与之相比，瑞典的福利体系仍然主要依赖公共部门提供资金和服务。

九、瑞典老年公共服务的融资机制及其演变

前面已介绍了瑞典"本地征税本地使用"的一般原则，其中用于老年服务的税收占大部分。目前瑞典在老年服务方面的支出是世界上最高的，约占 GDP 的 3.6%。

老年照料的资金几乎全部来自于税收，用户仅需支付一小部分

（4% ~ 5%）。大部分成本（约85% ~ 90%）由市政税支付。国家税用于支付老年照料的其余成本（约10%）。老年照料融资的总体情况大致如此，每一类服务项目都拥有多种资金渠道，具体情况各不相同。老年人医疗保健和社会服务主要来自地方税，进一步说明了地方政府的独立性。

市政府通常将市政预算的20%左右（全国平均）用于老年服务，不过，不同地区服务成本存在差异，原因是不同地区老年人比例不同，此外地理条件（每平方公里居民数）、老年人独居所占比例也有不同，等等。

市际均衡征税公式（如上）是用于"平衡"这些因素的，但是具有不确定性。另一个问题是地方能力：在条件可比的情况下，有些市可以通过低于其他市的价格提供"家庭帮助"和机构照料服务，也就是存在着"生产力"水平差异。这说明各个地方是可以更有效地使用税金的。市政府支出水平与用户满意度之间并不存在关联。我们需要更有效的指标用于评估用户满意度和生产力水平。

为了鼓励市政府更多地提供"家庭帮助"服务，多年来中央政府为此类服务提供了大量专项补贴（约占成本的1/3），但同时也要求每个市政府提供相关统计数据。为使市政府行动起来，中央政府往往会制定财务激励机制，而不仅是通过法律规定（两者结合使用比较常见）。例如70年代当中央政府希望市政府将机构照料从老年之家（old-age homes）（以及护理院）升级为所谓的"服务型住宅"（service-houses）时，规定住在服务型住宅中的老年人也可正式享受"家庭帮助"政府补贴。这就使得市政府对传统养老机构（"家庭帮助"在传统养老机构不适用，且也无法获得住房补贴）的投资显得非常昂贵。

1992年进行的上述改革使得所有机构照料在原则上不存在差别，机构正式成为老年人自己的家。入住者还可获得国家住房补贴，从而使得市政部门可以通过"后门"收费也就是提高住房租金将这部分补贴收入自己囊中。2001年，为了保护消费者，通过了一项关于监管老年服务与照料共付额的新立法。法案设定了支付的"高成本上限"（high cost ceiling），同时还通过标准化的收费系统计算出确保老年人用于个人支出的"下限"。因为在此之前，市政部门的收费差异很大，造成了居民的不满。

　　"家庭帮助"服务的收费标准与接受服务者的服务需要量和收入水平相关。收费标准仅与收入挂钩，计算时不必考虑资产和房产。"家庭帮助"服务设有"高成本上限"，最高收费标准为每月1776瑞典克朗（2014年标准）。机构照料收费标准基于三种不同类型的服务：首先，用户要为其接受的服务和照料付费，最多为1776瑞典克朗/月（与"家庭帮助"标准相同）；其次，他们支付象征性的"租金"，原则上按市场价支付；第三，购买食物。租金往往由国家住房补贴支付（如上）。此外，还有统一的国家"下限"用于确保个人支出的最低金额：独居者是5012瑞典克朗/月/人，夫妻或共居一室者是4235瑞典克朗/月/人，因为独居的成本更高。这样，养老机构中约有40%的入住者其养老金因达不到"下限"而根本不必交费，或只需部分交费。

　　如上所述，对于税收支持的服务，无论是公共的还是私营的，用户都只需要交实际成本的一小部分。由于税收是主要资金来源，瑞典老年人公共服务共付水平低于其他国家（4%左右）。"家庭帮助"收费标准的设置通常是：在仅有"少量"需求时就寻求帮助，则需要支付较高成本。医疗保健服务和社会服务费用都可以获得补贴，这样，接受服务者通常只需支付实际费用的一小部分。医疗保健收费也有一个"高成本上限"，确保任何人12个月内支付的医疗保健总费用都不会超过2200瑞典克朗。医院服务的固定收费标准是100瑞典克朗/天。处方药收费标准也有"高成本上限"，12个月不超过2200瑞典克朗。

　　在瑞典，拥有合法居留权者在需要时都可以申请获得服务和照料。如前所述，若某项需求"无法通过其他途径满足"，市政府有义务进行需求评估并提供帮助。而且老年照护服务是以单一录入系统（single-entry system）为基础的，有需求的老年人可以向居住所在地的市政部门寻求帮助。

　　老人的申请由市政部门的社会工作者（即照料管理者，care manager）

处理。照料管理者对需求进行评估并决定其是否有资格获得帮助，如果合乎条件则还要确定可获得的支持类型和服务数量。照料管理者可以决定是否提供家庭和社区服务，也可以决定是否提供机构照料。这些决定都有严格的法律规定约束，以确保市民都可以得到适当公正的待遇。个人可以申请获得服务，但没有自动获得服务的权利。个人总是有权利申请获得支持，但是是否真正满足支持条件以及能够给予什么样的支持则由市政部门决定。评估结果必须告知申请者，同时还要告诉申请者如果对结果不满意如何向行政法庭（如上所述）进行上诉。

在瑞典，家庭照料工作人员包括注册护士、助理护士（auxiliary nurses）（通常要经过2年的高级培训）和家庭助理（Home Helpers）（原则上要经过2年的高级培训）。护士负责提供药物、注射、包扎以及健康监测，偶尔也提供个人照料。助理护士和家庭助理是核心人员，帮助做家务和提供个人照料。不像其他国家的家庭帮助，他们也经常负责发药（由护士监督）。家庭照料工作人员由市政部门（及大区）提供薪资。老年痴呆护理人员接受过关于照料老年痴呆患者的专门培训，培训结束后（这是个全新职业），他们可以协助提供医疗保健服务，配合医生和辅助人员（如职业治疗师、物理治疗师），以及协调家庭帮助服务。

进行管理的基础是对照料管理者专业能力的信任。服务的分配必须公平，系统守门员必须进行彻底调查，综合考虑申请者个人的具体情况、法律规定以及本地资源状况。多数照料管理者是拥有学士学位的社会工作者。

《社会服务法案》还规定，下一步当个人开始接受"家庭帮助"或进入机构照料时，应当制定个人照料计划。服务提供者必须与老年人本人及其家人商谈后制定一份照料计划，并配备足够的人员来完成这一计划。

评估往往在老年人家中进行（或在患者出院前在医院进行），主要依据个人身体功能和认知受限的情况。与身体功能无直接关联的各种因素（如年龄、性别、收入和生活条件），只有年龄以及是否独居这两个因素在很大程度上影响个人可以得到多少帮助。

社区内老年人获得的主要服务是"家庭帮助",包括购物、烹饪、清扫和洗衣等日常活动方面的协助,也包括个人照料服务,如帮助洗浴、如厕、穿衣和起床/安寝等(工作人员的多数时间花在后者上)。家庭帮助服务如今更强调个人照料,而非家政服务。对于工作人员而言,这意味着其服务对象多数都身体虚弱、疾病缠身,且频频受孤独、抑郁和老年痴呆的困扰。为老年人提供的一系列其他市政服务包括交通服务、足部保健、送餐服务、安全警报、住房适应性改造、辅助器械、日间照料和短期机构照料等。

不同地区机构照料的入住标准差别很大,但是依赖程度和认知受损程度通常具有决定作用。由私营机构运营但获得税收支持的养老机构(如上),则由市政部门决定安置状况。还有一些私营的养老院,入住者只要支付所有费用就可自由入住,但这样的养老院数量很少且费用很高。

十、瑞典老年公共照料面临的挑战及当前/潜在改革

最近几十年来,瑞典的老年照料经历了巨大改变。一个主要的转型就是老年照料的去机构化和分权化。受"就地养老"和成本控制驱动,机构照料被大幅削减,但"家庭帮助"服务的供给却没有相应增加。其他服务如交通服务和安全警报等(如上)弥补了这一削减(见表6-2)。

瑞典将面临日益加大的"照料缺口",即人口老龄化与公共资源之间的缺口。预计2010~2040年期间,照料成本将增长50%。由于人口结构的变化,同一时期医疗保健成本也将增长20%。预测还表明,到2030年将出现65000个全职等量员工的短缺。瑞典老年照料花费占GDP比重已经很大,上述问题都将是瑞典面临的巨大挑战。

现如今,由于得不到良好的居家照料服务,很多有复杂健康问题和重大照料需求的脆弱老人不得不到急症医院寻求照料。对于老年人及其照料者来说,家庭照料往往无法提供高质量的可靠服务来确保那些在自己家里

被照料的人有足够的安全感。这种状况已经带来一些问题，如"不必要的"门诊治疗／住院治疗。大多数情况下，出院后没有得到妥善安排，回家后也得不到足够的服务。这意味着家庭往往承受着过重的照料压力。

医院照料也出现了类似的改变。西方国家中，瑞典每千名居民的医院床位数最低，患者的流转速度非常快。目前这种状况引发了政治辩论。2012 年的每千人床位数为 2.65 张，2013 年降到 2.58 张，预计未来还会下降。瑞典每千名居民的医生数量很高，但是医生们却在抱怨行政事务和案头工作负担过重。

制定出院规划是强制性的，由医院人员与患者所属市政部门的社会工作者共同完成。如果市政部门未能在 5 个工作日内接收患者，就必须在此之后付费给医院。1992 年的"社区照料"改革之后，市政部门开始愿意将患者"带回家"，如果可能的话就回到自己的家，或者去短期照料机构（short stay unit）。一般会避免直接将患者送到养老院，因为养老院似乎是最后选择。早就存在并且日益严重的一个问题就是"旋转门患者"（revolving door patients），重新住院对病人并没有什么用处，对医院也造成了很大的成本负担。康复服务通常应当在社区内提供，但在实践中往往效果并不令人满意，或者根本就不存在。

多年来，对老年服务的需求评估开始变得更为严格，或者说开始实行定量配给（ration）。最终获得的"家庭帮助"和／或机构照料的人要比原来更多，但获得照料的时间更短且更晚了。当然，这符合"定量配给"的定义：人人有机会，但更少且更晚。实际上，据估计，1950 年约 15% 的老年人在临终之前接受过机构照料（除此之外没有其他服务选择），20 世纪 70 年代约有 50% 的老年人临终前使用家庭帮助和／或机构照料，而今天这一比例为 80% ~ 90%。这些变化不能简单地被视为仅仅是服务提供的横断面数据。

同时，老年服务的确有所改善。例如在 70 年代，养老院中许多入住者还在与其他人共住一个房间；如今每个人都有自己的房间，配备厕所和淋浴。通常还有一个小厨房或一些厨具，但很少使用，因为入住者多数患有老年痴呆。其他一些创新如警报系统（超过8%的老年人有一个市政部门安装的远距离警报按钮，不过只适用于居住在自己家里的老人）、送餐服务、日间照料、交通服务（用户使用出租车但按照普通公交车价格付费）等，这些都是新服务或者是70年代都还没有的，如今已很常见。

如前所述，中央与地方之间的紧张关系是当前妨碍老年痴呆患者得到良好照料的原因之一。20世纪90年代，许多市政部门建立了专门护理单元照料这些入住者，其员工配备率高于"普通"病房（例如在延雪平市，两者的员工配备率分别为0.6和0.4）。由于人员成本是最大支出项，市政部门试图裁员并不再新建老年痴呆护理单元。最近，由于发生了痴呆患者晚间被单独留在无人照料的护理单元这类丑闻，市政部门出台了员工配备方面的新规定（如上）。另一个问题是（有经验的）员工整体不足，照料人员流失率过高。

我们已经提到过公共服务的私营化是一种理念上的挑战，但是关于福利制度合法性的另一种更大的挑战是家庭照料的日益重要性（如前所述），更多的老年人越来越长时间地由家人来照料，并且照料者已经认识到了公共服务的优缺点。

总人口中约有18%是照料提供者（其中45～64岁者占24%），老年人为他人（配偶或其他亲友）提供照料的情况也非常普遍（占65岁以上人口的18%，包括男性和女性）。20世纪90年代早期以及后来进行的调查表明，为家人和亲友提供照料的情况稳定增长。这对瑞典这样一个过去认为"政府"应当"自动"完成这些任务的国家来说是一种巨大改变。20世纪80年代官方报告中普遍指出家庭是公共服务的有益"补充"；如今我们看到的情况则正好相反。

正如许多其他国家所做的，瑞典也在尝试通过不同的措施阻止或推迟对服务和照料的需求。正如我们所提到的，不同地方关于覆盖率的统计结果之间存在很大差异，但出乎意料的是服务瞄准率都很高。我们相信这来源于社会工作者一贯的负责态度和他们对老年人生活状况的了解。众多服务覆盖了约 1/4 的老年人，为提升他们的生活状况打开了"窗口"。对于组织有益于"身心"活动的地方退休者组织（local pensioner organizations），市政部门也给予补助。许多市政部门也为没有接触过任何社会服务的老年人（通常在 75 岁以上）提供"预防性家访"。如果老年人接受的话，一名护士和一名照料管理者将对其进行家访，为其提供信息，并讨论是否有服务或支持需求。

另一种预防措施是为老年人免费接种流感疫苗，但是瑞典卫生部门不信任这种在其他一些国家流行的一般性健康控制措施。

十一、对中国老年照料服务发展和改革的启示

向别人建议可以和应当做什么有点自以为是。由于传统、文化、社会和政治因素，某一社会视为适当或自然而然的事物未必适合另一社会。这就是为何我们在以上篇幅中详细介绍了当前瑞典老年服务的悠久历史，这些服务早在福利制度形成以前就已经开始了。

然而，从瑞典的错误和某些成功之处或许也可以学习到点什么。至于成功之处，主要在于简单的、由地方进行组织的福利制度。1950 年仍有将近 2500 个市，在地理意义上通常与教区相同，多数规模较小且各有自己的行政机关和公共选举。较大的市或镇会分区对民众和济贫工作进行监督，这某种程度上与古代中国的保甲制度类似。

如前所述，经过改革，市的数量降到今天的 290 个。20 世纪 50 年代早期约有 250000 人经选举在市政机关任职并且不领取报酬。今天这一数字已降为 50000 人，且招募变得更为困难。现代行政管理和控制体系源于瑞典的传统体制，但以连续性为基础：地方福利工作者和医疗保健人员通常很了解其服务区域和（潜在）客户。这种透明性对于某些观察者，比如本文作

者来说是非常可靠的，可视为是市民与地方政府之间传统关系纽带的延续。但对于其他人来说，这种几乎没有隐私的社会显得可疑，使人联想到极权主义。这些纽带在如今已建立私营"家庭帮助"服务体系的城市中将变得更为脆弱，因为不同的"家庭帮助"团体对本地的熟悉程度没有那么高。

（一）老年人的一般生活状况

一个基本问题是：老年照料服务的提供应当是普遍性的、仅仅基于需求？还是选择性的、要基于收入调查的结果？同时这些原则如何反映在立法以及接受服务的权利中？瑞典关于老年社会服务的法律相当模糊，因此服务提供商是可以自主作出调整的，唯一明确存在的权利就是可以要求进行需求评估。因此，不同的地方政府提供的服务存在数量和质量上的差异。另一种选择，即明确界定"权利"的具体内容，但这种做法也有其优点和不足。

老年照料需求在很大程度上是老年人一般生活状况的综合结果，如经济状况和住房标准。医疗保健和其他基本生活条件（卫生、营养等）对于老年服务系统来说是决定性因素，生活条件与年龄、性别、社会经济地位、教育和居住地点（城市还是乡村）有关。此外，老年人的生活条件是否完全取决于其家人提供的支持（经济、住房、照料）呢？

战后几十年来，北欧社会一个重要的特征是非正式（主要是家庭）服务与公共服务之间的高度重叠。公共支持基本上被视为具有正向作用，虽然始终或多或少伴有温和的家长作风的风险。民意测验表明，大多数人希望由国家承担个人和父母的老年照料责任，特别是与家庭共同承担。传统的教区济贫形成了老年人、患病者和/或贫困者照料的管理程序，还造就了地域认同感和社会凝聚力。但今天由于资源更丰富，任何人不论社会级别如何均可以享有社会服务。然而，服务的使用仍然具有社会差异性，因为社会等级高者往往拥有更好的健康状况。

"家庭帮助"等社区服务的成本低于机构照料，花同样的钱可以服务更多的人。社区服务可以迅速建立，非常灵活且易于"现代化"或根据不同需求加以调节。重要的是，社区服务更关注人，可以补充甚至鼓励潜在的家庭照料者，可以减轻照料者负担从而有能力提供更长时间的服务。当然，社区服务不能解决住房问题、贫穷问题等，但我们相信，通过发展社区服务，瑞典在家庭服务和机构照料之间的平衡可以比20世纪更好。然而，如今在瑞典有许多人认为我们过度强调了社区服务。此外，目前已出现了非养老院类型的老年人住房计划，虽然主要是为富裕老年人提供，但可与社区服务和家庭照料结合使用。

（二）一个积极的长期照料体系

我们认为一个有效的长期照料体系还应当强化预防措施，帮助老年人尽可能保持健康以远离长期照料（LTC）。为了实现这一目标，一种低成本方法就是利用本地退休者团体，组织锻炼活动（走路、太极拳等）、健康教育、烹饪课和手机培训班等。如果还没有本地团体，就鼓励本地人成立自己的团体。

活跃的退休者还可以作为志愿者（或领取少量报酬）开设退休者聚会场所、组织交友活动，也可以像瑞典以及西班牙的许多地方那样，在本地政府提供低成本支持的方式下开展这样的活动。我们认为这种工作应当由低层级的政府来完成，因为他们最了解本地状况。据我们了解，中国可能要提高退休年龄，这种做法可以让那些有能力继续工作的人"积极老龄化"，同时对国家经济做出贡献。

在中国这样一个大国建立和普及老年照料需要很长时间，其中基础设施的建设需要精心规划。立法也非常重要，需要有法律基础来为长期照料系统提供保障。接下来就是建立管理架构以有效运营这一系统。每一个长期照料系统都必须有服务和照料资格评定方面的规定。有必要招收、培训和教育专业人员进行需求评估。当然，还要招收、培训和教育员工提供质量达标和安全的服务。我们已经看到中国有日间照料中心为那些相对健康和不那么健康的老年人提供服务。在建设养老机构时，我们认为有必要适当保留一些空间用于日间照料和类似的服务，包括为居住在社区的老人提供送餐或其他针对性服务。

（三）为老年人及其家人提供支持

首要的原则是尽可能在家中为其提供支持。难点在于每周七天每天几次不间断地提供服务和照料。对那些身体极为虚弱、独立性很差的人来说，医疗服务只能在家里进行。还可采用其他一些具有成本效益的方法来提供公共服务，如与上述提到的聚会场所合作，为老年痴呆者提供日间照料。通常，日间照料只有在有家人能够在白天或夜晚的其他时间提供照料的情况下才可行。

根据收入调查结果，为家庭照料者提供补偿就可以帮助他/她提供更长时间的照料，这或许会成为一种替代方法。另一方面，这意味着大量（主要是）女性不得不退出劳动力市场。正如其他投资一样，对长期照料进行投资通常会刺激经济。在瑞典约有1/10的女性从事医疗保健和长期照料工作。一个重要的间接效应就是，良好的长期照料体系可提高公共服务的合法性。因为这可以使人们尤其是照料者的生活更有预见性，让他们知道当照料需求太大或超过家庭承受能力时，还有可靠的服务可以利用。重要的是，安全性并不意味着要使用服务，而是让人们知道当有需要时，有可靠的服务可供选择。瑞典花了很长时间来建立对公共服务的信任。在每个国家，家庭都是最大的照料提供者，但是来自其他途径的支持也同样重要。

（四）老年照料筹资体系

关于老年照料筹资体系，我们相信税收筹资和用户共付（"现金"）是最好的组合。应当根据用户接受的服务量和收入水平来决定不同的付费额度。过去几十年，对服务系统进行改革或创立了新服务体系的国家（德国、日本、韩国、荷兰、卢森堡、西班牙）采用了不同类型的长期照料保险模式。

　　然而，尽管长期照料的全面覆盖可以通过不同的模式实现，但上述案例中采用的"专门"筹资渠道有其优势（西班牙案例从政治和财政角度看更为复杂）。与一般税收相比，这种渠道可以确保可靠和可预测的资金来源。此外还可营造一种权益感，让参加者更愿意缴费。

　　多数社会服务项目都是从适度水平起步的。正如我们所看到的，瑞典的（贫困）老年人公共服务拥有久远的传统，但总支出始终保持在较低水平，原因在于服务提供方（市政部门）没有足够资金。我们估计瑞典1950年将5%的GDP用于老年人；直到80年代后期这一比例才逐渐上升至14%，但此后即停止增长。这一比例包含了用于老年人的所有公共支出：养老金、住房补贴、机构照料和社区服务，但不包括医疗保健（其中主要是住院服务）。如果将医疗保健成本也纳入，将会变为GDP的17%。

　　其中一个需要注意的重要问题是这14%中的大部分是用作养老金和住房补贴的；机构照料和社区服务仅占一小部分：1965年约占GDP的1%（1970和1975年分别增长到1.8%和2.6%），今天已达到3.6%。这其中的大部分用于机构照料。如前所述，70年代约有9%的老年人接受机构照料，约有16%的老年人使用"家庭帮助"，虽然以今天的标准衡量这两种服务的质量都很低。

　　由此可知，以较低成本提供相对较多的长期照料服务（仅就服务而言）是可能的，至少在数量上是可行的。高质量意味着高成本。我们无法一次完成所有任务：多数国家采用的"自然"方式就是从适度水平起步，后来在可能的情况下增加服务和提高质量。例如，西班牙将GDP的0.9%用于提供公共的长期照料服务，但是做到了为5%的老年人提供机构照料，为5%~6%的老年人提供"家庭帮助"，虽然质量并不稳定。西班牙的长期照料比瑞典更为依赖志愿者和家庭参与，但是西班牙的服务主要提供给贫穷和无家者，类似于20世纪50年代瑞典的状况和中国为三无老人提供服务的状况。

　　据我们所知，浙江大学的研究者已估算出中国启动适度水平的长期照料体系所需的成本，是以青岛为例进行外推得到的。根据估算，他们建议中国将 0.6% 的 GDP 用于启动长期照料计划（2014 年 9 月伦敦 ILPN 大会，米红教授和研究员 Bei Lu 报告）。瑞典在 20 世纪 70 年代以合理成本实现了较高的服务覆盖率，虽然当时存在质量问题。后见之明是：瑞典应当提高社区服务方面的支出，当前这方面的支出仍然落后。

（五）服务提供体系

关于瑞典的社会服务，如果满意于上述经验数据，那么我们描述的就是一幅过于美好的图画。对公共服务应当进行严格评估，包括服务质量、对使用者及家人的意义。事实上，战后这些年瑞典的老年照料始终丑闻不断。包括年轻人和老年人在内的许多人对服务表示不满，虽然那些有父母接受机构照料的人不像其他人那样不满，使用服务的许多老年人也没有什么抱怨。

存在某些批评意见可被视为这种制度比较健康的一个表现。容许有批评意见的存在是一件好事。如果是一个不那么包容的制度，使用者就不得不保持沉默并表现得充满感恩之情，虽然就像我们已经了解到的那样，即使是在济贫时代人们也并不总是如此。尽管如此，除家庭照料以及针对某些人的市场化选择以外，瑞典的老年照料体系几乎没有什么其他替代方案。

在其他老年服务的扩展过程中出现了服务的多样化趋势。交通服务和警报系统等服务的增长弥补了"家庭帮助"和机构照料服务的缩减（见表6-2）。这可以被视为是节省资源和提高效率的一种方式，同时如果能以正确的方式提供给正确的需求者的话，也是在什么都没有、"家庭帮助"和机构照料之间提供了更多的选择。有照料需求的老年人日益增多，其中有些比较富裕的（但并非全部）为应对这一问题，可能需要提高税率和／或提高服务费用，或许还会要求减少公共服务并增加家庭照料。

将面饼摊得更薄（即扩大服务覆盖面但减少服务量）也带来公共服务与家庭照料的重叠。公共服务覆盖率较高的地区有更多的老年人既可获得家人照料同时也可获得来自社会服务的帮助。在公共服务覆盖率较低的地区，老年人不得不在家庭照料或者公共服务之间进行选择。对拥有不同覆盖率的其他国家进行对比之后，也可发现同样的模式，瑞典济贫时代的情况也是如此。

服务对象总数及预算额度都应当优先分配给家庭和社区服务。在瑞典，不同地方分配率不同，但大体上35%的老年服务预算用于家庭和社区服务，我们认为这一比例过低。瑞典过去有许多地方政府更愿意建立养老机构，以此向纳税人表明其确实在为他们"做"事，而提供家庭和社区服务则不是那么容易被"看到"。

地方政府试图通过调整资格标准、实行更严格的需求评估和/或提高收费标准来为服务实现定量供应。这推迟了机构照料服务的使用。当前正在使用"家庭帮助"的老年人以及之前使用"家庭帮助"的群体如今不得不使用其他较便宜的服务，或者根本不使用任何服务。自相矛盾的地方在于，定量供应的方式使得"家庭帮助"和机构照料的服务对象快速周转，意味着最终将有比以往更多的人使用这些服务，但这在统计数据上是体现不出来的。

一个重要且有趣的问题是，中国是否可以绕过瑞典以及许多其他西方国家经历的"过度依赖机构养老"的阶段？事实上，几十年前北欧国家老年服务以机构照料为主在很大程度上反映了官僚惰性，但在当时许多老年人无家无钱且住房简陋的情况下，这也不失为一个解决方案。

瑞典从常规的机构化到（过度）依赖社区照料的政策转变过程提出了一些重大问题。例如，瑞典是否有可能避免机构化时代？并且，状况与瑞典类似的其他国家当时是否能够"跃过"机构化阶段而直接建立社区服务体系？这些都是难题，因为半个世纪以前的许多责任人，包括身居要职者以及一般民众，都将养老院视为"自然"之选。他们知道老年人通常较为贫困，多数居住在简陋房屋或处于贫苦之中，往往没有家人照顾。有些城市建立了专门的小型退休者公寓以解决住房问题并防止机构化，但大部分情况下机构化是常规解决方案。

根据瑞典的经验，我们在想：是否有可能避免"过度机构化"？为了"跃过"那个阶段，需要很强的国家和地方政治领导，大力改善老年人生活条件，提供足够的照料服务和医疗保健以提高可及性。西方国家的经验表明，国家传统和对使用照料服务和医疗保健服务的态度起着重要作用。以瑞典的观点来看，有些国家（如日本）长期照料往往被过度医疗化。另一方面，也有人批评我们的服务医疗照顾不足。

20世纪50年代当瑞典开始提供老年"家庭帮助"服务时，"家庭帮助"工作人员通常是家庭主妇（当时有许多家庭主妇），她们通常每天工作几小时，获得的报酬也较低，主要是为身体状况不太差的服务对象提供清洁、购物和烹饪服务。如今的服务对象要脆弱得多，往往患有严重疾病，工作人员既需要实践训练，包括移动技巧、进食、痴呆、意识不清、褥疮处理等，也要具有道德意识，包括知道什么是"良好"的照料，懂得客户是有特别需求的人等。由于缺乏员工来完成这一辛苦又低收入的工作，瑞典市政部门往往不得不雇用没有经验的人员并提供在职培训。尽管各地差异很大，但据估计，2012年员工流失率大约为25%，员工中接受了足够培训的只占75%。工作人员的个人素质当然也非常重要，良好的领导力同样很重要：老年照料有关的丑闻基本上都发生在领导力差的时候。

（六）服务的监督和后续调查随访

根据西方经验，对老年照料服务进行监管、监督和随访相当困难。在瑞典，医疗保健和社会服务主管部门有对服务进行监督、评估和随访的法律责任。医疗保健和社会服务同时也接受一个国家级权威机构（隶属于中央政府）的监督，主要监督这些服务有没有被依法提供。最近的一些老年照料丑闻发生之后，2013年建立了一个全新的独立的国家机构来监督瑞典的医疗保健和社会服务。这个机构配备了比以前更多的监察人员。该机构可以处理投诉，也可以采取主动行动，突击检查。例如，前面提到的人员配置方面的新规定一定程度上就是这些检查的结果。

（七）结果指标

如前所述，长期以来中央一直要求市政部门提高服务水平，并于20世纪70年代开始发布老年服务总体情况的数据，如市政服务成本、"家庭帮助"覆盖率和机构照料使用率、机构员工配备率、治疗活动等。在刚开始时这些指标基本够用，国家级监管部门和当地市民可以根据指标看到每个地区服务的发展情况，并与相邻地区及全国平均水平进行对比。后来的指标还增加了褥疮、人员配备、营养等，以便测量质量情况。

尽管如此，这些服务使用及其他类型指标（褥疮、员工配备率等）的统计数据对于评价可感知的质量水平几乎没有什么作用。2010年起，对"家庭帮助"和机构照料的实际服务对象进行的国家性调查成为评价老年服务质量的新方式。然而，对于调查结果是否能够在实践中真正用于改善服务，以及调查本身是否具有成本效益（每年发出超过100000份问卷）都存在疑问。瑞典的地方政府通常设有意见/建议箱，护理院设有理事会为入住者及其家人服务，但是这些途径很少见效。通常，一天中的任何时间都允许家人和其他人探视入住者。

了解结果指标的另一个方法是瑞典某些城市开展的对从未使用过任何服务的人进行家访的项目（如上所述）。项目为这些老人提供一些信息和关于"良性老龄化"的建议，但是很少能找到有（大量）需求未被满足的老人，而且项目是否真有预防性效果也不清楚。另一种预防性项目是目前许多地区建立的提供简单家务协助的免费"勤杂工"（handyman）。研究表明，市政服务很大程度上是根据需要进行分配的。有更多需求的人倾向于使用更多、更高强度的服务。例如，他们更倾向于获得更多的家庭帮助，需求量越大则获得的越多。此外，另外一个结果指标是在生命最后一年使用的公共服务，通常80%～90%会使用一项或多项服务，约50%会使用机构照料，其中多数人在搬入机构之前都使用过家庭帮助。

我们之前提到过市政服务在地方之间差异较大。其中，一部分差异是由于需求规模的巨大差异，主要取决于日常生活能力需求和独居状况。作者的一项研究表明，不论居住地在哪里，有照料需求的老年人中55%使用家庭帮助。这项研究对于衡量服务质量没有提供任何信息。服务质量的指标从80年代早期开始成为常规统计数据。如市政部门必须报告诸如提供了多少小时的"家庭帮助"之类的指标，包括每月获得1~9小时帮助的服务对象人数，每月获得10~24小时帮助的服务对象人数，等等。后来逐渐增加了更多统计数据，如夜间和周末获得的帮助等。此外还包括机构照料方面的数据，如有多少房间属于单人房间、住房标准等。

最近很多人认为这些指标都不令人满意，因为没有考虑到服务对象对服务的看法。如前所述，大规模的消费者调查表明85%左右的服务对象对其使用的服务"相当"或"非常"满意，基本上各地之间差异很小。地方政府和国家用这些数据来表明服务提供方面的成绩，地方报纸也往往基于这些数据进行评论。

这些调查的一个问题是数据收集成本过高，另一个问题是许多服务对象由于患有痴呆无法完成填表，因此由工作人员或家人代为填写，有效性受到影响。许多老年人及其家人不愿对他们所依赖的服务进行投诉。主观评价存在诸多问题，但很难找到其他替代方法。

新的私营替代方案的出现增加了质量评估的需求，不管由谁提供的服务都需要进行评估。过去，只有几家私营护理院受到检查；公共服务的质量被认为总是有保障的。关于新选择机会的另一个问题是：这一切是否真的完全可以由脆弱老人或其家人进行选择。"消费者"缺乏所需的信息来评估服务质量，想要更换服务提供商也颇为不易。

在许多西方国家，地方政府负责提供目标人口中有多少获得了各种形式服务的统计数据（绝对值以及百分比），这些数据可用于与其他地区和全国平均水平进行对比。我们建议将65岁以上的老年人作为目标人口。

（执笔：Lennarth Johansson　Gerdt Sundström）

第七章

意大利老年人照料体系发展历程

缩略语对照表

ADI	整合型医疗与社会居家照料服务
ADP	定期居家照料协助服务
ANIA	意大利保险公司协会
ASL	地方卫生主管部门
GP	全科医生
INPS	意大利国家养老金研究所
ISEE	经济地位指数
ISTAT	意大利国家统计研究所
LEA	基本照料水平
NNA	意大利被赡养者网络
RA	养老院
RGS	意大利经济部下属技术部门
RS	护理院
RSA	强化医疗辅助护理院
SAD	家庭帮助服务
UVD	地方评估部门

一、意大利老年照料服务的历史演变

（一）意大利人口老龄化进程与老年照料需求概述

1. 意大利人口老龄化：人口年龄结构和抚养比的过去与未来

过去数十年里，意大利经历了快速的人口老龄化过程，十年一次的全国人口普查显示：意大利 65 岁及以上人口占总人口比例从 1971 年的 11.1% 上升至 2011 年的 20.5%（表 7-1）。这意味着 65 岁及以上老年人口的绝对数量翻了一倍，从 1971 年的 600 多万增长至 2011 年的 1200 多万。据世界卫生组织估计，到 2030 年该年龄段人口将占全国总人口的 1/3。同时，原本处于较高水平的潜在抚养比将会稳步上升：18 ~ 64 岁的劳动力数量与老年人口数的比值将会由目前的 4.4 下降至 2030 年的 2.1（意大利国家统计研究所，Italian National Institute of Statistics，ISTAT，2011）。

表 7-1　意大利人口年龄结构变化趋势（1982 ~ 2030 年）

年份	意大利总人口（千）	65岁及以上人口（千）	百分比（%）
1971	54137	6101	11.1
1981	56557	7485	13.2
1991	56744	8555	15.1
2001	57116	10528	18.4
2011	59365	12171	20.5
2020	60408	13878	23.0
2030	59549	15932	26.8
2050	57066	18977	33.3

资料来源：2011 年以前：意大利国家统计研究所（多年统计结果）；2020-2050 年：世界卫生组织（2011 年）。

该变化趋势与总和生育率的发展息息相关，意大利总和生育率于 20 世纪 60 年代中期达到高峰后开始迅速下降，1980 年代创造了每名妇女在育龄期内平均生育孩子数低于 0.9 个的历史水平。近些年来，意大利移民人口不断增多，由此带来的不同生育行为使得总和生育率水平出现小幅度回升。图 7-1 清晰地展示了 1952 ～ 2004 年意大利出生婴儿数的变化过程。

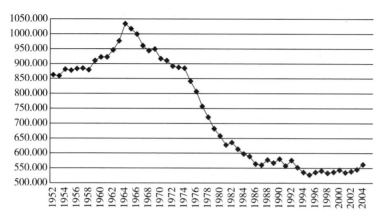

图 7-1 1952 ～ 2004 年意大利活产婴儿数

资料来源：意大利国家统计研究所（2010 年）。

由于这一变化趋势近些年来持续发展，加上意大利人口寿命不断延长——意大利男性预期寿命在欧盟国家中位居首位，女性位列第三（图 7-2），如今的意大利成为全球仅次于日本的 80 岁及以上高龄人口（该年龄段老人最有可能需要长期照料）比重最高的国家（图 7-3）。

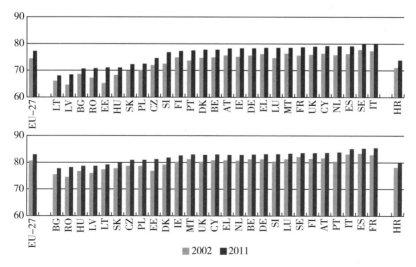

图 7-2 分性别平均出生预期寿命（2002 年和 2011 年）

资料来源：欧盟委员会（2013 年）。

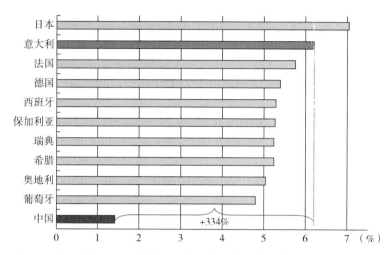

图 7-3　80 岁及以上人口所占比重最大的国家及中国情况（2012 年，%）

资料来源：联合国（2012 年）。

2. 意大利老年人健康状况

目前没有能够反映意大利人口健康综合状况的最新数据，因此描述人口健康状况时通常采用一项名为"意大利健康水平及医疗保健利用"的多目标调查结果作为数据来源。该调查由意大利国家统计研究所不定期展开（尽管最初设计五年一次），旨在调查有关人口健康及医疗保健利用模式的各方面情况。最新一版可用数据来源于 2004 年 12 月至 2005 年 9 月的调查，收集了 25183 名 65 岁及以上老年人口（其中 57.6% 为女性）的相关数据，调查结果代表了意大利老年人口在年龄和性别方面的特点[①]。2013 年，一项新的调查在 2.2 万个家庭中开展，涉及人数达 6.2 万人，目前调查结果尚未发布，但有望在 2014 年底对外公开。

尽管如此，目前可得的这些数据仍可提供一些有关人口健康状况的基本信息。世界卫生组织 2010 年的数据显示，最常见的四种非传染性疾病

[①]　每位参与者必须首先完成一份自填问卷，然后与意大利国家统计研究所数据收集人员进行面对面访谈。如果受访者的认知能力受损，则问卷由其家庭成员代替完成。

（NCDs）为心血管疾病、癌症、糖尿病以及慢性肺病。降低这些疾病的患病率和发病率对于确保长期照料体系的可持续发展至关重要。该领域唯一可靠的官方数据显示，意大利非传染性疾病患病率从20世纪90年代起呈现不断上升的趋势（心绞痛及其他心血管疾病除外，见表7-2）。这一趋势的出现是由于非传染性疾病的发生与年龄增长紧密相关，因此意大利人口平均年龄的增长也导致了该类疾病全人群发病率的增长。

表7-2　意大利非传染性疾病患病率（按每1000名意大利人口计算）（%）

年份	糖尿病	高血压	梗塞	心绞痛	其他心血管疾病	慢性阻塞性肺病	恶性肿瘤
1994	37.0	102.8	14.9	10.7	36.1	无数据	8.6
2000	37.5	118.7	11.3	8.9	33.9	无数据	9.4
2005	44.9	136.2	17.3	6.7	31.7	44.7	9.7

资料来源：意大利国家统计研究所（2011年）。

对意大利和其他欧盟国家来说，阻碍长期照料体系发展的主要挑战之一就是阿兹海默症及其他痴呆症的发病率和患病率不断上升。老年痴呆症的真实患病率难以估算，因为对痴呆症做出相关诊断十分困难，而且缺少对患者信息的电脑登记。尽管不同预测结果存在差异，但仍表明30～95岁人口的患病率约为1.54%～1.74%（见表7-3）。

表7-3　　　　　　　　　　意大利老年痴呆症患病率

	人口	年份	男性+女性（人）	男性（人）	女性（人）	百分比（%）
ISTAT	所有年龄组	2005				0.45
EuroCoDe	30～95+	2004	1012819	325390	687429	1.74
EURODEM	30～95+	2004	896688	335383	561305	1.54

资料来源：意大利国家统计研究所（2011年）、阿兹海默症欧洲组织（2009年）。

除一般的流行病学数据以外，值得强调的一点是意大利老年人受社会隔离和孤独困扰的情况呈增加趋势，这反映了社会融合度的恶化和家庭代际凝聚力的弱化（Burholt et al. 2003；Dykstra 2009）。官方数据也证实了这一点，即近年来意大利老年人能够得到免费照料的家庭数量逐年下降，而能够享受外部支持的儿童家庭数量则几乎与过去持平（Sabbadini 2003.2010）。

（二）意大利老年人照料体系的框架与演变

1. 对意大利长期照料相关数据可用性的初步说明

意大利不同服务类型、不同地理区域长期照料服务数据的质量差别较大。另外由于长期照料领域存在职责分工，诸多信息分散于不同的信息系统中。近期，意大利被赡养者网络（NNA）尝试收集了意大利长期照料领域最为准确的信息。该研究将数据来源分为"官方"数据（来自相关服务提供方的数据库，这些机构有义务将信息上传至上级管理层，例如地方卫生部门将信息数据上传至地区政府）和专项调查数据，由意大利国家统计研究所与其他相关机构合作完成。如表 7-4 所示，下文将参考这些数据。

表 7-4　　　　　　　　意大利长期照料体系定量数据来源

长期照料领域	服务	来源
居家照料	整合型居家照料	2007–2013服务目标指标（经济部，2010年）
		国家卫生服务统计年鉴（卫生部多年数据）
	家庭帮助	各市区干预措施与社会服务普查（意大利国家统计研究所）
机构照料	养老机构接受、入住及退出	意大利养老院照料与社会健康照料调查（意大利国家统计研究所）
货币转移支付	照料津贴	退休福利受益人：统计数据与保障情况（意大利国家统计研究所）
		意大利国家养老金研究所预算与情况综述（意大利国家养老金研究所）

资料来源：意大利被赡养者网络（2010 年）。

2. 意大利正式医疗与社会照料体系 90 年代之前的发展历史

直到 20 世纪 70 年代初期，意大利一直由中央政府承担满足和回应老年人各种需求的责任，内务部（Ministry of the Interior）在各省的分支机构以及大量公立"援助和慈善"机构在地方或国家一级配合工作（Istituto per la Ricerca Sociale 1984：11–37）。20 世纪 70 年代，政府首次尝试将服务提供职能分配至"地方机构"（territorial institutions），如意大利的 20 个大区（Region）和 8000 多个市（municipality），以使社会照料与医疗保健服务的提供更加合理。为实现该目标，政府撤销了多个地方或国家级互不协调的公立机构，将社会照料的所有职能集中到市政府手中，市政府则受大区管辖（《共和国总统法令》，1997 年 n.616）。同时，提供医疗保健服务的责任由地方卫生部门（ASL）承担，它们是组成意大利国家卫生系统（SSN）的基本组成单元（法令 1978 年 n.833）。

这项改革仅在卫生领域取得了成功，将之前分散在不同部门和机构的职能任务都整合入卫生部。对社会照料体系来说却恰恰相反，尽管议会采取了多种尝试（1998 年政府条例草案），却始终难以像 1978 年的《共和国总统法令》第 616 条（Paci 1996：9）所规定的那样，通过一项总体改革法案对其进行统一重组。直到 2000 年，政府终于通过了"社会干预与服务体系整合框架法"（法令 2000 年 n.328），社会照料领域任务和干预方式的高度不确定性成为意大利的主要特征（Di Pasqua 1995）。次年的宪法改革（宪法 2001 年 No.3）规定意大利大区在三个社会政策领域内拥有立法权，包括社会照料、就业与医疗保健。至此，多年前启动的改革议程终于得以实现，根据"垂直辅助性"（vertical subsidiarity）原则，将医疗和社会照料的所有相关职能下放至大区。然而，由于没有赋予中央政府监控和平衡功能，也造成不同发展程度地区间不平衡问题的加剧。

因此，从 20 世纪 70 年代起，意大利福利领域一方面存在医疗保健与社会照料服务之间缺乏整合的问题，另一方面存在地区间发展不平衡的现象：医疗与社会服务的统一管理只在少数意大利北部和中部地区得以实现，如 Emilia Romagna（Giunta 1994）、Toscana（Andreinii）和 Liguria（Censis 1996：44），而南部则少得多（Colombini 1995：55）。地域发展不平衡的现象似乎随着时间的推移而不断加剧，而宪法改革将照料职能分配到大区级的做法也起到了推波助澜的作用，有学者对不同类型地区福利方案的发展情况进行了研究（Caltabiano 2004；Vampa 2012）。

当社会照料领域的发展停滞不前时，医疗保健领域则正处于动态发展阶段。事实上，80 年代末期意大利已建成所谓的强化医疗辅助护理院（RSA），这类养老设施同时提供医疗保健和社会照料服务，以帮助越来越多不能自理但又无法在家获得照顾的老年人——他们"明显缺乏适当的家庭支持，无法在家中获得必要而持续的治疗和照料"。这一提案被正式写入 1988 年财政法中，提案计划十年内共投资约 30 万亿里拉（约等于当时的 200 亿美元，或今天的 180 亿欧元），通过新建或由旧医院改建而成的强化医疗辅助护理院（RSA）提供 14 万张床位，以覆盖意大利 2% 的 65 岁及以上老人（Ministero della Sanità 1995：304）。但是到该十年计划的最后一年即 1998 年，只有头三年 28 亿里拉拨款计划中的 26% 获得批准，因此，仅建成了 180 家医疗辅助护理院和 1.1 万张床位，相当于只完成了计划的 8%（Lucchetti and Lamura 1998）。为推动强化医疗辅助护理院的建设，意大利议会于 1992 年批准通过了另一条立法——"老年人健康保护计划"（Ministero della Sanità 1995：287–309），这一结果更加令人沮丧。该计划详细规定了如何组织和管理医疗辅助护理院，并进一步提出了更倾向于制度化的创新性的基础老年照料体系，例如"整合型医疗与社会居家照料"（Integrated Health and Social Home Care，或称 ADI）（包含社会、心理、护理与康复支持的服务，Hanau 1994：65）以及"家庭病床"（Home Hospitalisation）（包括护理、医生出诊以及专科建议，Fabris 1997），这两种服务都在被照料者家中进行（Ministero della Sanità 1995：300–304）。在 20 世纪 90 年代初期，意大利国家卫生系统开始进行全面重组（主要依据 1992 年第 512 号、1993 年第 517 号法令以及 1994–1996 国家规划执行）以提升照料质量，推动"服务文化"的形成从而提供更高效、更尊重用户需求的医疗保健服务，主要通过提高大区及地方卫生部门的重要性、对其职能进行重组及推动居家照料服务的发展来实现。

　　尽管开展了此项运动，但在 20 世纪 90 年代末期，意大利 8000 多个自治市中仍只有数百个提供整合型医疗与社会居家照料（ADI）服务（Lucchetti and Lamura 1998），主要是城市化高度发展的地区（Facchini 1994），65 岁及以上人口中仅不到 0.3% 的人受益（Censis 1996：48），而家庭病床只有在少数试点地区实行（Nervo 1993：Santanera et al. 1994：96—97）。因此，当时老年人的照料需求完全无法得到满足（Abruzzese 1994）。

　　意大利 2001 年实行的宪法改革将更多的职责分配给各个大区，使得整合型医疗与社会居家照料（ADI）的覆盖率大幅提升，2005 年突破 3%，2010 年超过 4% 的目标值，其后几年一直保持在这个水平，因为国际金融危机的爆发同样对这一领域造成了影响（Chiatti et al 2013）。值得一提的是出于同样的原因，家庭帮助服务（SAD，主要包括家务清洁工作）的覆盖率也开始下降，由 2006 年的 1.9% 下降至 2010 年的 1.4%，但同时每名服务对象接受照料的小时数有所提升。

3. 现状

　　由于存在上文提到的老年照料体系早期发展的那些情况，意大利目前仍缺乏一套针对弱势老龄人口的正式的长期照料政策框架这一事实就不足为怪了。与西班牙、德国等国家相比，意大利的差距则更为明显，这些国家都在过去几十年里对长期照料领域进行了全面改革。意大利长期照料体系当前的状况是不断增加的、碎片化的政策和干预措施综合作用的结果，也受意大利福利模式传统特点的强烈影响。

　　其中很重要的一点是，正如我们已经看到的那样，医疗服务和社会照料服务两种体系在设计之初就存在根本性的差异。意大利的医疗卫生服务普遍是免费提供的，尽管最近大部分大区开始向中高收入市民收取少量共付费用（失业者、老年人及慢性病患者除外）。这些服务都由大区提供，同时大区还负责筹资及协调地方卫生部门（ASL）的工作。近期联邦制改革之后，意大利国家卫生部仅承担"剩余"职能：在国家层面仅涉及对法律规定的所谓"基本照料水平"（LEA）作出界定，换言之，就是制定各大区必须在社区、专业机构以及紧急医疗机构中向市民提供的"核心"服务的最低标准。各大区可以自主组织服务提供，但必须遵照国家法律，确保市民能够享受"基本照料水平"（LEA）所定义的所有服务。

另一方面，在地方层面，由市政府负责提供社会照料服务，包括家庭帮助服务（SAD）中的家务清洁服务、日间照料活动、养老院管理（与医疗保健部门运营的护理院不同，主要提供住宿及个人基本照料）及其他相关工作（建立老年人社会活动中心，为老年组织提供资金资助等）。医疗保健通常是免费提供，但社会照料服务则需收取一部分共付费用，金额取决于个人收入水平。为了便于进行经济状况调查，意大利中央政府建议地方政府采用一项名为 ISEE（经济地位指数，Index of Economic Status）的工具以对具有相同收入水平的公民进行分组。然而事实上，许多城市仍然使用不同的标准测量市民的收入状况并以此决定服务的共付标准。

意大利福利模式的另一个特点是以提供货币转移支付为基础而不提供实物援助的传统，这也体现在意大利公共服务（包括居家及机构照料服务）的可得性一直处于西欧最低水平这一事实里（Jacobsone 1999；Huber et al. 2010；Rodrigues et al. 2012）。

最后但也同样重要的一点是，意大利的福利模式是典型的"家庭主义"模式（Rostgard，Chiatti，and Lamura 2011）。尽管非正式照料的可获得性在下降，但"家庭主义"仍深深根植于意大利社会之中。欧洲晴雨表民意调查数据（Eurobarometer data）显示，绝大多数的意大利人赞同子女应该为父母的照料服务买单，并认为未来父母若需要他们，回家照顾父母也很正常（Alber and Köhler 2004）。家庭主义模式同样体现在国家立法中，法律承认个人向近亲索要赡养费（即经济支持）的权利。事实上，意大利任何一个具有独立认知能力的个人在有需要或是自身资源不足的情况下，都有权向二级以内的亲属索要赡养费（例如经济支持）。这是法律授予的个人权利，也就是不能被其他人所干涉。同时，宪法规定个人拥有获得照料的权利：这意味着市政府有义务遵守宪法向任何失去独立生活能力的个人提供必要的（经济的和社会的）照料服务。然而，近年来许多市政府采取了一套（某些观察者认为是"不合法的"）做法——在没有征求老年人同意的情况下，要求老人家属支付老人自身无力承担的照料费用。这通常发生在老年人无法独自生活并且需要机构照料时，按照法律，市政府有义务为老年人补足无法承担的费用。

（1）正式照料体系的主要类型

根据前文所述，我们应该根据 Laing（Gori 2008）对居家照料服务、机构照料服务、日间照料中心以及货币转移支付（或现金福利）等不同服务的区分来分析意大利的长期照料体系。

地方卫生部门负责组织居家医疗保健服务，根据地方评估机构针对失能程度及需求类型的评估结果提供不同的服务：居家护理照料、居家康复照料或专科医生出诊。家庭病床服务是指通过在家中提供医院常规的医疗保健服务，让老年病人提早出院，减少住院时间。市政府负责安排家庭帮助服务（SAD），为老年人提供家务劳动、购物、文书工作以及其他社会活动上的帮助。市政府也经常可以提供上门送餐服务。对于晚期病人、重症患者、暂时性以及永久性失能患者，地方卫生部门及市政府需联合为其安排整合型医疗与社会居家照料服务（ADI）。近年来，特别是金融危机后，预算削减造成服务覆盖率下降，以上服务似乎已无法满足意大利老龄人口（更多详细信息请参见本报告数据附录）的长期照料需求。由EUROFAMCARE 发起的一项调查显示，全科医师（GP）是目前为止对有医疗保健需求的老年人及其家属来说最为重要的求助对象（Quattrini et al. 2006）。全科医师在意大利是一种独立执业的，他们与地方卫生部门签订合同，每月根据患者病情，提供一到两周一次的常规出诊服务，也称为定期居家照料协助服务（ADP）（见表7–5）。

表 7-5　　　　　　　　　意大利长期照料体系中居家照料的类型

家庭照料种类	资金提供与管理	提供照料的专业人员	提供照料的种类
居家医疗保健 居家护理照料 居家康复照料 专科医生出诊	地方卫生部门	地方卫生专业人员： 护士 康复专家 内科医师	依照服务对象需求而定：如护理、康复、门诊服务
家庭病床服务	地方卫生部门	地方卫生部门与医院专家	通常由医院提供的加强医疗保健服务（如医用呼吸机）
定期居家照料协助服务（ADP）	地方卫生部门	全科医师	出诊服务
家庭帮助服务（SAD）	市政府	辅助人员	家务劳动、购物、文书工作以及其他社会性活动
整合型医疗与社会居家照料服务（ADI）	地方卫生部门与市政府	多学科团队，包括护士、全科医师、社会工作者及辅助人员	综合性护理及社会照料服务（包括卫生清洁、沐浴及其他日常活动（ADL）和工具性日常活动（IADL）方面的辅助）

资料来源：作者。

　　在机构照料方面，意大利拥有多种不同类型养老设施来提供不同强度的照料服务（见表 7-6），但国家层面仍缺乏统一的组织框架。地方卫生部门负责为那些长期需要社会照料及医疗保健却无法依赖家庭提供帮助的老年人提供（直接提供或外包给私营提供方）护理院类的服务（包括护理院或强化医疗辅助护理院，依据提供的医疗保健服务强度而定）。市政府负责组织提供社会照料的机构类服务（由养老院提供，与前文提到的由医疗保健系统资助的护理院提供的服务不同），目前享受该服务的 65 岁及以上老年人不足 10 万人（Mesini and Gambino 2006）。

表 7-6　　　　　　　　　意大利长期照料体系中机构照料的类型

机构照料种类	资金提供与管理[*]	提供照料的专业人员	提供照料的种类
强化医疗辅助护理院（RSA）	地方卫生部门	内科医生、护士及辅助人员	中高强度的护理（包括急症后护理）及住宿
护理院（RS）	地方卫生部门与市政府	普遍是护士及辅助人员	中等强度医疗护理及住宿
养老院（RA）	市政府	辅助人员及全科医师	社会照料及住宿

　　注：* 在某些大区，强化医疗辅助护理院的资助款项可委托给市政府发放，原因是不同大区服务提供的情况存在差异。
　　资料来源：作者。

为了减轻家庭成员的照料负担，但仍能确保让老年人尽可能留在家中，地方卫生部门及市政府联合组建或单独建立了日间照料中心。国家层面并未对该中心进行明确定义，组织工作也委托给大区一级负责。迄今仍没有全国范围内该类服务的可靠数据（Pesaresi and Brizioli，2009）。

在国家层面，现金福利（或货币转移支付）由意大利国家养老金研究所（Italian National Pensions Institute，INPS）按不同形式发放。失能养老金（disability pension）根据失能类型以及经济状况调查结果发放，每月（每年按 13 个月发放）金额约为 280 欧元。此外，对严重无法自理的人员发放照料津贴，每月金额为 500 欧元（完全失明者津贴提高至 864 欧元），无需进行经济状况调查。照料津贴的数额每年都根据意大利国家统计研究所计算得出的通胀率进行调整（法令 508/1988）。2005 年意大利共有超过 130 万失能人士获得照料津贴，其中 88.85 万为 65 岁及以上老年人（Da Roit 2006）。2008 年获得津贴的老年人超过 110 万（Lamura and Principi 2009），2010 年突破 150 万（Barbabella et al. 2013）。以上数据（见表 7-7）清楚地表明这一国家津贴可被看作是整个意大利长期照料体系中最重要的单一政策工具。

表 7-7　　　　　　　　　意大利长期照料体系中现金福利的类型

现金福利种类	资金提供与管理	特点	数额（欧元）
失能养老金	意大利国家养老金研究所	需要经济状况调查	约280/月
照料津贴	意大利国家养老金研究所	无需经济状况调查	500/月 864/月（完全失明情况下）
地方政府的现金福利	大区政府及市政府	通常需要进行经济状况调查	300～500/月

资料来源：作者。

近期，一些地方政府（例如大区和市）引进现金福利的做法进一步加剧了意大利长期照料体系在转移支付方面的不平衡现象。这些地方性现金福利通常需要进行经济状况调查，数额为每月 300～500 欧元。不同大区对货币转移支付的使用规范有所不同。某些情况下，这些福利金可由领取者本人或其家属自由支配；在其他情况下，这些福利金只能用来雇用私人护工。在某些地区（如 Lombardy）照料津贴作为"代金券"发放，领取者只能用来购买获得认证的私营或公立机构的服务。

最后，值得一提的是，如今意大利长期照料体系的主要特点是大量雇佣私人护工，这一点在后文的阐述中将越来越清晰。雇佣私人护工目前是意大利家庭解决老人日常照料需求问题最常寻求的方案：据估计这类护工人数可能超过 83 万，其中 90% 为外国移民，他们一般与需要照顾的老人共同生活（Rusmini and Pasquinelli 2013）。这显然是前文提到的实物服务普及水平低、现金转移支付上比较慷慨以及意大利社会注重家庭主义带来的结果。下一节最后一段将对意大利长期照料体系中的这一相关问题做出详细阐述。

（2）预防措施

为降低慢性疾病的患病率，政府在全国范围内推广基础性预防措施。最近发布的全国预防计划（National Prevention Plan）中明确针对该问题做出了指示，并要求大区政府在各自的"地区预防计划"（Regional Preventive Plan）中采取相应措施。

然而，意大利预防措施系统发展面临的主要障碍之一是医疗保健支出高度集中在医院领域。由于全国预防计划并未提供任何额外的资助，而是要从原有大区医疗保健基金中拨出一部分专项资金用于预防措施，这使得预防措施的预算与医院预算处于互相竞争的状态，因此在很多情况下，由于"缺乏游说"，预防措施的推广面临"资金短缺"的窘境。

（三）意大利政府、市场与非政府组织在老年照料方面的相互关系及其演变

1.地方政府在长期照料服务中的作用

意大利地方政府对老年人长期照料福利和服务负有筹资和管理责任，

尤其是在机构长期照料、居家照料、日间照料以及喘息照料方面。为有效安排长期照料服务，国家立法敦促市政府间互相合作（法令328/2000），大区政府有义务明确"地域范围"的概念。

地方政府还负责在国家现金福利的基础上发放额外的现金福利（见表7-8）。在某些情况下福利金由地方政府管理，其他情况下由大区主管部门管理。大多数情况下，所有福利金都需要接受经济状况调查。

表 7-8　　　　　　　　意大利地方照料津贴类型和适用范围

地区	照料津贴类型	适用范围（65岁及以上人群百分比）（%）	每月金额（欧元）
Provincia di Bolzano	住院津贴	3～4	515
Veneto	护理津贴	2.2	200
Emilia–Romagna	老年人照料津贴	1.9	246
Liguria	非自给自足性经济计量的区域补贴	1.6	330
Friuli–Venezia Giulia	自理津贴	1.0	375
Lombardia	社会福利	0.9	—
Provincia di Trento	老年人家庭照料津贴	0.6	354
Umbria	护理津贴	0.4	418
Toscana	健康与社会家庭综合护理间接津贴	0.3	—
Piemonte	护理津贴	0.2	—
Abruzzo，Calabria，Sicilia	—	<0.3	—
Puglia，Sardegna	—	—	—

资料来源：意大利养老网络（2009 年）。

地方政府不负责出台影响老龄化的预防措施，例如疫苗注射或身心锻炼的推广。预防类措施由全科医生与地方卫生局预防部门负责。全国范围内对于预防措施面临系统性资金短缺的问题已经达成共识。

2. 非政府机构的作用

意大利长期照料系统中非政府机构角色的转变是公共服务提供领域

"市场"作用明显提升的背景下发生的。照料领域市场概念的形成，与当代福利国家重构的背景下多个公共服务提供领域的改革密切相关（Daly and Lewis 2000）。在照料服务（机构和居家照料）提供方面，这些改革包括服务供给的私有化、购买方与提供方分离以及通过服务外包引入竞争。

在意大利，这些政策是在照料服务的公共提供受到限制、长期照料改革缺少清晰框架的环境下实施的。正如前文所述，过去几十年长期照料政策议程受"制度惰性"的主导，国家未出台任何关于长期照料体系的改革措施（Gori 2008；Pavolini and Ranci 2008）。

预算约束及其带来的公共部门压缩就业的需求（在多部财政法中规定），以及私有部门能确保资源更高效利用的理念，是过去20年里公共照料服务外包不断增加的两大主要驱动因素（Neri 2007；Fiorentini and Ugolini 2000）。多个城市开始将家庭帮助服务外包出去，以帮助那些在社区居住的工具性日常生活能力（IADL）受限的老人。同时，市政府还有义务资助那些无法再继续依靠家庭照料且没有经济收入的人使用机构照料。地方卫生部门向经国民健康服务系统（NHS）授权的服务提供方购买护理院服务和养老院照料服务。

因此，在这段时期，私营服务提供者在正式照料服务提供中的作用不断加强：2006年，养老院和护理院中私营提供者占66.9%（意大利国家统计研究所，2010），营利性养老院和护理院的比例分别为44.1%和22.8%。在非营利性市场中，宗教组织是最主要的提供方，拥有将近20%的养老院。

在居家照料服务领域，"社会合作社"（social cooperatives）的重要性与日俱增（Borzaga and Santuari 2000）。社会合作社成立于1991年，旨在为"社会经济弱势群体"提供福利服务，包括为老年人提供家庭帮助、护理服务及管理养老院。社会合作社可以被视为拥有特殊法律地位的企业，因此可以享受特定的税收优惠，并可以使用志愿服务；另一方面，它有义务在财政年结束时与合作社成员分享所获利润。这类服务提供方的数量从1996

年的 3000 左右上升至 2005 年的 7363（意大利国家统计研究所，2008），其在照料服务市场中的参与度正不断提高。

此外，为观察政府及非政府组织在过去几十年的变化，我们也比较了这两个领域的就业人数。尽管在意大利，由于全国劳动力调查缺乏对照料助理（care assistant）、护士及其他专业人员的详细统计，想要全面描述照料服务的劳动力市场的变化存在困难，但根据部分现有数据仍可得出一些有趣的结论。

国民健康服务系统是全国最主要的雇主之一，尽管难以算出直接参与老年照料服务提供的员工数量，我们仍然可以看到 2008 年其员工总数接近 64 万人，其中有 26 万名护士和 6.3 万名照料助理。2000 ~ 2008 年间，尽管公共财政预算受到限制，且居家照料或其他辅助性服务（如本文前段章节所述）不断被外包给私营提供方（包括营利和非营利提供方），其员工数量仍基本维持不变（意大利卫生部，2001）。同一时期，养老院和护理院（绝大部分属于私营提供方）市场上的员工数量大幅上涨：2006 年（去年可获得的最新数据）将近 10.7 万名员工在该部门就业，与 2001 年相比增长 16.1%（意大利国家统计研究所，2003，2010）。社会合作社中从事照料工作的人数大幅增长，粗略估计如今 19 万员工中（2001 年为 13.5 万人）有 75% 在照料行业工作（意大利国家统计研究所，2008）。这些并不全面的数据却清晰地表明在私营和非营利性领域里照料人员规模的增长，其中社会合作社和私营提供方已分别成为居家照料和机构照料服务的主要雇主。

尽管没有明确的数据记录志愿组织在国家长期照料服务提供中的作用，但这类组织的影响（不同于社会企业）越来越显著（见表 7-9 与表 7-10）。20 世纪 80 年代末，由于政党抢夺社会空间，志愿组织的角色被边缘化，而在其他发达国家，志愿组织由官僚机构及地方草根组织掌握（Perlmutter 1991）。然而，意大利福利国家的财政危机却极大程度上促成了志愿组织的快速发展（Borzaga 2004；Barbetta and Maggio 2002）。近年来，志愿组织发生了广泛和结构性的变化，并第一次在不同社会政策领域的公共政策辩论中以参与者的身份得到真正的政治认同。同样，他们还建立了称为第三部门论坛（Third Sector Forum）的永久性第三部门平台（Ranci，Pellegrino and Pavolini2009）。由此，整个国家见证了数千个志愿组织和数百个新基金会的诞生。

表 7-9　　　1995～2003 年间不同活动领域中的志愿组织（%）

活动领域	1995	1997	1999	2001	2003
健康	42.4	37.6	36	33.1	28
社会服务	30.5	28.7	27.1	28.6	27.8
文化和娱乐	11.7	13.7	16.6	14.9	14.6
民事保护	6.4	9.3	9	9.8	9.6
环境	2.2	3.4	4.2	3.8	4.4
教育和研究	2.8	2.9	1.7	3.3	3.2
人权	2.2	2.7	1.8	2.4	2.8
体育运动	1.8	1.7	1.8	1.9	2
其他领域	—	—	1.6	2.2	7.6

资料来源：意大利国家统计研究所 2001a、2006a。

表 7-10　　　1995～2003 年间主要活动领域中志愿者人数

活动领域	1995	1997	1999	2001	2003
社会服务	150860	153459	189099	226195	256250
健康	194237	221509	231702	216877	235543

资料来源：意大利国家统计研究所 2001a、2006a。

2006 年，志愿者和其他非营利性组织越来越多的参与得到了中央政府的承认，政府设立了一项名为"千分之五"的特殊专项税收（即公民缴税总额的千分之五直接用于资助非政府组织）。每到财政年度结束之际，意大利公民可以在纳税申报单中选择一个非政府组织，国家会将其个人所得税（也称 IRPEF）的千分之五捐给该组织。目前，有资格接受"千分之五"专项税收资助的组织包括（根据 2011 年财政法规定）：志愿者协会、社会合作社、科研机构、大学、体育俱乐部和地方政府（但只能用于资助社会活动）。去年，政府有意废除"千分之五"计划，但经第三部门动员后这一计划得以保留并获得坚实地位，其金额总量更调高至 4 亿欧元。

3. 私人长期照料保险的作用

与其他欧盟国家相比，意大利的私人长期照料保险市场属于较为新兴的市场。然而，有数据显示该行业自 1997 年孕育之初便迅速发展起来。意大利保险公司协会（Ania）2009 年的数据显示，2008 年全年的保险费总量达到 5000 万欧元（同年法国为 3.5 亿欧元，德国为 3.3 亿欧元）。绝大部分的保险都与集体工作协议相关（约 30 万份），个人投保协议有 1.5 万份（Chiatti and Lamura 2010）。

近期，意大利福利部颁布的白皮书进一步强调了私人长期照料保险的重要性，并将扩大私人保险覆盖范围定为未来工作的重要目标。意大利政府也在不久前通过一条法令（2009 年 10 月 8 日）建立全国第一个综合医疗保健注册基金（Register of Integrative Health Funds）。然而，在意大利的国情下要发展这些目标仍面临重大阻碍（Rebba 2006）。首先，目前缺乏足够的证据来评定所谓的长寿风险：保险公司只能粗略估算失能的概率、持续时间以及每位投保客户可能要求的援助金额。其次，是与潜在投保客户逆向选择相关的问题：那些更愿意购买长期照料保险的往往是失能可能性更高的人。最后，同样重要的一点是发生道德风险的可能性，投保客户可能会要求享有在没有保险的条件下不一定会使用的服务。因此，如今的保险公司为了保护自己免受经济损失，都会规定高昂的保险费用，且几乎只以现金福利的形式提供长期照料保险。

此外，与公平相关的因素也阻碍着长期照料领域私人保险的发展。那些生活已经无法自理的人没有资格购买保险，而低收入人群和女性（由于他们的预期寿命更长，失能的可能性更高）则受到明显的歧视。意大利国情下信息的缺失和不透明是另一重巨大障碍，这点在私人保险的合同协议（例如成本、减免税款等）以及对长期照料领域的公共干预（公立部门提供的服务，以及评估失能情况的不同程序）中都有体现。最后，高效信息系统的缺乏实际上也不利于失能风险的建模以及由此带来的保险方案的制定。

4. 家庭及其他非正式照料者的作用

如上所述，意大利和其他南欧国家被视为更倾向于采取"家庭化"或"非正式照料"模式的国家：在这里，高水平的非正式照料工作与低水平的正式照料服务供给（机构照料和居家照料服务）相呼应，国家主要通过转移支付以支持或补充家庭功能而发挥作用（Bettio and Plantenga 2004；Pavolini and Ranci 2008）。

尽管以家庭为重的传统在意大利社会中深入人心，近期的分析仍表明目前意大利家庭的纽带关系正在减弱（Naldini 2002）。这一转变过程体现在多个方面，例如，多代家庭所占比重不断下降，单人户或仅有一对夫妇的家庭数量随之增多，生育率下降，婚姻不稳定性增强，以及劳动力市场中女性就业率不断增高。

然而，家庭凝聚力并未消失，一些研究表明它正处于适应性转变的过程（表 7-11）：举例来说，当意大利的老年人需要时，他们仍然能够从家庭关系网中获取必要的支持，即使他们不和亲属住在一起（Tomassini and Lamura 2009；Da Roit 2007）。通过观察非正式帮助活动变化趋势的有效数据可以发现，过去 20 年中帮助非同居亲属的家庭在数量上保持稳定，但受助者的人数却有所下降，这意味着受助人的选择发生了变化（意大利国家统计研究所 2001b，2006b；Sabbadini 2003）。具体而言，意大利接受帮助的家庭从 1983 年的 23.3% 下降至 2003 年的 16.7%（1998 年为 14.8%）。

受助者人数下降的部分原因可能在于家庭成员人数的减少。Laslett 等人（1993）指出，意大利亲属关系中横向纽带（兄弟姐妹及表亲）减弱以及纵向纽带（祖辈包括父辈、祖父辈，后代包括子、孙辈）延长的现象已（并将一直）比其他各国更为明显。这一动态变化使人们愈发关注家庭的凝聚力问题。

表 7-11　1998 ~ 2003 年为非共同居住亲属提供的非正式性帮助活动（%）

（根据受助人类型划分，按每 100 人计算）

年龄组（岁）	提供帮助人员百分比	非正式帮助活动受助人*								
		父亲	母亲	岳父/丈人	岳母/丈母娘	兄弟/姐妹相关亲属	儿子/女儿相关亲属	祖父母	朋友	邻居
1998										
14 ~ 34		7.6	9.2	3.7	4.8	11.3	1.7	21.1	28.7	10.2
35 ~ 54		14.3	25.9	7.4	10.7	11.2	4.1	1.1	24.2	13.4
55 +		1.8	8.7	1.9	4.5	9.8	36.9	0.0	16.8	12.7
Total	22.5	8.3	15.5	4.5	7.0	10.8	14.3	6.3	23.0	12.3
2003										
14 ~ 34		8.5	10.6	2.1	3.3	13.8	1.5	24.6	32.6	6.6
35 ~ 54		17.0	30.2	5.9	11.5	14.0	6.1	1.5	22.3	9.9
55 +		2.6	10.5	1.3	4.1	9.5	45.3	0.0	14.5	8.6
Total	26.1	9.8	18.5	3.4	6.9	12.3	19.2	6.3	21.9	8.7

注：* 按同年龄组人口计算百分比。

资料来源：作者根据意大利统计研究所 2001b 及 2006b 数据计算得出。

家庭的作用在照料领域中所得到的认可度普遍偏低。家庭照料者所获的权利也较少，其中最重要的权利由法令 104/92 所授予。该项法令规定，工作的父亲、母亲或其他三级以内亲属（配偶、子女、父母、兄弟、祖父、孙辈、叔辈、侄子 / 外甥）如果能证明其参与照顾失能亲属，则可在整个职业生涯中有权享有每月 3 天的带薪假期。对家庭照顾者来说，所得到最重要的资助是"照料津贴"，这一津贴实际上是给被照料者的，但事实中大多数时候这笔钱由照料者所支配。这笔现金是寄望于发放给有需要的人，但并没有规定该如何使用，德国和奥地利皆是如此。

5. 意大利家庭私人雇佣的移民护工的作用

在这种情况下，越来越多意大利家庭转而雇佣外国移民为家中失能老人提供居家照料也就不足为奇了。传统上，意大利家庭的老人主要由家庭成员照顾，承担这项责任的绝大多数是女性家庭成员，比如妻子、女儿或儿媳。然而，事实是越来越多的女性无法再照顾家中的老人，这导致许多家庭不得不雇佣外国移民来完成这项工作，并且他们的价格比本地劳动力更为低廉。由于缺乏更为精准的数据，本文根据外籍家庭护工的人数（表7-12）粗略得出这一现象的相关信息——这些外籍护工主要为来自东欧和南美的女性，人数在过去20年从占家庭护工总人数的1/6上升至4/5，过去数年人力市场上可用家庭护工的整体人数大幅提高（同期增长了4倍）。外籍移民护工在意大利老年人照料体系中十分活跃，在某些地区他们不仅受雇于家庭，而且还负责医院的夜间看护工作（换言之，家属私下付钱请他们帮忙照顾住院的老年人），医院员工本身经常也会或多或少明确要求家属这样做，这显然给家属的预算带来不小的负担。

表 7-12　　　　　　　　意大利外籍家庭护工

年份	家庭护工总人数	外籍护工人数	外籍护工比例（%）
合法雇佣			
1991	181096	35740	16.5
1995	192942	67697	35.1
2000	256803	136619	53.2
2005	471085	342065	72.6
2010	871834	710938	81.5
2011	893351	—	—
合法雇佣及未申报护工			
2001	1083000	—	—
2009	1554000	1113000	71.6

资料来源：Barbabella et al. 2013.

意大利家庭中照料者人数不断减少，但老年人照料需求却不断增高，正如前文所述，人们仍保留着强烈的"家庭主义"立场。正式的机构照料和居家照料服务在意大利均不足以满足人们的需求，两者合计尚未覆盖老年人口总数的7%～8%，但意大利长期照料的现金福利体系（cash-for-care system）比较富足。将所有由国家、大区和市一级拨款的现金福利统计在内，许多无法独立生活的老年人如今可以享受到每月多达 1000 欧元的补助金（该数字接近意大利独居老人的平均收入）。众所周知，发放这些津贴无需进行或只有部分需要进行经济状况调查，津贴一般都能由老年人自由支配，这也给雇佣私人外籍护工提供了明确的公开激励。这些外籍护工一般都与需要照顾的老年人共同起居生活，以确保提供每周 6 或 7 天的全天候照料服务。这一解决方案与另外两个因素一起显著降低了成本：第一，该类雇佣关系一般未申报政府，因此支付给护工的工资保持在每月 1000 欧元的限额之下；第二，由于外籍护工的工资在本国和雇佣国之间存在巨大差异，工人所赚工资汇回本国后的真实购买力会显著提升（例如，一名护士在乌克兰和摩尔多瓦的工资低于 100 欧元，但在意大利作为私人家庭护工的工资将是这个数字的 10 倍）。

6. 意大利长期照料领域中营利性和非营利性参与者作用的 SWOT 分析

根据上文所阐述的意大利长期照料体系中不同参与者所产生的不同作用，本节将进行一项简要的 SWOT 分析（一项针对优势、劣势、机遇和挑战的分析）以探究营利性和非营利性组织各自的特点（表 7-13 和表 7-14）。这一尝试的目的就是分析这两类服务提供者的典型特点和优缺点，其在中国长期照料领域同样将起到潜在的关键作用。

表 7-13　　　　意大利长期照料中营利性参与者的 SWOT 分析

优势：	劣势：
-灵活管理劳动力 -灵活调整生产线 -资源利用的高效性	-对长期照料领域公共基金规模与发展趋势缺乏清晰的了解
机遇：	挑战：
-在机构照料及专业居家照料领域中增加自身的市场份额 -增加长期照料领域的就业人员数量（创造就业）	-来自非法移民护工（在居家照料服务的提供上）的竞争 -来自非营利性领域的竞争 -机构照料方面公共基金的减少 -外包过程中的政治"介入"，缺乏透明度

表 7-14　　　　意大利长期照料中非营利性参与者的 SWOT 分析

优势： –公共空间中曝光度的增加 –中央政府专项税收（"千分之五"）有利于该类组织的发展 –劳动力的使用更灵活 –较低成本与专项税收	劣势： –对长期照料领域公共基金规模与发展趋势缺乏清晰的了解 –"千分之五"项目每年都需要得到国家金融法的审批
机遇： –在机构照料及专业居家照料领域中增加自身的市场份额 –增加长期照料领域的就业人员数量（创造就业）	挑战： –机构照料方面公共基金的减少 –外包过程中的政治"介入"，缺乏透明度

（四）意大利老年人照料体系筹资情况及其演变

1. 长期照料费用

国家层面上有关长期照料费用最有价值的信息来源就是 RGS 年度报告（RGS 是意大利经济部下属技术部门）。RGS 每年都会撰写一份报告对目前及未来的费用水平进行估算，其中对未来长期照料费用的估算使用基于不同宏观经济及人口学情景（这样就可以调整模型的基本假设）的多元计量经济模型实现。表 7-15 记录了 2004 ~ 2008 年长期照料费用的演变。

表 7-15　按照料类型区分的失能老人长期照料的公共支出（2004 ~ 2008 年）

	年份		
	2004	2008	Δ 2004 - 2008
失能老人长期照料的公共支出占GOP的比重			
A）医疗保健部分	0.45	0.49	+ 0.04
B）照料津贴	0.48	0.56	+ 0.08
C）社会照料部分	0.11	0.13	+ 0.02
D）总费用	1.05	1.18	+ 0.13

资料来源：Ragioneria Generale dello Stato（2006，2010）．

2. 长期社会照料领域地方政府筹资

在意大利，长期社会照料的资金来源比较复杂（见图 7-4）。地方预算是长期社会照料福利的主要资金来源，主要来自于：①市政府直接税收；②用户共付的费用；③国家和大区的拨款。

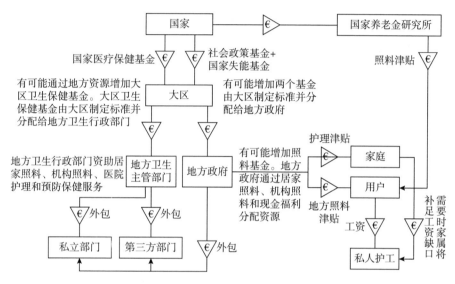

图 7-4 意大利长期照料资金：自上而下的资金流

注：该表并未展示从用户付给其他方的资金流，即纳税、工作贡献（job contributions）、捐款以及共付费用等，仅考虑自上而下的资金流。

资料来源：作者。

国家级的两个筹资工具分别是国家失能基金（"Fondo Nazionale per la Non Autosufficienza"，FNNA）和国家社会照料基金（"Fondo Nazionale per le Politiche Sociali"）。通过国家—地区联合会议（Conferenza Stato-Regioni，见图 7-5）的商谈，政府规定了对两个基金会的拨款总数。根据按照当地人口年龄结构调整后的按人头付费方程式，资金被分配至各个区域。各地区在这一阶段有权自主设立规则和标准将资源分配给市政府。联邦制允许大区利用该地区额外的资源来提高两个基金会的资金总额。国家卫生基金同样经历了这一谈判和分配过程。

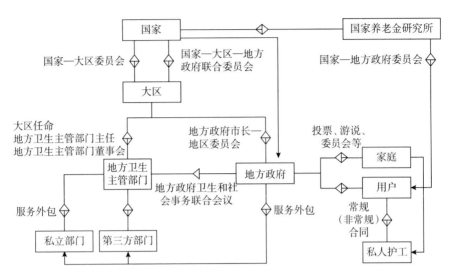

图7-5 意大利长期照料体系的治理：各利益相关者之间的关系

资料来源：作者。

　　地方政府所有可利用的长期照料服务资金随后与其自身的市政资源整合在一起（参见表7-16）。《联邦财政法》（42/2009）给予地方政府在资金管理上更大的灵活性。改革仍在进行之中，暂且无法评估其影响力，但联邦制理应会对意大利目前各区域之间的差距产生深远的影响。在意大利经济最不发达的地区，市政府的财政能力将会下降，债务负担会进一步加重。预算削减只是这些政府面临挑战的部分原因。值得一提的是，这些地区一直被认为缺乏"制度能力"（institutional capacity）——Putnam（1993）明确提出了这个问题——尽管国家和大区赋予地方较大的自治权，但缺乏"制度能力"事实上阻碍了地方从中受益[1]。

---

　　① Putnam 在《让民主运转起来》（Making Democracies Work）的分析中指出，家庭主义被认为是解释意大利地区经济和制度发展差异的基本因素。特别是在南方地区，强烈的家庭主义传统及由此导致的越来越低的公民参与度，是该地理区域欠发达状况的重要决定因素（Putnam1993）。

表 7-16	资金从何而来
国家社会照料基金	政府预算
国家失能基金	政府预算
国家医疗保健基金	IRAP（生产税，即企业税） IRPEF（个人所得税，即个人税） VAT（增值税） 燃油税
额外的区域资源	额外的区域资源可以用于地区社会基金和地区卫生基金。提供额外资金的最常见途径是额外的区域生产税和个人所得税（在联邦制改革后，允许地区提高生产税和个人所得税的百分比）
市政府自有资源	传统上（在2009年第42条法律设立之前）： ICI（房地产税） Tarsu（垃圾税） IRPEF（附加个人所得税） Oneri di Urbanizzazione（新建筑物建设税） 用户服务收费（如使用ISEE工具进行评估） 市政警察部门收入（如罚款和其他行政处罚） 其他收入来源（地方交通，废物管理等） 如今市政府的收益还来自于叫"千分之五"的专项税

资料来源：作者。

国家医疗保健基金承担了长期照料领域的医疗保健费用。该基金规模远大于"社会"类基金。这也是因为一直以来意大利的医疗保健花费都比市政预算要高。这种"路径依赖"导致了一种扭曲状况，即无法轻易地将资源从"昂贵"的医疗保健领域（如医院护理预算）撤回并用于社会照料领域。正如前面表7-15中显示，长期照料中的医疗保健费用占GDP的0.49%，相对而言，社会照料费用仅占GDP的0.13%。任何削减医疗保健费用的尝试（这样做是为了提高社会干预的预算，社会干预是在长期照料领域中成本效益更高的照料措施）均会遭到医疗保健利益相关者和市民的强烈反对。

二、意大利老年照料体系面临的挑战、正在进行或潜在的改革

（一）影响意大利老年照料体系的主要挑战

根据报告第一部分提供的信息，以下问题被视为意大利长期照料领域面临的重大挑战。

1. 医疗保健、社会照料和长期照料的整合与协调

如前所述，意大利医疗保健、社会照料和长期照料三者的界限相对模糊。医疗保健的组织由大区政府负责，而社会照料的提供由市政府负责。主要的货币转移支付（包括照料津贴）则由意大利国家养老金研究所拨付（由养老金研究所来拨付津贴是不正常的，因为此项津贴与以往的工作贡献无关，任何有需要的人都可以获得资金支持）。这一分割状态使长期照料体系在有效性（和效率）和公平性方面都出现了问题。医疗保健和社会照料之间的不协调破坏了照料服务的有效性：大多数家庭都认为没有充分享受到正式服务的支持，因而不得不向外籍护工或是照料机构寻求帮助，以照顾家中的失能老人。

缺乏整合也体现在用户照料费用的支付上。大多数失能老人需要不同的医疗保健和社会照料干预，然而这些费用却由不同部门承担。例如，意大利由机构提供的长期照料服务费用由国家卫生服务体系（通过国家卫生保健基金）、用户（及其家庭）和市政府共同承担。老年人（及其家庭）直接支付费用的比例通过两种方式测算（Pesaresi 2008）：服务费用分成医疗保健和社会照料两部分；社会照料部分的花费由用户和市政府承担。

这是一套复杂的体系，国家立法机构曾经试图明确界定每一项照料服务中社会照料和医疗保健的权重。2001 年 2 月 14 日各部委委员会通过的

总统法令以及 2001 年 11 月 29 日关于基本援助标准的法令明确提出了 "高整合度的医疗保健和社会照料服务" (services with high health and social care integration) 领域的概念。这一领域涵盖了老年人居家照料和机构照料的提供，两种服务主要由当地卫生主管部门负责，并由国家卫生保健基金提供资金。尽管如此，只要涉及社会照料服务，就需要用户共付费用（如果是低收入人群，费用则由市政府承担）。

联邦制改革（宪法 n.3/2001）以后大区可以修改上述两条法律，以调整基本照料水平的项目列表及社会照料和医疗保健的权重。这一可能性增加了各大区在长期照料领域的差异性，就医疗保健部分的界定而言，不同大区市民共付费用的比例会有所不同。

2. 长期照料服务的可及性

由于长期照料体系内部彼此分割，全国范围内获得照料服务的标准有所不同。一般而言，能否获得长期照料根据服务的可得性确定。不同地区居家和机构照料服务的可得性存在巨大差异。

第一个例证涉及医疗保健部分。鉴于这是宪法赋予的权利，个人有权利获得医疗保健服务，如果在当地无法获得服务，大区政府有义务资助市民前往其他地方接受服务。然而，就机构照料（属于 "高整合度的医疗保健和社会照料服务" 范畴）而言，老年人去其他地方接受长期照料必须由大区政府提前授权。如前所述，地方卫生主管部门必须在地方评估部门评估以后才有权提供居家和机构照料服务（直接提供或外包给私营提供方）。需求评估由跨学科团队承担，其中包括内科医生、全科医生、社会工作者还有其他专业人员（如专科医生、康复专家、职业治疗师）。

至于社会照料，必须由市政府雇佣的社会工作者评估以后，人们才能获得市政府提供的长期照料服务（属于 "社会照料" 的一部分）。这方面服务的不可得性尤其会妨碍用户获得长期照料服务。

意大利失能老人可获得的最普遍援助是国家资助的照料津贴，只要通过了失能的相关认证即能获得。评估工作由当地卫生主管部门的医学委员会执行（与前面提到的地方评估部门不同），但是全国并不存在标准的评估工具。近期大众传媒发起了反对可能存在的津贴滥用活动，这促使意大利国家养老金研究所在津贴领用者中展开了针对"虚假失能"（"Falsi Invalidi"）的审计工作。但这次审计并不成功，而且撤回的津贴数目也有限（Cembrani et al. 2010）。不同于对津贴滥用的指责，对过去几年里现金福利戏剧性增长看似最有道理的一个解释是存在负责授予津贴的机构（地方卫生行政部门，即大区）和提供资金的机构（国家养老金研究所，即国家）之间的分离状况（Gori 2010）。为了改变这一状况，最近的一条法律做出如下规定：意大利国家养老金研究所的医生将成为各个医学委员会的成员，以确保全国范围内对失能情况的评估更加公正和标准化（法令102/2009）。

为了评估各地区在获取现有服务过程上的差异（这也反映在大区和市政府承担的人均社会照料费用上，意大利北部在这方面的支出往往是南部的两倍之多（Adamo et al. 1997：Caltabiano 2004）），近期根据现有统计数据进行的一项分析将意大利各大区分为五大集群，其分类依据是医疗/社会服务以及现金/实物等主要社会照料服务的提供水平（Chiatti et al. 2010）（参见表7-17和图7-6）。

表 7-17 意大利失能老人的长期照料区域模式

模型（地区）*		平均分	可得性	范围
1	机构照料模式 (Trentino–Alto Adige and Valle d'Aosta大区)			
	接受整合型医疗和社会居家照料的老年人比例	0.4	+	[0.4－0.5]
	接受家庭帮助服务的老年人比例	4.3	+++++	[3.8－4.9]
	接受机构照料的老年人（每千人的比例）	57.9	+++++	[51.0－64.7]
	接受照料津贴的老年人比例	9.0	+	[9.0－9.1]

续表

模型（地区）*	平均分	可得性	范围
2	高照料覆盖率模式 (Emilia-Romagna, Veneto and Friuli-Venezia Giulia大区)			
	接受整合型医疗和社会居家照料的老年人比例	6.5	＋＋＋＋＋	[6.0 – 7.3]
	接受家庭帮助服务的老年人比例	2.3	＋＋＋＋	[1.7 – 2.9]
	接受机构照料的老年人（每千人的比例）	57.4	＋＋＋＋＋	[44.0 – 81.2]
	接受照料津贴的老年人比例	11.2	＋＋＋	[10.6 – 11.8]
3	现金福利模式（cash-for-care） (Abruzzo, Calabria, Campania, Sardegna and Umbria)大区			
	接受整合型医疗和社会居家照料的老年人比例	3.2	＋＋＋	[1.8 – 5.1]
	接受家庭帮助服务的老年人比例	1.7	＋＋＋	[0.6 – 2.5]
	接受机构照料的老年人（每千人的比例）	14.0	＋	[5.8 – 20.4]
	接受照料津贴的老年人比例	16.3	＋＋＋＋	[14.0 – 19.0]
4	中等照料覆盖率模式			
a)	①以现金福利为重点 (Basilicata, Lazio, Marche, Puglia and Toscana)大区)			
	接受整合型医疗和社会居家照料的老年人比例	3.0	＋＋＋	[1.8 – 4.1]
	接受家庭帮助服务的老年人比例	1.2	＋	[0.8 – 1.8]
	接受机构照料的老年人（每千人的比例）	16.7	＋＋	[5.7 – 30.6]
	接受照料津贴的老年人比例	12.3	＋＋＋＋	[11.3 – 13.4]
b)	②以机构照料为重点 (Liguria, Lombardia and Piemonte大区)			
	接受整合型医疗和社会居家照料的老年人比例	3.0	＋＋＋	[1.9 – 4.0]
	接受家庭帮助服务的老年人比例	1.5	＋＋	[1.3 – 1.8]
	接受机构照料的老年人（每千人的比例）	48.2	＋＋＋＋	[38.4 – 54.5]
	接受照料津贴的老年人比例	10.1	＋＋	[9.3 – 11.0]

续表

	模型（地区）*	平均分	可得性	范围
5	**低照料覆盖率模式** (Molise and Sicilia大区)			
	接受整合型医疗和社会居家照料的老年人比例	2.1	++	[0.9 – 3.4]
	接受家庭帮助服务的老年人比例	3.2	++++	[3.1 – 3.4]
	接受机构照料的老年人（每千人的比例）	16.4	++	[9.6 – 23.2]
	接受照料津贴的老年人比例	11.5	+++	[10.8 – 12.2]

注：* 根据意大利国家统计研究所的数据，我们给失能程度超过国家平均水平的地区标注了下划线。

资料来源：Chiattiet al.(2010).

　　□ 机构照料模式
　　▦ 高照料覆盖模式
　　▨ 现金福利模式
　　▢ 中等照料覆盖率模式—以现金福利为重点
　　▥ 中等照料覆盖率模式—以机构照料为重点
　　■ 低照料覆盖模式

图 7-6　意大利失能老人长期照料的区域模式

资料来源：Chiatti et al.（2010）.

3. 其他关键政策挑战

　　除以上两个问题，意大利长期照料体系还面临其他同样存在于欧洲各国的挑战（Theodorakis 2008：Rodrigues et al. 2012）。这些挑战包括追求更高程度的去机构化照料、减少对医院病房的不合理使用、提高照料水平、确保对非正式照料者的更大支持。在资源方面相关的两个主要挑战是照料领域人力资源的短缺以及从宏观上确保筹资体系的长期稳定性。以下系统分析了这些挑战和其他一些小的问题：

（1）长期社会照料福利的整体供给是否正好适应了人口变迁以及需求的变化？

长期社会照料福利的整体供给不能充分满足人口变迁及需求的变化。一方面，意大利是世界上老龄化最为严重的国家之一；另一方面，意大利在欧洲属于长期照料服务公共支出最低的国家之一。此外，现金转移支付方面的花费不平衡，大多数地区的实物服务供应亦不充足。

（2）在长期照料服务的供给中是否会区别 65 ~ 79 岁人群和 80 岁以上人群的照料需求？

意大利尚未对二者进行区分。意大利照料政策框架的一个普遍问题是社会政策确定了用户的"类别"（如失能、老年人、穷人），却忽视了人与人在年龄、性别、收入和生活地理环境上的区别。因而政策难以恰当地解决社会公正的问题。

（3）地方政府在长期照料的类型和标准（包括福利）上的自由裁量权是否有利于地方灵活调整以适应当地需求并构建创新平台？

这只会发生在意大利最富裕的地区，比如 Lombardy 或 Veneto 大区。南部地区尤其不具备经济和人力资源来利用联邦制改革后赋予地方政府的自由裁量权。

与地方差异相关的一个例子是"代金券制度"的推行，这一制度仅在最富裕的地区得到实施。根据 2000 年第 328 条法令（Law 328/2000），市政府可以向市民提供"代金券"，这属于购买社会服务的经济福利。"代金券制度"旨在保障市民自主选择由公共部门授权的专业机构（彼此间互相竞争）提供的服务。代金券的数目根据经济资源和老年人的需求决定，这与其他的地方照料津贴类似，但在这种情况下代金券变成了一种"目的债券"（destination bond）（Battistella 2002：1）。有些人相信这是保证服务质量最好的办法（Da Roit and Gori 2002），这是因为为了"获取"用户使用的代金券，服务提供者将有动力去提高自身能力，以按需提供有效的服务（Battistella 2002）。而这种供应方式的缺点在于相对于长期照料服务用户的实际需要，能够获得的服务非常有限，但这其实是资源短缺的问题，而不是代金券本身特性造成的。

（4）目前的筹资制度和标准是否会导致服务水平的差异，或者是否会增强地域偏见和歧视？

意大利一个特有问题是医疗和社会照料服务提供上的不平等，其标志是南北方之间巨大的差异（Caltabiano 2004）。近期一项现金福利制度改革对解决问题起到很大作用，该制度通过采用更加标准化的评估工具来促进公平，推动与照料服务体系的更好融合（Lamura and Principi 2010）。

意大利北部迈出了照料服务市场化的最重要一步，如 Lombardy 大区：在这里，购买方和提供方实现了分离，众多营利性和非营利性的供应商积极进入市场。在其他地区，用户无法恰当地行使其对服务提供商的"选择"权，因为提供商数量有限，且彼此差别不大，因此服务的可及性也就无法得到很好地保证。

（5）责任部门或资金方的分化是否会导致服务供应偏向更昂贵或不符合个人需求的照料类型？

长期照料领域比较明显的一种异常现象与大量雇佣外来移民护工有关。由于现金福利大多不受限制，因此公共部门难以对雇佣外来移民情况进行有效监管，使得这种情况得以不受控制地快速发展。外来移民护工亟需整合入正式的长期照料体系之中。另一种异常现象与照料津贴的发放程序、国家层面医疗服务资金的过度投入（特别是医院急症护理）以及由此带来的社会照料资金不足有关。

（6）社会照料、社会福利和医疗服务三者是否实现了充分融合以提供一套针对老年人最需要的长期照料类型或经济支持的综合评估体系，且为他们提供可用服务相关信息的支持？

意大利只有部分地区实现了三者的充分融合。在大多数情况下社会照料和医疗保健的提供方不共享流程，照料途径也不相同，甚至信息技术系统也存在差异。为了解决这个问题，一些地区的照料/病例管理者（care/case manager）有责任为病人组织并协调照料资源的提供。

（7）长期社会照料在立法框架下有什么优势、缺陷或漏洞吗？

长期照料领域缺乏综合性的改革，尽管过去20年中一直存在这方面的争论（Gori 2008，Pavolini and Ranci 2009：NNA 2010）。标准化的失能情况评估标准依然没有出台。其他方面的缺陷我们在前面的章节中已经阐释。

（8）长期照料公共资金的资金流是否有重大的缺口、漏洞或是重叠？

现有数据显示长期照料的费用中47.8%来自用户及其家庭，26.4%来自国家（照料津贴），18.6%来自地方卫生主管部门，5.2%来自于市政府。家庭承担的费用比例最大，而公共支出相对较低。

除此之外，筹资制度的基础是所谓的"基金"，这意味着每年需要确定基金数额。因为不了解来年的资源数量，地方政府很难为长期照料制定长远的计划和政策。

（9）是否存在长期照料从业人员的短缺？

在不久的将来，长期照料从业人员的可获得性可能会受到影响，举例而言，近些年正式照料领域的护理人员长期处于短缺状态（WHO 2006）。由于长期照料领域的从业人员中很大一部分正接近退休年龄，该行业员工的构成已出现问题。

4.时间视角下的意大利长期照料政策困境

关于如何最大限度地增加长期照料服务供给的问题，可根据时间尺度对现有的政策困境加以区分：

（1）短期（3～5年）

第一，为市政府保障充足的资金，改变长期照料资金需每年下拨的困境。实现这点需要完成联邦制改革进程，并明确经济来源。

第二，"照料津贴"改革：该津贴的实际规则并不公平，因为每个用户接受的补贴金额完全相同，并没有考虑其实际需求，对于补贴的使用方式也没有进行有效控制。

第三，将外籍移民护工和其他非正式的照料人员整合入长期照料的大框架之中。

第四，为照料工作最繁重（如照顾痴呆症患者）的非正式照料者提供支持，如适当的喘息服务和日间照料服务。

（2）长期（6～10年）

第一，以用户为中心改革整个长期照料体系：必须更好地协调社会照料、医疗保健和退休金之间的关系。亟需对长期照料领域公共干预的特点和范围作出更加准确的说明，这有利于确定营利和非营利部门的角色界定。

第二，改革老年人医院与机构照料服务：康复和庇护照料服务的短缺不恰当地延长了住院时间。政策上必须提出新的机构服务解决方案，以便更好地满足重度依赖和有重大健康问题的病人。改革需要将长期照料的支出从医疗保健部分更多地转移到社会照料部分（因为目前意大利长期照料的资金分配严重向医疗保健领域倾斜）。

三、对中国老年照料体系发展和改革的启示

意大利长期照料体系的发展为阐释在一个传统式家庭主义社会中完善长期照料制度的复杂性提供了非常有趣的例证。意大利老年人照料体系中某些严重的不足值得中国借鉴。

（一）照料提供机构中的专业平衡

医生与护士人数比高是意大利医疗保健体系的一大特色。与相对短缺的护士、护工及照料机构中的其他专业人员相比，意大利医生数量非常多。中国老年人照料体系应优先考虑医疗保健机构中医生和非医务工作人员之间的数量平衡。

（二）现金福利（cash-for-care）和实物服务（in-kind contribution）之间的平衡

过度强调现金福利而忽视实物服务的提供也是意大利长期照料体系的一个特点。这一特点刺激了充斥非专业居家照料者（尤其是移民）的灰色市场的发展，而与此同时，很多地方正式照料提供者的作用却被大众忽视。

（三）区域自治与集权

意大利的案例表明区域自治的需求可能会与居民要求公平和平等待遇的权利相互冲突。只有中央政府保持监测和监督的角色，才能保证权力下放也不会损害国内那些公共行政人员"制度能力"（institutional capacity）低下的欠发达地区的利益。

（四）初级卫生保健组织

意大利的初级卫生保健服务通过广泛的全科医生网络组织形成，而全科医生是独立于国民健康服务系统（NHS）外的专业人员。每年全科医生协会在国家层面上续订全国全科医生协议，在地方层面上则会签署"综合性协议"（integrative contracts）。由于全科医生不具备公职人员的地位，因此，协调全科医生服务与其他国民健康服务系统服务的成本非常高。

（五）住院服务与长期照料的整合

老年患者住院后失能风险也往往随之增加。这不仅仅是因为老年人住院本身通常就是严重急性健康问题的结果，还因为医院的环境存在一些不利的因素，比如感染、长时间卧床和身体运动量减少等，这会引发更高的丧失日常活动能力和工具性日常活动能力的风险。这意味着即使要应对的是各种错综复杂的健康问题，在医院停留的时间也要越短越好。要实现这一点，医院必须与长期照料机构和/或居家照料服务之间拟定工作协议并保持良好衔接。只有这些重要的服务之间实现整合，才能在避免给非正式照料者带来过重的负担、减少反复住院风险的前提下加快出院进程（所谓的回旋效应（boomerang effect），是指病人提前出院后由于相同健康问题的并发症而再度住院）。

（六）非医疗保健专业人士的作用

意大利国民健康服务系统（包括医学院系统）的主要特点是所谓的"医生主导"。新生的医疗保健专业人士（如护士、职业理疗师和物理治疗师）一直在努力追求对自身地位的更高认可。例如，在大学中很少能发现拥有护士或职业理疗师背景的"全职教授"。

（七）对照料者地位和权利的认可

照料者通常是家庭成员或朋友，为不能独立生活的老年人提供身体和心理上的重要支持。非正式照料者的行为能大量减轻正式照料服务体系的照料负担。在意大利及其他许多国家，这种非正式照料服务虽然非常重要，却未得到充分的认可和支持。照料失能亲属会增加照料者的焦虑、压力和抑郁，很多情况下（比如照料老年痴呆病人），照料者本人也有变成"第二个潜在病人"的风险。公共政策可以支持这些照料者，例如通过认可他们的作用和地位，对他们暂时离岗提供报酬，增强工作、家庭和照料间协

调的灵活性，或者给予某些支持服务，例如，自助小组、喘息服务、日间
照料中心及其他居家照料服务。

（执笔：Carlos Chiatti

Georgia Casanova

Francesco Barbabella

Maria Gabriella Melchiorre

Giovanni Lamura）

参考文献

[1] Alber，J. and U. Köhler（2004）"Health and Care in an Enlarged Europe." Dublin：European Foundation for the Improvement of Living and Working Conditions. Available online：http：//www.eurofound.eu.int/pubdocs/2003/107/en/1/ef03107en.pdf.

[2] Adamo，S.，M. Brunetti，and L. Dragosei.（1997）Il ridisegno della spesa sociale，Studi sul welfare italiano，3° rapporto：L'assistenza. Roma：Editrice Libert à .

[3] Ascoli U. and R. A. Cnaan（1997）Volunteering for Human Service Provisions：Lessons from Italy and the U.S.A. Social Indicators Research，40（3）：299‐327.

[4] Barbabella F.，Chiatti C.，Di Rosa M. and Gori C.（2013）La bussola di N.N.A.：lo stato dell'arte basato sui dati. In：NNA（a cura di）L'assistenza agli anziani non autosufficienti. 4° Rapporto NNA 2013. Bologna：Maggioli Editore：11-28.

[5] Borzaga，C.（2004）"From Suffocation to Re-emergence：The Evolution of the Italian Third Sector." In：A. Evers and J. L. Laville（eds.）The Third Sector in Europe. Cheltenham：Edward Elgar.

[6] Borzaga C. and A. Santuari（2000）"Le imprese sociali nel contesto europeo（Social enterprises in the European context）." Working Papers Dipartimento di Economia dell'Universit à di Trento，No. 13.

[7] Caltabiano, C. (2004) Il prisma del welfare: analisi dei regimi socio-assistenziali nelle regioni italiane. Roma: IREF.

[8] Cembrani F., R. Cogno R., C. Gori, F. Pesaresi, and F. Ragaini (2010) Le politiche nazionali, in NNA (a cura di) Rapporto NNA 2010. Bologna: Maggioli Editore.

[9] Chiatti, C. and G. Lamura (2010) "I nodi dell'Italia." In: C. Gori (ed.) "Il sistema di protezione e cura delle persone non autosufficienti. Prospettive, risorse e gradualità degli interventi" Progetto promosso dal Ministero del Lavoro e delle Politiche Sociali. Available online: http://www.lavoro.gov.it/NR/.../0/RicercaIRS_nonautosufficienzaott2010.pdf

[10] Chiatti C., F. Barbabella, G. Lamura, and C. Gori (2010) "La 'bussola' di NNA: lo stato dell'arte basato sui dati." In: NNA (a cura di) Rapporto NNA 2010. Bologna: Maggioli Editore.

[11] Daly, M. and J. Lewis (2000) "The Concept of Social Care and the Analysis of Contemporary Welfare States." British Journal of Sociology, 51 (2): 281-98.

[12] Da Roit, B. (2006) "La riforma dell'indennità di accompagnamento." C. Gori (a cura di) La riforma dell'assistenza ai non autosufficienti. Bologna: Il Mulino. pp. 287-315.

[13] Da Roit B. (2007) "Changing Intergenerational Solidarities within Families in a Mediterranean Welfare State: Elderly Care in Italy." Current Sociology, 55 (2): 251-269.

[14] Dykstra, P.A. (2009) Older Adult Loneliness: Myths and Realities. European Journal of Ageing, 6 (2): 91-100.

[15] European Commission (2013) EU Employment and Social Situation. Quarterly Review. Special Supplement on Demographic Trends. March 2013. Brussels.

[16] Fiorentini, G. and C. Ugolini (2000) "Accordi contrattuali tra produttori e finanziatori in un contesto di programmazione sanitaria." Politica Economica, 2: 169-94.

[17] Gori, C. (a cura di) (2006) La riforma dell'assistenza ai non autosufficienti. Bologna: Il Mulino.

[18] Huber M., R. Rodrigues, F. Hoffmann, B. Marin, and K. Gasion (2010) Facts and Figures on Long–term Care. Europe and North America. European Center for Social Welfare Policy and Research.

[19] ISTAT (several years) Demografia in cifre. Demo–ISTAT (http: //demo.istat.it/).

[20] ISTAT (2001a) Le organizzazioni di volontariato in Italia. Anno 1999 (Voluntary organizations in Italy. Year 1999). Roma: Istituto Nazionale di Statistica.

[21] ISTAT (1999) Parentela e reti di solidarietà. Anno 1998 (Kinship and solidarity networks. Year 1998). Roma: Istituto Nazionale di Statistica. Available online: http: //www.istat.it/dati/catalogo/20020328_00/

[22] ISTAT (2003) Le organizzazioni di volontariato in Italia. Anno 2003 (Voluntary organizations in Italy. Year 2003). Roma: Istituto Nazionale di Statistica. Available online: http: //www.istat.it/dati/catalogo/20061127_02/

[23] ISTAT (2003) Parentela e reti di solidarietà. Anno 2003 (Kinship and solidarity networks. Year 2003). Roma: Istituto Nazionale di Statistica. Available online: http: //www.istat.it/dati/catalogo/20061010_00/

[24] ISTAT (2008) Le cooperative sociali in Italia. Roma: Istituto Nazionale di Statistica. Available online: http: //www.istat.it/dati/catalogo/20080807_03/

[25] ISTAT (2010) L'assistenza residenziale e socio–assistenziale in Italia. Roma: Istituto Nazionale di Statistica. Available online: http: //www.istat.it/dati/dataset/20100211_00/

[26] ISTAT (2010) Health for All 2010. Roma: Istituto Nazionale di Statistica. Available online: http: //www.istat.it/sanita/Health/

[27] Italian Ministry of Health (2011) Personale delle ASL e degli Istituti di Cura Pubblici. Available online: http: //www.salute.gov.it/servizio/sezSis.jsp?label=ssn

[28] Jacobzone, S. (1999) "Ageing and Care for Frail Elderly Persons: An Overview of International Perspectives." Labor Market and Social Policy - OECD Occasional Papers, No. 38. Paris: OECD.

[29] Lamura G. and C. Chiatti (2011) "Il lavoro di cura privato: un confronto internazionale." QUALIFICARE: la newsletter del lavoro privato di cura. Available online: http://www.qualificare.info/

[30] Lamura, G. and A. Principi (2009) I trasferimenti monetari, in N.N.A. (Network per la Non Autosufficienza) (a cura di), L'assistenza agli anziani non-autosufficienti in Italia. Rapporto 2009, Santarcangelo di Romagna, Maggioli Editore, pp. 69 - 82.

[31] Laslett P, J. Oeppen, and J. E. Smith (1993) "La famiglia estesa verticalmente dell'Italia del XXI secolo." Polis VII, April: 121 - 139.

[32] Mesini, D. and A. Gambino (2006) "La spesa per l'assistenza continuativa in Italia." In: C. Gori (a cura di) La riforma dell'assistenza ai non autosufficienti. Bologna: Il Mulino.

[33] Naldini, M. (2002) The Family in the Mediterranean Welfare States. London: Frank Cass.

[34] Neri, S. (2007) "La regolazione dei sistemi sanitari in Italia e Gran Bretagna." In: Concorrenza, cooperazione, programmazione. Milano: FrancoAngeli.

[35] NNA (a cura di) (2009) Rapporto NNA 2009. Bologna: Maggioli Editore.

[36] NNA (2010) Rapporto NNA 2010. Bologna: Maggioli Editore.

[37] Pasquinelli S. and G. Rusmini (2010) "La regolarizzazione delle badanti." In: NNA (ed.) L'assistenza agli anziani non autosufficienti in Italia - Rapporto 2010. Promosso dall'INRCA-IRCCS. Maggioli Editore.

[38] Pavolini, E. and C. Ranci (2008) "Restructuring the Welfare State: Reforms in Long-term Care in Western European Countries." In: Journal of European Social Policy, 3.

[39] Perlmutter, T. (1991) "Italy: Why No Voluntary Sector?" In: R. Wuthnow

(ed.) Between States and Markets: The Voluntary Sector in Comparative Perspective. Princeton: Princeton University Press.

[40] Pesaresi, F. (2008) "La suddivisione della spesa tra utenti e servizi." In: C. Gori (a cura di) Le riforme regionali per i non autosufficienti. Gli interventi realizzati e i rapporti con lo Stato. Roma: Carocci editore.

[41] Pesaresi, F. and E. Brizioli (2009) "I servizi residenziali in N.N.A. (Network per la Non Autosufficienza) (a cura di), L' assistenza agli anziani non-autosufficienti in Italia." In: Rapporto 2009, Santarcangelo di Romagna, Maggioli Editore, pp. 53–68.

[42] Putnam, R. (1993) Making Democracy Work: Civic Traditions in Modern Italy. Princeton: Princeton University Press.

[43] Quattrini S., M. G. Melchiorre, C. Balducci, L. Spazzafumo, and G. Lamura (eds.) (2006) National Survey Report (NASURE): Report on the Main Findings of the EUROFAMCARE Survey in Italy. Hamburg: University of Hamburg-Eppendorf. Available online: http://www.uke.uni-hamburg.de/extern/eurofamcare/internal/cd-rom/eurofamcare/documents/nasure_it.pdf

[44] Ragioneria Generale dello Stato (multiple years) Le tendenze di medio-lungo periodo del sistema pensionistico e sociosanitario. Roma: Ragioneria Generale dello Stato.

[45] Ranci, C., M. Pellegrino, and E. Pavolini (2009) "The Third Sector and the Policy Progress in Italy: Between Mutual Accommodations and New Forms of (Blurred) Partnership." In: J. Kendall (ed.) Handbook on Third Sector Policy in Europe. Cheltenham: Edward Elgar.

[46] Rebba, V. (2006) "Il ruolo dell' assicurazione volontaria" iIn Gori C. (a cura di), La riforma dell' assistenza ai non autosufficienti. Ipotesi e proposte. Bologna: Il Mulino, pp. 13–42.

[47] Rodrigues R., Huber M., Lamura G. (2012) Facts and figures on healthy ageing and long-term care. European Centre for Social Welfare Policy and Research (http://

www.euro.centre.org/data/LTC_Final.pdf）.

[48] Rostgaard，T.，C. Chiatti，and G. Lamura（2011）"Care Migration—The South-North Divide of Long Term Care." iIn：T. Rostgaard B. Pfau Effinger（eds.）Care between Work and Welfare in European Societies. Basingstoke：Palgrave Publishers.

[49] Rusmini G.，Pasquinelli S.（2013）Quante sono le badanti in Italia. Qualificare，No. 37，September（http：//www.qualificare.info/home.php?id=678）.

[50] Sabbadini，L.L. et al.（2010）Famiglia in cifre. Rome：ISTAT.

[51] Sabbadini，L.L.（2003）Donne che curano，donne che vengono curate. La rete di aiuti informali.

[52] Shutes I.，and C. Chiatti（2012）"Migrant Labour and the Marketisation of Care for Older People：The employment of migrant care workers by families and service providers. Journal of European Social Policy，22（4），1–14.

[53] Theodorakis，D.（2008）"EU Policies in the Area of Long Term Care：Lessons from the Open Method of Coordination." Paper presented at the Geneva Association Conference on Long Term Care Financing，London，November 12.

[54] United Nations（2012）Population ageing and development 2012. United Nations，New York.

[55] Vampa D.（2012）From welfare state to welfare regions：a preliminary analysis of the Italian case. https：//www.academia.edu/1230227/From_welfare_state_to_welfare_regions_a_preliminary_analysis_of_the_Italian_case

[56] WHO（2006）Working Together for Health. The World Health Report 2006. Geneva：WHO. Available online：http：//www.who.int/whr/2006/whr06_en.pdf.

[57] WHO（2009）Population Division of the Department of Economic and Social Affairs of the United Nations Secretariat. World Population Prospects：The 2008 Revision. WHO：Geneva.

统计数据附表

表 A 老年人接受整合型医疗和社会照料服务的比例，

每年每个服务对象接收服务的小时数

地区	接受整合型医疗和社会照料服务的比例（％）		小时/年	
	2008	Δ 2001－08	2007	Δ 2002－07
Abruzzo	4.2	3.3	21	−2
Basilicata	4.0	1.4	42	−38
Calabria	2.6	2.0	14	−105
Campania	1.8	1.0	44	26
Emilia−Romagna	6.1	4.2	21	−5
Friuli−Venezia Giulia	7.3	−0.3	7	−7
Lazio	3.3	1.6	18	1
Liguria	3.2	−0.4	21	−19
Lombardia	4.0	1.5	16	−3
Marche	4.1	0.1	27	−2
Molise	3.4	−2.4	19	−3
Piemonte	1.9	0.5	20	−8
Puglia	1.8	0.7	48	−27
Sardegna	2.1	1.6	68	−51
Sicilia	0.9	0.3	31	0
Toscana	2.0	0.1	22	3
Trentino−Alto Adige	0.5	0.3	n.a.	n.a.
−Prov.Aut.Bolzano	0.0	n.a.	n.a.	n.a.
−Prov.Aut.Trento	1.0	n.a.	21	n.a.
Umbria	5.1	3.6	35	1
Valle d'Aosta	0.4	0.1	177	−71
Veneto	6.0	3.0	9	−5
Italy	3.3	1.4	22	−4

资料来源：Chiatti et al.（2010）.

表 B　老年人接受家庭帮助服务的比例及每个服务对象的市政成本（2006 年）

地区	比例（%）	平均成本（欧元）
1. Valle d' Aosta	4.9	4487
2. Trentino–Alto Adige	3.8	3767
3. Sicilia	3.4	1230
4. Molise	3.1	862
5. Friuli–Venezia Giulia	2.9	2074
6. Sardegna	2.5	2641
7. Emilia–Romagna	2.4	1620
8. Abruzzo	2.4	1354
9. Lazio	1.8	1811
10. Lombardia	1.8	1681
11. Italy	1.8	1646
12. Veneto	1.7	1341
13. Campania	1.6	1292
14. Piemonte	1.4	1419
15. Calabria	1.4	605
16. Liguria	1.3	1939
17. Toscana	1.3	1828
18. Basilicata	1.1	1507
19. Marche	1.0	1736
20. Puglia	0.8	1387
21. Umbria	0.6	2035

资料来源：Chiatti et al.（2010）.

表 C　　　全年每千名老人养老院入住率（2001 ~ 2006 年，%）

地区	入住率 2001	入住率 2006	Δ 入住率变化 '01 - 06
1. Friuli–Venezia Giulia	60.2	81.2	+21.0
2. Trentino–Alto Adige	59.6	64.7	+5.1
3. Piemonte	54.5	54.5	0
4. Liguria	34.4	51.7	+17.3
5. Valle d' Aosta	60.0	51.0	−9.1
6. Veneto	39.9	46.4	+6.5
7. Emilia–Romagna	45.3	44.0	−1.2

续表

地区	入住率 2001	入住率 2006	Δ 入住率变化 '01－06
8. Lombardia	40.2	38.4	−1.7
9. Marche	25.7	30.6	+5.0
10. Italy	31.3	30.0	−1.3
11. Molise	19.7	23.2	+3.5
12. Toscana	25.7	22.0	−3.7
13. Abruzzo	21.0	20.6	−0.4
14. Sardegna	20.3	17.7	−2.6
15. Umbria	17.8	17.4	−0.4
16. Lazio	13.9	14.7	+0.8
17. Puglia	16.8	10.6	−6.2
18. Sicilia	11.9	9.7	−2.2
19. Calabria	7.7	7.0	−0.7
20. Campania	6.5	5.8	−0.7
21. Basilicata	8.7	5.7	−3.0

资料来源：Chiatti et al.（2010）.

表 D　　意大利 2001～2008 年给残疾人和失能者现金转移的费用

（失能养老金＋照料津贴）

年	给残疾人和失能者现金转移的费用（欧元）	增长率（%）	津贴额（欧元）	使用者占老年人口的比例（%）
2001	9215520456	—	—	
2002	10911516151	18.4	7596640775	
2003	11830407276	8.4	8349546117	
2004	12305422594	4.0	8980310048	10.2
2005	12927329431	5.0	9465063522	10.8
2006	13527158478	4.6	10129034400	11.6
2007	14429944649	6.7	10924952914	11.9
2008	15252518074	5.7	11491583747	
2009	15785205656	3.5	12082070366	
2010	16374505098	3.7	12586925972	

资料来源：Chiatti et al.（2010）.

表E　　　　　意大利照料津贴获得者（%）（2004～2007年）

地区	老年人口获得津贴者比例	
	2007	Δ 2004‑2007
1. Umbria	19.0	+3.1
2. Calabria	17.1	+2.9
3. Campania	16.1	+2.7
4. Sardegna	15.4	+3.1
5. Abruzzo	14.0	+1.7
6. Puglia	13.4	+2.8
7. Marche	13.1	+1.9
8. Sicilia	12.2	+1.5
9. Italia	11.9	+1.7
10. Lazio	11.9	+2.4
11. Friuli–Venezia Giulia	11.8	+1.6
12. Basilicata	11.6	+0.9
13. Toscana	11.3	+1.4
14. Emilia–Romagna	11.2	+1.3
15. Liguria	11.0	+1.3
16. Molise	10.8	+2.7
17. Veneto	10.6	+1.5
18. Lombardia	9.9	+1.0
19. Piemonte	9.3	+0.8
20. Valle d'Aosta	9.1	−0.6
21. Trentino–Alto Adige	9.0	+2.0

资料来源：Chiatti et al.（2010）.

第八章

美国老年照护业筹资历史及其对中国的启示

一、背景

（一）人口老龄化

美国的人口转变路径与欧洲国家大致相仿。传染病是 19 世纪造成死亡和失能的首要原因。到 20 世纪早期，对公共健康领域的投资（包括污水管道、食品和肉类检疫的投资）以及对教育和住宅基础设施的一般性投资使得发病率和死亡率大幅下降。然而直到 20 世纪中期，医疗保健干预措施对健康效益的作用都还不是特别显著。但从 1950 年开始到 20 世纪末，医疗保健工作的改进，尤其是急性心肌梗塞之前或之后植入支架以及对高血压、胆固醇和体重等风险因素的认识、监控和改变，使得心脑血管疾病的发病率和死亡率快速下降。

心脏病死亡率下降带来的结果是 65 岁及以上人口比例的上升，二战后出生率的提高（1946 ~ 1964 年婴儿潮）更加快了这一趋势。从健康政策的角度看更为重要的后果是，如今进入退休年龄的这一人群有权通过联邦医疗保险计划（Medicare）获得政府资助的健康保险。

与美国老龄化以及长期照料服务（LTC）的提供更直接相关的显著变化是阿兹海默症（AD）发病率和死亡率的上升。简而言之，如果人们没有像 20 世纪上半叶那样在 50 岁末或 60 岁初死于心脏病的话，那么，他们在 70 岁和 80 岁期间就会有患阿兹海默症的风险，这对美国的长期照料体系造成了一定压力。当 1965 年美国创建由政府资助的联邦医疗保险计划（Medicare）和医疗补助计划（Medicaid）时还难以预见这些压力，随着婴儿潮时期出生的人群迈入需要长期照料的年龄，这些项目在应对不断壮大的老年人群体对长期照料的需求时逐渐显得力不从心。

（二）失能率的变化

关于人口老龄化条件下人类的健康状况将有何改变有两种不同假设。第一种假设认为人们的寿命将延长，但会更长期地处于失能状态，需要长期照料和相关医疗服务。第二种更为乐观的假设被称为疾病压缩理论（Compression of morbidity），它认为避免死亡、延长寿命的干预措施（生活方式、风险因素、医疗服务）可以降低发病率和失能率。疾病压缩理论主张人们有可能活的更久，且在失能状态下生活的时间会更短（强度也更低）。

这两种假设均有多种证据佐证，结果之所以有如此大的差异是因为测量失能的方法不同。荟萃分析的结果表明，阿兹海默症发病率的上升可视为寿命延长的后果，从死亡率数据中可以看出其对美国社会的影响。在 20 世纪 80 年代，阿兹海默症在美国还不是造成死亡的原因，而到了 2010 年却被列为死亡的第七大主要原因。这部分是由于人们认识到痴呆症是一种功能紊乱症（意思是任何年龄的人都不可避免），但其发作却与年龄高度相关。因此，寿命的延长使得更多数量、更大比例的美国人口处于罹患阿兹海默症或其他种类痴呆症的风险之下。

疾病压缩理论也具有可信的支撑证据，即通过诸如日常活动能力 / 工具性日常活动能力（ADL/IADL）等方法测量失能。这种理论对寿命延长后人们仍然可以活得更长、保持更好的身体功能持积极态度。然而，现实中能够活到 65 岁的美国人仍然有约 70% 在死亡之前需要长期照料，其中约半数伴有相对短期的失能及长期照料需求。但这一人群分布的尾部很长，部分人在高度失能状态下能生活 10 ~ 15 年甚至更久。通常在医疗保健以及长期照料中，接受服务的人群分布尾部均很长，且难以对照料的提供与筹资进行规划。

（三）照料的筹资

医疗保健费用委员会（CCMC）是美国经济大萧条时期为解决美国人口的医疗保健需求而建立的蓝丝带专家小组（Blue Ribbon Panel）①。1931 年美国将国内生产总值（GDP）的 2% 用于医疗保健，当年医疗保健费用委员会发布的报告认为，美国医疗服务体系在医疗保健方面总体服务水平低下，该报告还注意到在总体服务水平低下的同时还存在着不公平现象（某些地区，尤其是农村地区，服务水平甚至更为低下）。医疗保健费用委员会（CCMC）的报告呼吁通过政府和私人保险机制来增加医疗保健服务的筹资，并指出要提高医疗服务的供给与利用，也需要对保险进行拓展。

在那之前，医疗保险（与其他类型的保险一样）主要被视为是一种使人们免于遭受疾病造成的灾难性经济损失的机制。医疗保健费用委员会（CCMC）拓展了医疗保险的逻辑概念，认为其不仅可以预防灾难性支出，还可以成为提高医疗保健服务利用的手段。通过提供旨在提高医疗服务利用的保险，可以直接激励医疗保健的提供方增加供给。医疗保健费用委员会希望通过这种方式使医疗保健技术发展的成果覆盖更多的美国人口。

值得注意的是，医疗保健费用委员会并未过多地讨论长期照料的提供，

---

① 美国的蓝丝带专家小组是针对某个特定问题而成立的独立调查或研究小组，不受任何政治势力或权威部门的影响。小组通常没有实质性的决定权，只是为有关决策提供专业性的参考意见——译者注。

其原因在于当时人们并不认为长期照料是一个大的社会问题，因为当时很多人的寿命并没有那么长，不需要协助和支持。而对于那些确实需要帮助的人，社会的普遍期望是由家庭成员在家中照顾自己的亲人。护理院和养老院虽然得到了发展，但它们通常为没有家人的老年人而建，不过也有一些家庭付费让他们的亲人入住这类养老院。需要重申的是，关于扩大医疗保健支出和扩建相关基础设施的呼吁不包括制定长期照料筹资与发展的详细计划，因为长期照料还没有被视为一个大的问题。

在随后的二十五年里，扩大基础设施和健康保险或筹资的呼吁得到了认可，美国联邦政府开展了一系列的工作，大幅增加卫生领域的联邦和（间接的）私人资金投入。医疗保健费用委员会在 20 世纪 30 年代发布报告时，美国在医疗保健方面的支出占 GDP 的 2%，85 年后的今天，这一比例已经显著增加至约 18%。

二、调整税法以让雇主为保险筹资（二战）

这是公共政策最重要的变化之一，也是最难以理解的变化之一。美国税法通常将雇主提供给雇员的现金或其他有价值的物品视为需纳税的收入。对待月薪和时薪/周薪如此，对类似雇主提供给雇员往返居住地和上班地之间的交通费用等其他补贴也是如此。但是，雇主为雇员向保险公司缴纳的保险费用却不需要作为收入来缴税。这一所谓的税式支出①年均额度约为 2500 亿美元，如将其视为一项联邦医疗保健支出项目，它将是紧随 Medicare 和 Medicaid（下文详述）之后的第三大项目。

二战期间，美国经济领域采取了对工资和价格的大范围管控，并在战时经济基础之上对国家的工业产出重点进行了重新定位。这类薪资管控意

---

① 税收优惠造成的财政收入减少——译者注。

味着雇主无法通过提供高薪来吸引员工。多家大型企业要求国会创建后来
称之为就业"福利"（benefit）的机制，这一合法机制允许雇主为雇员支
付某项费用而不需为此纳税。现在，不论是谈到联邦政府为这项福利机制
付出多少成本，还是要了解自 1942 年国会批准这一机制以来联邦政府如
何为医疗保健筹资，雇主为其雇员支付医疗保险的大部分费用都是必然要
提及的最重要的例子。

以笔者个人的例子来说，笔者在杜克大学的教授职位可以使 5 个人获
得医疗保险，笔者本人、妻子和三个孩子（分别为 12 岁、15 岁和 17 岁）。
杜克大学每月为笔者选择的保险计划支付约 600 美元，而笔者本人每个月
约承担 400 美元。1942 年国会通过的法律允许杜克大学支付的保费免于纳
税，因此可以说，这属于一种福利性质的补贴。如果 1942 年没有通过这
一项法律，那么如果某个雇主（如通用电气）为其雇员提供医疗保险的话，
保费将被视为收入而必须纳税，同时也将违背当时正在实行的薪酬与价格
管控。然而，正是因为创建了被称为"福利"的补贴方式，通用电气这类
雇主才得以通过提供医疗保险的方式增加补贴总额，也避免了因加薪而与
薪酬和价格管控政策发生冲突。这种做法之所以可行，就是因为 1942 年
国会通过的由总统签署的法律为之提供了依据。

转眼进入 2009 年的秋天，有关医疗保健最新改革的讨论极其热烈，
其中多是对联邦政府在医疗保健筹资中所扮演角色的讨论。一个不容忽视
的事实是：大约有 1.6 亿人拥有联邦政府补贴的私人医疗保险。这种补贴
是以雇主（比如杜克大学）代表其雇员（比如笔者）支付免税医疗保险的
形式提供的。由于医疗保险成本和照料成本都在上升（这两者是紧密相连
的），这就意味着过去这些年，雇员报酬的很大一部分从应税工资（需缴
纳工资税和所得税）转向了免税补贴（以雇主支付保险费用的形式，进一
步的税收条款允许个人将应缴纳的保险金作为税前扣除项目）。如果将雇
主提供的各种形式的医疗保险加起来的话，2009 年美国财政部为此免除的
税收约为 2500 亿美元，这使其成为仅次于 Medicare 和 Medicaid 之后的第

三大联邦政府医疗保健筹资项目。但绝大部分受益者对这种补贴都一无所知，因为这是一种被动的补贴方式，意味着受益人不需要采取任何特定行动就可以直接获得。

雇主提供医疗保险这种补贴形式强化了美国联邦政府在医疗保健领域筹资方面的角色。提供给医疗保险的补贴巩固了就业在为非贫困人群或非老年人提供医疗保险方面的作用，也为老年人确定了相对较高的预期保险福利水平。《平价医疗法案》（ACA）规定，到2018年，过去这种对高成本保单不设限制的税收优惠将会改变，政府将基于对保险公司的评估，对高成本保单征税，但是几乎可以肯定的是，成本将被转嫁到消费者身上。2013年，关键的政策问题在于是否要通过征税的方式对这项过去70年里一直不加限制、也极少讨论的税收补贴进行限制，或者在未来医疗改革的讨论中，对这项补贴采取更为直接的限制措施。改变这种现状将是一次巨大的变革，将工作视为获得医疗保险途径的人会越来越少，尤其是在基于交易所的保险购买方式将成为趋势的背景下。因为保险交易所模式不仅是平价医疗法案的核心，也是诸多不论是支持还是反对医疗法案的讨论都涵盖的内容。

三、美国联邦政府在扩大医疗保健基础设施方面的角色

二战结束时，与英国类似，美国的很多联邦政策转向关注医疗保健领域。但是英国是通过国民医疗服务制度（National Health Service，NHS）为医疗保健服务提供普遍性的筹资，而美国早期的关注重点却是在发展基础设施上。这方面较为重要的成果之一是1964年通过的《希尔伯顿医院建设法案》，大多数人从来没有听说过这项与卫生相关的、重要的联邦法律，它为在全国范围内规划和建设社区医院提供了资金，特别是在教会医院较少的南部农村地区。

通过这一项目，美国为医疗保健体系注入了大量的基础设施建设资金，在 4000 个社区内建立起约 6800 套医疗保健设施[①]。希尔伯顿法案被视为是对 1933 年医疗保健费用委员会报告的回应。通过建设必要的设备和基础设施，科技进步带来的医疗技术创新能够更加广泛地应用。医院接受希尔伯顿资金就意味着必须制定政策以接收无法全额支付医疗服务市场价格的患者。法案最初规定医院执行这一政策的时限是 30 年，但 1975 年法案进行了修订，医院执行政策的时限被延长，同时还界定了职责以确保从州到联邦政府都能够遵守这些政策。二战之后，希尔伯顿法案先建设、后筹资的模式一直持续了 70 年，这也解释了为什么美国 2013 年人均医疗保健支出已经超过 8000 美元，但同时却仍有 4500 万人没有医疗保险的现象。

联邦政府还开展了其他扩大医疗保健基础设施的工作，包括 1961 年通过的社区医疗服务与设施法案。该法案将医疗保健基础设施建设扩大到医院以外的更大范围[②]，通过扩展一系列联邦法律，联邦政府提供了医疗保健规划资金，促进了心理健康设施和其他医疗保健基础设施的发展。

联邦政府开展的意义最为深远的医疗保健基础设施建设行动之一就是在 1950 年通过了国立卫生研究院（National Institutes of Health，NIH）法案。在过去 60 年里，联邦政府对基础和临床研究支持，使得美国在这方面的工作已经走在世界前列，也促进了大学和学术性医疗中心基础设施的建设。国立卫生研究所通过直接（开展研究工作的实际边际或额外成本）和间接（主要是开展研究所需的、固定比例的间接资金）的方式为大学注入了大笔资金，支持了学术性医疗中心医生的培养。

我们可以举个例子来解释国立卫生研究院的投入方式。按照目前杜克大学与国立卫生研究院协商的资金比率，由杜克大学研究人员提出且获得国立卫生研究院项目团队批准的项目，不仅可以获得 100 万美元的拨款（直接成本）以完成项目研究，还可以获得相当于这笔资金 59.1%（即约

---

① 参见 http://www.nvcc.edu/home/bhays/dogwood/hillburtonact.htm。

② 参见 http://www.nvcc.edu/home/bhays/dogwood/facilitiesact.html。

590100 美元）的间接资金。换言之，国立卫生研究院 100 万美元的项目拨款实际可以给杜克大学带来 159.01 万美元的资金。不同大学能够获得的间接资金比率不尽相同，是由学校与联邦政府协商确定的。这类间接资金补偿并不是体系本身的缺陷或问题，而是对进行推动医学进步的基础科学研究，以及促进医疗保健研究得以应用所需的基础设施建设的明确投资。

四、联邦政府在医疗保险方面的角色

1935 年首次通过的《社会保障法》启动了几乎囊括目前各项内容的养老金项目，包括失能保险（disability insurance）、幸存儿童保险（child survivor）以及配偶保险（spouse coverage）。起初，罗斯福总统希望将医疗保险作为《社会保障法》的一部分，但是这在政治上并不受欢迎，最终医疗保险的实施被推迟了 30 年之久。

《公共法 89-97》（Public Law）的通过对《社会保障法》进行了修订，从而创建了美国最大的联邦医疗保险项目：Medicare 是由联邦政府运营的保险计划，针对 65 岁及以上并拥有社会保障的人群。Medicaid 是联邦政府和州政府共同运营的保险计划，针对低收入及低资产人群。

部分归功于前面提到的税收补贴政策，二战后医疗保险在全美范围内繁荣发展。尽管如此，到 20 世纪 60 年代，65 岁及以上老人仍有近一半没有医疗保险。医疗保险使越来越多的人有经济能力从现代研究和医学发展带来的科学成果中获益。1850 年没有保险并非大问题，因为那时候的医学技术水平能带来的帮助极少，甚至是有害的（他们给贫血的患者抽血）。但是到了 20 世纪 60 年代，人们强烈渴望能够在希尔伯顿法案支持建设的医疗机构中，获得国立卫生研究院资助的研究带来的主流医疗保健服务。人们对医疗保健服务的需求是随着年龄的增长而增加，医疗服务系统（医生和医院）做好了提供服务的准备，也强烈渴望有一种机制能够为他们提供的服务买单。

Medicare 为最需要医疗服务的人群（65 岁及以上）提供了及时且可预知的医疗保险资金。Medicare 没有也从未直接为老年人提供医疗服务，而是一种帮助老年人获得主流医疗服务的筹资方式，相当于工作年龄人口享有的私人性质的、大部分由单位缴费的保险。Medicare 的通过一定程度上改变了保险的概念，概括地说就是用已知的固定保险费避免因医疗服务造成的、潜在的灾难性花费。这种花费可能摧毁一个家庭，迫使他们把原本用在房租、衣物、教育上的钱都用在医疗上。Medicare 让很多老人以及他们的家庭最大程度上免于因医疗负担过重造成的破产，也帮助很多老年人获得了原本可能无法负担的医疗服务。

医疗保健费用委员会报告的核心是指出整个国家医疗服务水平较低，提供的医疗服务不能满足人们的实际需要。二战以后，美国的主流文化是迫切地想要消费更多的以科学为基础的、高技术含量的医疗保健服务，医疗系统急切地希望提供相应服务，同时也有资金支持他们这么做。在这样的背景下，Medicare 应运而生，帮助老年人和医疗服务系统完成了这桩交易。毋庸置疑，这样一笔可以预见的、为老年人医疗服务买单的费用，进一步促进了全国范围内医疗服务基础设施的发展。

Medicare 也是所谓"主流医疗服务"的实际确立者。如果某种治疗方法被 Medicare 纳入报销范围——通常前提是其能够证明对患者有潜在疗效，随后私人医疗保险也会倾向于将其纳入支付范围。从这个角度来看，Medicare 在界定保险福利方面一直扮演着"领导者"的角色。

一个典型案例就是临终关怀福利，最早是通过 1982 年《税收公平和财政责任法案》（Tax Equity And Fiscal Responsibility Act，TEFRA）的税收改革被暂时纳入 Medicare 中的，之后在 1985 年成为 Medicare 一项永久福利。临终关怀福利是针对六个月内即将离世的临终者的整体性照料，用来替代那种不惜一切代价但却不知道能否带来实际效用（或者说可能是毫无用处）的侵入性治疗。临终关怀是由医生、护士及社会工作者发起的运动，目的在于掌控死亡的进程，将选择如何面对死亡的权利交还给病人。这项运动最初被认为是离经叛道的。尽管现在临终关怀是人们面对死亡的主流选择（不管是加入的哪项保险），但在 20 世纪 80 年代早期，它还是一个相当激进的概念。Medicare 将临终关怀纳入计划的决定对于病人和家庭来说是使临终关怀成为主流的关键。如果 Medicare 没有在 1982 年开始并在 1985 年最终将临终关怀纳入福利范围，你很可能永远也不会听说这个概念。

Medicaid 计划与 Medicare 计划同时通过，这项计划由联邦政府和州政府共同承担筹资和管理责任。与 Medicare 类似，Medicaid 也资助医生和医院服务，是急症医疗服务的主要资金来源。随后，这两个项目也逐步提供了其他服务，比如耐用医疗设备（Durable Medical Equipment，DME）、家庭医疗服务，后来也包括临终关怀以及一些特殊服务，例如透析。

Medicare 享受服务的标准是全国性的（65 岁及以上拥有社保的人群；所有年龄段的晚期肾病或 ALS（肌萎缩性侧索硬化症）患者；终生残疾人群）。Medicaid 则给予州政府一定的灵活性，州政府可以根据实际情况制定"贫穷"的标准以确定是否提供保险。而且 Medicare 在全美各地提供的福利待遇是一致的，Medicaid 则只规定了最少的福利待遇，但允许各州提供更多的福利。因此，Medicare 是适用于各州的统一项目，而 Medicaid 在各州则略有不同，既体现在贫困标准上，也体现在涵盖的福利内容上。

Medicaid 是美国联邦主义这一核心理念的实际佐证。联邦有其标准和理念，但是各州在实际诠释这些标准和理念时常常拥有较大的自主权。Medicaid 所体现的联邦与州的相互关系十分复杂。首先，在筹资方面，联邦政府在各州 Medicaid 计划中至少出资 50%（大概情况如此，不同服务类型具体费用比例有差异），在收入较低的州最高可达到约 80%，比如密西西比州。我所在的北卡罗来纳州，Medicaid 计划中 2/3 的资金来源于联邦政府。这意味着各州 Medicaid 至少有一半的费用由联邦政府支付（如纽约州），但像密西西比州这样比较穷的州每 10 美元中有 8 美元来源于联邦政府。这种比例上的差异考虑到了各个州的经济状况。通过这种方式，

Medicaid 计划起到了在富裕与贫困州之间进行资金再分配的重要作用。

制定这种筹资方式的原因在于，Medicaid 是为贫困人群建立的保险项目，在项目设计之初政策制定者就预计到各州拥有不同的资源，做这个项目时也会有不同的考虑。因此，联邦政府就只设立了一个基本标准，各州在与联邦政府协商后，可以根据实际情况调整该标准。

在 Medicaid 项目的支持下，各州必须为特定的病人提供一定程度的服务与福利；关于这点，联邦法律中有相关的义务性规定。不过州政府在提供哪些项目、向谁提供，包括覆盖对象的贫困程度以及个体特征的界定上，都拥有自由裁量权。这就意味着各州都有自己的 Medicaid 计划为符合条件的人提供特定的福利，但在什么人符合条件、需要贫困到何种程度等方面，州与州之间差别很大。正如笔者在卫生政策课程的导论中告诉学生的那样，"如果你了解俄克拉荷马州 Medicaid 计划的所有内容，那也只是说明你知道这一个州的情况，不代表你了解美国整个 Medicaid 计划的内容。"

一直以来，联邦政府都在鼓励州政府增加针对特殊人群的 Medicaid 费用。在这方面，从 20 世纪 90 年代起《儿童健康保险计划》（CHIP）就是典型案例。联邦政府通过 Medicaid 计划提供更多资金以扩大对儿童的覆盖面，并且要求州政府为所有 18 岁以下人群提供保险，部分年龄段最多可以覆盖到联邦贫困线 100% 以下的群体（0 ~ 1 岁，要求覆盖联邦贫困线 185% 以下人口；1 ~ 5 岁，要求覆盖联邦贫困线 133% 以下人口；6 ~ 17 岁，要求覆盖联邦贫困线 100% 以下人口）。很多州实际执行情况远远超过该标准。这种做法从目标人群角度对保险资格界定标准做了补充，而各州实际标准也有差异。比如在北卡罗来纳州，0 ~ 5 岁的儿童，家庭收入在联邦贫困线 200% 以下就有资格获得保险。很多州在界定儿童受益范围时都采取了同样的做法，但对其他年龄段人群则没有提供高于联邦政府最低限度的保险。再以北卡罗来纳州为例，对于一个成年男性而言，如果家中没有怀孕的妻子或者儿童，仅根据收入则他永远无法享受 Medicaid 计划的资助。向儿童提供超过联邦最低限度的保险而不向没有孩子的成人提供，是北卡罗来纳州独有的政策选择。

《平价医疗法案》（ACA）将拓展符合 Medicaid 资质群体的范围作为扩大医疗保险覆盖面的关键性策略，为此，将资格标准确定为低于联邦贫困线 133% 的所有个体。理论上，所有收入在该水平线以下的人群将全部被纳入医保，不过这样的标准是无法实现的，至少短期内无法实现。原因如下：最高法院裁定 Medicaid 的规定（联邦政府要求各州将 Medicaid 扩展到低于联邦贫困线 133% 的人群，否则将失去所有 Medicaid 资金）具有胁迫性，因而是违背宪法的。这使得 Medicaid 计划是否能够得以扩展由各州自行决定，部分州表示他们不会扩展该计划。这也反映了 Medicaid 计划的典型特征，即各州在获得服务的资质、福利的内容上存在差异，有些州比其他州选择了更慷慨的福利包。

五、Medicare福利的漏洞

Medicare 计划开始实施的最初 40 年间，涵盖的福利可以说存在两个主要的"漏洞"：处方药和长期照料保险。Medicare 计划原本并不覆盖处方药部分，2003 年通过的《医疗保险现代化法案》将处方药保险加入覆盖范围，并从 2006 年开始正式实施，采用的是补贴购买私人保险的模式。另一个漏洞是长期照料保险，在 Medicare 福利中至今仍然是很大的缺失。

长期照料(LTC)旨在帮助和支持人们应对残疾或日常活动能力的丧失。日常生活能力包括两类。第一类是包括平衡收支、购物、做饭、正确服药等在内的工具性日常活动能力，成功完成这些表明可以独立生活。第二类包括吃饭、穿衣、洗澡或者如厕等在内的基本日常活动能力，只有成功完成这些才能够生存。这些失能人群所需要的照料并不是技术含量很高的医疗服务，而是技术含量很低的看护性照料。Medicare 计划通常不会支付此类长期照料服务，除了极少数特定情况，比如为急症或外伤人群提供为期

100天的康复服务。最近一件法庭判例扩大了此类照料的适用范围，废除了一项要求病人必须提供证据证明康复服务确实使其病情得到了改善，否则就将失去这一福利的政策；目前，对声称"身体状况趋于稳定"的病人也可以提供这种照料服务，以便维持其身体正常机能。

由Medicare计划中家庭健康福利部分提供的某些照料可以被理解为长期照料，但是它会随着时间推移而变得越来越具有医疗性质，这实质上阻止了该计划支付看护性照料服务（如做饭、收拾房间、跑腿/协助预约看病）的费用，此类服务一般不被纳入项目的范围。类似地，由于临终关怀提供的服务通常在病人离世的前几天或前几周，且是在病人家中进行，通常也不被看作长期照料福利。随着时间的推移，人们对临终关怀的使用不断增多，去年Medicare计划所有已故者中大约有半数在离世前接受了至少一天的临终关怀服务。与此同时，临终关怀服务的使用时间在延长，长时间使用临终关怀的情况也有所增加（这项福利最长的预期使用时间为180天，但可以申请延长）。因为大部分临终关怀服务是在病人家中进行的，所以有可能转变为隐性的长期照料福利，这也是时间相对较长的临终关怀服务（短时间的临终关怀会有潜在的质量问题，病人可能承受不必要的痛苦）获得如此多的（来自Medicare支付咨询委员会以及其他方面的）政策关注的原因。

长期照料服务之所以被排除在Medicare计划之外，是遵从了这样一种文化假定，即医疗服务是应该由医疗保险资助的，以便提高对高科技医药产品的可及性，而长期照料则是一种家庭内部责任，家庭成员应当在脆弱时相互照顾。有些家庭选择以非正式方式彼此照料，另一些家庭则选择聘请他人提供照料。私人长期照料保险很少见，并且价格十分昂贵，但它确实存在，为家庭成员聘请他人提供全部或部分长期照料服务提供了可能。

由于Medicare计划没有涵盖绝大部分长期照料服务，且只有极少数人拥有私人长期照料保险，Medicaid计划实际上就变成了美国长期照料保险的最终承担者。虽然家庭成员愿意提供某些照顾，但是随着失能程度的加重，家庭资产被用于支付不断增长的全部或部分长期照料的费用，最终结果是花完全部积蓄或者变成低收入者，从而获得 Medicaid 的资助资格。如果在大街上问一个普通人对 Medicaid 计划的印象，大家倾向于认为儿童和孕妇是最主要的受益人。因为联邦政府要求为这些人群提供更高水平的保险（并不一定要求他们处于贫困状态），一些州在标准认定上还更加慷慨。譬如，北卡罗来纳州将联邦贫困线 133% 以下的孕妇和 185% 以下的儿童都涵盖在保险范围中。这样制定政策的初衷在于人们认为给这些人提供保险是值得的，对他们的健康进行投资回报率是很高的。

护理院提供每天 24 小时、每周 7 天的集中照料服务，费用是非常高的。在北卡罗来纳州，有资格申请 Medicaid 经费支付护理院费用的个人，拥有的资产不得超过 2000 美元，并且收入必须在某一特定水平以下或者不足以支付在护理院的费用。在这种情况下，Medicaid 充当了护理院费用的最终付款方，个人拥有的财富相当于接受 Medicaid 资助的起付线。

笔者最近替一位家庭成员了解了辅助生活设施的定价。这种设施可以为除完全痴呆病人之外的大多数失能人士提供所需的大部分照料。在笔者居住的北卡罗来纳州达勒姆/教堂山地区，这类照料的价格大致分为三类：辅助生活设施每月 3500 ~ 8500 美元，专业护理院每月 5000 ~ 7500 美元，专门针对痴呆病人的专业机构每月费用可高达 11000 美元。极少有人能积累足够的财富或者享有必要的保险来长期支付这样的费用。如果没有其他选择，Medicaid 将会介入并支付个人住在专业护理机构的费用，直至其去世。如今，Medicaid 计划提供的资助约占美国专业护理机构费用总额的 40%，说明 Medicaid 是长期照料的实际最终承保人。

六、联邦政府作为雇主

联邦政府是美国最大的雇主，会向其所有员工提供医疗保险。通过税收优惠的方式为医疗保险提供补贴，既适用于私人雇主，也适用于联邦政府。从这个意义上说，联邦政府与美国的其他雇主没有区别。区别仅在于雇主的用人规模，因为联邦政府的员工数量巨大，美国每个县至少都有一名联邦政府的雇员。这使得联邦雇员健康计划（FEHP）可以提供多种保险方案，尽管实际可选方案的数量在区域之间差别很大。例如，居住在华盛顿特区城区的联邦政府雇员可以有十五种可选的医疗保险方案，即使用服务的不同组合方式（包括医疗保险网络内的医生和医院服务）。而在其他地区，比如北卡罗来纳州夏洛特，联邦政府员工可能仅有三种或四种可选方案，这与杜克大学为员工提供的保险方案数量是相同的。

最重要的是，购买联邦雇员健康计划（FEHP）的门户网站与平价医疗法案中的交易平台在某些方面有些类似，比如由特定医疗保险计划提供的待遇包是有差异的，而差异主要是由保费/免赔额的权衡以及保险提供方的不同导致的。说明联邦雇员健康计划（FEHP）中用来选择医疗保险方案的基本架构在某种程度上与平价医疗法案的交易平台是类似的。

为员工提供长期照料保险是联邦政府保险选择中的一大亮点。该计划是一项可选的私人长期照料保险，只有5%的员工选择购买这一保险。尽管比例不高，但5%的联邦政府雇员已经可以形成一个相对庞大的风险池。联邦雇员健康计划的保费和福利意味着这是美国最实惠的私人长期照料保险，即便如此，这项保险的购买率还是很低。这种较低的购买率说明，私人长期照料保险不是解决大多数长期照料服务筹资和供给的方式。

Medicare 计划对整个医疗保健体系的最后一方面影响是通过其作为研究生医学教育（Graduate Medical Education，GME）最主要的资助者实现的。Medicare 计划给医学院和住院医生培训计划提供直接补贴，以此来支付医生的教育和培训费用，还通过对教学医院的服务提供比非教学医院更高的补偿来间接为研究生医学教育提供资金。这种补贴方式不太好理解，是最初 Medicare 计划遗留的产物，其根本动机在于在全国拓展医疗保健基础设施。尽管将研究生医学教育经费在更广范围内应用这一问题一直存在争论，但是作为资助者，Medicare 计划最初的制定逻辑是需要更多的医生为老年人提供医疗服务。

七、二战后被私人保险排除在外的长期照料

大部分非老年人或非贫困者的医疗保险都属于工作福利，雇主安排保险政策，并以有利于员工的方式支付大部分保费，因为保费不属于纳税范围。与本报告主题直接相关的一个重要事实是：雇主为员工提供的私人医疗保险不包括长期照料服务。这就导致长期照料服务成为一个大部分人要自掏腰包的体系，人们或者需要依靠非正式照料（即由家属直接提供照料），或者需要自费购买照料服务。同时，这也意味着很多人直到需要长期照料时才发现雇主提供的主要医疗保险政策居然不覆盖这类服务。

同样，Medicare 计划也不包括长期照料服务，除了极少数特定情况以外。例如，髋骨骨折之类的急性损伤或者中风之类的急症之后，Medicare 计划可以支付专业护理机构（Skilled Nursing Facility，SNF）最长 100 天的照料服务，以便恢复身体机能。Medicare 计划还包括家庭医疗照料服务，但主要是如外伤护理之类的医疗服务；家庭照料福利不包括看护性照料，如协助日常活动或工具性日常活动等基本生活要素。

美国长期照料体系的一个基本特征就是 Medicare 计划涵盖所有 65 岁及以上的人群，却不覆盖老年人必需的大部分长期照料服务。

八、Medicaid计划出人意料地成为长期照料保险

Medicaid 计划是根据 1964 年创建 Medicare 计划的同一法律创建的（两项保险均于 1965 年正式实施）。Medicaid 计划是联邦政府和各州政府的联

合项目，费用由各级政府共同分担，各州在选择福利范围时有灵活性。但是，所有州都必须涵盖的基本待遇包括专业护理机构（SNF）提供的照料，前提是当事人需要这种照料，但收入低、资产少。在这样的背景下，一旦当事人的财富全部用完后，Medicaid 计划就自动成为长期照料服务的安全保障网，承担当事人的照料费用。

Medicaid 设计的初衷并不是为长期照料筹资，接受资助的前提是基于当事人的贫困程度，而非对服务的需求。

过去四十年来，心脏病死亡率及相关疾病患病率的下降导致越来越多的老年人需要长期照料，并且年纪越大需要长期照料的可能性越大。

Medicaid 计划承担了美国专业护理机构一半以上的照料费用，占长期照料费用总额的近 40%。

九、私人长期照料保险的局限性

美国私人长期照料保险市场相对较小（55 岁及以上的人群中约 8% ~ 10% 拥有这项保险）。长期照料保险自身的某些特点使得私人长期照料保险无法成为解决美国大多数人长期照料问题的方法。

多数人选择的医疗保险和私人长期照料保险之间有几点区别值得注意。

私人长期照料保险属于自愿购买范围，不能强制。医疗保险公司可以承保，但在承保过程中拥有拒绝承保以及根据预期风险设定保费的权利。

长期照料保险的福利形式是每天获得若干美元的津贴，这与主流医疗保险覆盖特定医疗服务的形式不同。举例来说，主流医疗保险就医疗服务进行赔付（如手术），但病人并不知道承保人实际就服务赔付了多少。在长期照料保险中，保险福利以每日获得的美元数计算。这意味一旦某人有资格接受福利，就会得到每天固定数额的（比如每天 150 美元）赔付额，如果他们选择的照料服务超过这一固定数额，超额部分需要自付。

长期照料保险合同订立的时间通常都远早于开始需要照料的时间，而主流医疗保险的保单实际都以年为单位。保险合同签订与开始需要长期照料之间有很长的时间间隔，意味着照料成本的通货膨胀对长期照料而言是一个更大的问题。例如，如果一个人在 50 岁时投保，到 80 岁开始需要照料时，每日津贴的通货膨胀风险可能非常大。在很多州（如北卡罗来纳州），针对大额保费的保单都会允许有一个 5% 的通货膨胀附加险。如果没有这一保障，就无法知道一份保单到投保人需要长期照料的时候购买力如何。

有几个因素可以解释为什么私人长期照料保险无法成为大多数人长期照料筹资的选择。

首先，人都是缺乏远见的，无法深刻体会自身未来需要长期照料的风险，也不会为之准备。

长期照料的需求相当常见，但并不普遍。活到 65 岁的美国人中，约 70% 将使用部分长期照料服务，换句话说，30% 的人不会使用长期照料服务。不需要长期照料的人群比例之大，足以使人们无需因害怕自己未来将需要这种照料而购买保险，因而认为长期照料保险不是必要的。当然，是否需要长期照料只有等事实发生之后才知道。

Medicaid 计划通过保险或者节约资源的方式对私人长期照料保险存在挤出效应。

许多收入相对较低的人群无力负担私人长期照料保险。Medicaid 计划的存在意味着这些人（尤其是几近没有资产的人）在失能后需要长期照料时，可以立即获得资助。

逆向选择使私人长期照料保险池处于不稳定状态，这会导致保费出现阶梯性增长（Class wide increase），导致一些人在开始支付保费后就放弃了这一保险。私人长期照料保单售出后福利水平是固定的每天若干美元，而保费则根据年龄和健康状况确定。这种方式意味着每年保费固定不变，名义上不随时间变化而增长，这就意味着实际成本是随时间减少的。近几年保险公司已经向州一级的监管者提出申请，要求对长期照料保险实行"阶梯性增长"政策。他们提出这种诉求的原因是，现实中长期照料服务的使用比签订保单时预计的要高，公司面临的选择是，要么破产，要么提高保费。保费阶梯性增长的申请已经发生多次并得到了批准，所有投保人的保费都增加了，导致有些人不再续保，而是直接弃保。假设那些风险最低的人更可能由于这一原因放弃保险，这样私人长期照料保险的风险池就会变得更加糟糕。保险公司可以根据这些历史来判断出有较高使用风险的人，从而合理地增加必要的保费，但这也赶走了那些风险较低的投保人。

作为一种自愿交易，私人长期照料保险不能满足美国对长期照料的需求。但这并不是说私人长期照料保险毫无作用。提前做计划的人能够得到更好的保护，总有些特定人群（如没有后代或不希望依靠家庭成员提供长期照料的人）能够促成私人保险的市场。因此，私人保险可以成为满足美国（可能还有中国）长期照料需求的途径之一，但却不是大多数人获得保险的最主要方式。如果有某种形式的强制或强迫性风险分担机制，私人保险可以作为一种保险选择，但问题的关键在于找到一种能够被广泛接受的风险分担方式。考虑到长期照料需求的时间跨度，以及人们面对不太愉快的事情时通常缺乏远见，风险分担机制几乎必须通过强制性措施才能实现。

（执笔：Donald Taylor）

第九章

意外构建的体系：北卡罗来纳州长期照料案例研究

　　2011年开始，当北卡罗来纳州超过230万第一代婴儿潮出生的人口（全美共7500万）陆续进入退休阶段时，很多中年人和年纪更大的人都在问，"当我老的时候，该怎样获得长期照料，谁又将为它买单呢？"他们得到的回答是："这不一定。"北卡罗来纳州及全美国的长期照料由不同的人（家庭成员、朋友、专业护理人员）在不同的环境下（个人居所、子女家中、专业照料机构、辅助生活设施）提供，其费用由私人（直接花时间、个人储蓄、反向抵押贷款、私人长期照料保险）和公共资源（Medicaid和较小范围的Medicare）共同支付，选择是多种多样的。

　　提供方和支付方的多样性反映了需要照料服务人群及其家庭的不同偏好，这让某个特定的个人很难明确回答上述问题。提供方与支付者这种错综复杂、彼此脱节的关系产生了一种"筒仓效应"①（silo effect），同时，由于成本转移和成本上涨（或节约）概念间的混淆，为全州制定综合的政

----

　　① 筒仓效应，也称组织孤岛效应、谷仓效应，指企业内部因缺少沟通，部门间各自为政，只有垂直的指挥系统，没有水平的协调机制，就像一个个的谷仓，各自拥有独立的进出系统，但缺少了谷仓与谷仓之间的沟通和互动，各部门之间未能建立共识而无法和谐运作——译者注。

策规划从根本上成为一件难事，最终结果就是难以形成一个让大家都满意的长期照料规划。当婴儿潮一代达到退休年龄并且开始需要长期照料服务时，在个体和集体层面清楚地回答"如果需要照料服务，我该如何获得？"这个问题，对北卡罗来纳州来说越来越重要。本章将为尝试解决这一问题提供一些指引。

本文将给长期照料作出实际的定义，描述由谁提供长期照料服务，照料服务需求的普遍性，概述长期照料的费用及支付者，并指出当前体制中的主要弊端。本文还将评估某些旨在改善长期照料服务提供的政策选择，在此基础上建议北卡罗来纳州老龄委员会、议会和州政府建立一套能直接回应"如果我需要长期照料，该如何获得？"这一问题的新体制。

一、什么是长期照料

长期照料意为帮助、关怀和支持失能人士完成无法独自解决的任务。这里的失能是指不具备日常活动能力（如吃饭、洗澡、穿衣）和工具性日常活动能力（如做饭、购物、支付账单）。失能可能源于严重的外伤、特殊疾病或慢性病并发症所造成的身体虚弱。这一定义兼顾了针对特定疾病的医疗护理以及社会服务或看护服务。本文中大多数内容关注的是65岁及以上老人需要的、不包括在联邦医疗保险报销范围内的社会服务或看护服务。

很多人将长期照料等同于护理院（Nursing home）提供的照料服务。护理院为日常活动能力和工具性日常生活能力受限的人群提供一天24小时、一周7天的支持与帮助，这确实属于长期照料服务。选择入住护理院的人，是因为需要的长期照料服务太多，住在社区很难或者几乎不可能得到所需要的服务。然而，大部分接受长期照料的人是在社区里（如自己或成年子女的家里）而非护理院中接受服务的，这些服务往往由多方提供，筹资渠道也是多样的。^① 通常情况下，失能者接受的都是非正式的（无需付费的）、由子女、其他家庭成员或朋友提供的照料。^② 他们也可以选择由护士或其他需付费的照料者提供的照料。这些正式照料服务可以由被照料者和他的家庭以现金方式支付，也可以由私人保险或公共保险（Medicare 或 Medicaid）支付。很多住在社区的人同时接受正式和非正式照料服务。即便搬到护理院，他们仍然会获得来自亲人的支持和帮助。理解居家照料和护理院照料的最好方式是将它们看作旨在帮助老年人克服失能困难的连续体系中的不同方式，而不是相互独立的体系。表 9-1 通过区分不同的照料环境（社区和照料机构）以及是否付费（正式和非正式照料），展现了长期照料服务的连续体系。

二、谁来提供（和支付）长期照料服务

一般而言，美国有三种基本途径提供和（直接或间接）支付长期照料服务——家庭、公共保险和私人保险。这三种提供和支付方式之间相互区别，甚至看起来毫不相关，但却是旨在解决并改善北卡罗来纳州老年人失能状况的同一体系的不同部分^③。现行体制上的这种杂乱状况导致了"筒仓效应"，掩盖了体制中各部分的关联性，妨碍了长期照料政策的有效制定。

家庭成员有时会以向家庭护工、非专业帮工和护理院支付现金的形式

---

① 国会研究服务（Congressional Research Service）估计，2007 年 940 万接受长期照料服务的人口中，23% 在机构中（生活辅助设施、护理院等）接受服务，其余 77% 在社区接受服务。C. O' Shaughnessy, J. Stone, T. Gabe, and L.B. Shrestha, Long-Term Care: Consumers, Providers, Payers, and Programs, Congressional Research Service Report for Congress. Washington, D.C., 2007, pp.CRS-4.

② Family Caregiving and Long-Term Care Fact Sheet, AARP Public Policy Institute, Washington, D.C., 2002 and R.W. Johnson, In-home care for frail childless adults: Getting by with a little help from their friends?, The Urban Institute Retirement Project, Washington, D.C., 2006, pp.1-2.

③ 这样的体系是缺乏规划和远见的，但却让人误以为长期照料服务目前已经有了筹资途径。

为长期照料买单，但最重要的方式还是直接花时间照顾家人。家人的免费照顾是典型的非正式照料。据估计，在全国范围内，这种照料方式每年的经济价值超过 2000 亿美元。[①] 这种估算采用的是重置成本法，估算值等同于请护工提供同样服务需要支付的费用总额。尽管这个数值看起来已经非常庞大了，但事实上并没有包括提供非正式照料的其他成本，如照料提供者与日俱增的抑郁感、孤独感以及工作压力，这些问题甚至导致了照料者死亡率的上升。[②] 家庭非正式照料的成本并未被充分认知，人们并不了解对其置之不理的真正代价是什么，因而限制了相关政策的制定。政府无所作为而一味依赖家庭成员提供照料的代价是非常昂贵的。但这并不是说家庭照料不好，事实上，正因为是一家人，家庭成员通常处在满足年迈失能亲人需要的最前线。在某些情况下，家人甚至是仅有的照料提供者。给家人提供照料，对照料者来说也有好处。尽管近年来一些国家开始为需要提供照料的家庭提供更多选择，但家庭成员是最基础的照料提供者这一事实在世界各国都是普遍现象。

公共保险在长期照料服务的支付中占据很大比例，2003 年 Medicaid 和 Medicare 承担了 2/3 的正式（收费）长期照料服务费用。[③] 其中 Medicaid[④] 承担最后兜底责任。通常情况下当人们资产"耗竭"（spending down）之后，Medicaid 就会以支付护理院费用的方式承担起支付长期照料费用的责

① 美国非正式照料的总成本估计为 1190 亿～2800 亿美元。P.S. Amo, eta/., "The economic value of caregiving," Health Affairs 1999：18（2）：182-88.

② R. Schulz and S. Beech. Caregiving and a risk factor for mortality：the caregiver health effects study. JAMA 1999；282：2215-19.

③ 2003 年长期照料服务的付费构成为：Medicaid 为 48%，个人自付为 20%，Medicare 为 18%，私人长期照料保险为 9%，其他途径为 6%。2003 年全国长期照料总费用约 1900 亿美元，这其中不包含通常由家庭成员提供的非正式（免费）照料的成本。K.G. Allen, U.S. Government Accountability Office, Growing demand and cost of service are straining federal and state budget, Testimony before the Subcommittee on Health, Committee on Energy and Commerce, U.S. House of Representatives Report No. GAO-05-564T, Washington, D.C., 2005, pp.S.

④ Medicaid 是一项联邦和州共同承担的项目，旨在为低收入人群提供医疗保险，因此是基于家计调查的。所以，长期照料服务资助资格是由贫困状况和服务需求共同决定的。

任，并一直支付费用直到被照料者离世。资产"耗竭"是指人们为支付护理院费用以及 Medicare 或其他任何报销范围之外的费用而花光除住房之外的所有资产的情况。许多老人是居住在社区时就花光了积蓄，从而得到了由 Medicaid 资助入住护理院的资格[1]，还有部分老年人则是在自付了高额护理院费用后花光积蓄而获得 Medicaid 资助资格的[2]。

许多老年人认为，Medicare[3] 承担着长期照料费用。这种假设在大部分情况下（尽管不是全部）是错误的。Medicare 确实提供一部分长期照料服务——离开医院后限定时间（90 天）之内专业护理机构的服务以及某些特定情况下的居家医疗服务。但是 Medicare 不支付看护性质的居家照料服务，以及仅仅由于自然衰老导致的身体虚弱和失能所引发的护理院服务。因此，即使 2003 年 Medicare 共为长期照料支出约 350 亿美元（包括专业护理机构服务和居家医疗服务），大部分需要长期照料的人却并没有因此而获益。由于 Medicare 在所能支付的长期照料种类方面有所限制，因此无法为回答"当我老了该如何获得长期照料服务，谁又将为它买单？"这个问题提供确定答案。

除上述情况以外，人们往往要依赖私人资源为长期照料筹资，即购买保险或者依靠个人储蓄提供自我保障。65 岁及以上老年人中，约 8%～10% 拥有可以为居家照料或护理院正式照料买单的私人长期照料保险。[4] 在北卡罗来纳州，保险部门的相关条例规定，任何州内出售的、覆盖护理院照料的长期照料保单必须包含社区照料服务。州政策制定者对于扩大私人照

---

① D.H. Taylor，Edward C. Norton and Frank A. Sloan，"Formation of Trusts，and Spend Down to Medicaid，"Journals of Gerontology：Social Sciences，Vol. 54，No.4，1999，pp. S194–S201.

② 1999 年 Taylor，Norton and Sloan 在一项全国抽样调查中发现，在社区居住的老年人约有 1/3 符合了 Medicaid 资助入住护理院的资格，但仍住在社区中。

③ Medicare 是一项联邦社会保险项目，旨在为 65 岁及以上老人以及其他一些群体（如终末肾病患者、永久残疾者）提供医疗保险。Medicare 覆盖医院服务（A 计划）、门诊服务（B 计划）和处方药服务（D 计划）。

④ R.W. Johnson and C.E. Uccello，Is Private Long–Term Care Insurance the Answer？，Center for Retirement Research Issue in Brief，No. 29，Chestnut Hill，Mass.，pp. 1–9.

料保险的持有比例有极大的兴趣，但目前还不能确定酝酿中的政策修改能否提高这类保险的覆盖率。此外，其他一些需要长期照料服务的人一般会使用流动资产和（或）通过反向贷款获得的房屋净值（home equity），甚至出售房屋来筹资。房屋净值是个人财富的最主要来源，很多观察者已经注意到在北卡罗来纳州，这是一条尚未被充分利用的、为长期照料提供资金的关键途径。[①]

三、谁需要长期照料

现实中有很大一部分人因失能而丧失了日常活动能力，需要长期照料服务来解决生活中的困难。据近期一条名为"美国失能人群的未来"的报道估计，美国大约有 4000 万 ~ 5000 万人饱受失能之苦[②]，而美国人口普查局的统计结果显示，有 3800 万失能人群居住在社区里[③]，另有 160 万住在护理院[④]。尽管有证据表明相对于中年人而言[⑤]，老年人失能比例有所下降[⑥]，但随着婴儿潮出生的那一代人逐渐变老，在未来几年里，存在失能

[①] S. Moses. Long-Term Care Financing in North Carolina：Good Intentions，Ambitious Efforts，Unintended Consequences. Raleigh，N.C.：John Locke Foundation，January 2008.

[②] Institute of Medicine，The Future of Disability in America，The National Academies Press，Washington，D.C.，2007，pp.l.l；3.1-3.23.

[③] 3800 万居住在社区的失能群体年龄分布如下：5 ~ 20 岁为 410 万，21 ~ 64 岁为 2020 万，65 岁及以上为 1350 万。

[④] Institute of Medicine，note 13 above，pp.3.3

[⑤] V. Freedman，L. Martin，R. Schoeni. Recent trends in disability and functioning among older adults in the United States：a systematic review. JAMA 2002；288：3137-46. R. Schoeni，V Freedman R. Wallace. Persistent，consistent，widespread and robust？Another look at recent trends in old-age disability. Journals of Gerontology B：Psychological Sciences and Social Sciences 2005；56（4）：S206-S218 and Institute of Medicine，note 13 above，pp.3.14.

[⑥] 也有证据表明儿童的残疾率在上升。可能的解释包括哮喘和肥胖发生率的增加，以及儿童肥胖率增长引发的对此问题关注度的增加。儿童残疾是个很重要的问题，但不在北卡罗来纳州老龄委关注范围之内，也不是本章要进一步讨论的问题。

风险人群的绝对数量将会上升①。近些年居住在护理院等正式长期照料机构的人数保持着稳定，但这些人恰恰是社会上最弱势的人群（这也是他们住在护理院的原因）②。

北卡罗来纳州有 230 万人生于婴儿潮时期（1946 ~ 1964 年），这将导致 2030 年该州 65 岁及以上老年人口比例从 12% 上升至 18%。③事实上，北卡州相对较高的迁入率使得这个估计略显保守。由于女性预期寿命相对较长，老年人口中女性占比会更大（女性占 65 岁及以上老年人口的 58.5%、85 岁及以上老年人口的 71.2%），这对于长期照料服务供给是有特殊意义的，因为女性较之男性更有可能成为非正式照料的提供者。④ 近 30% 的北卡罗来纳州居民（170 万人）正为身边的人提供非正式照料⑤，事实上每个人都要在将来的某一天照料他人。总之，未来 30 年，北卡罗来纳州因失能而需要长期照料的人口总数必然会增加。

尽管对特定时间段内失能人群总数的估计令人吃惊，但却并没有清晰地呈现出特定个体需要长期照料的潜在风险。事实上，由于难以确切了解个体需求，粗略的宏观统计数据造成了长期照料规划的欠缺，而基于概率统计的视角则能更好地反映现实。65 岁及以上老年人中，大约有 7/10 的人在离世前会需要某种形式的长期照料（正式的或非正式的）⑥，也就意

---

① K. Allen, Director, Health Care-Medicaid and Private Health Insurance Issues, General Accounting Office. Long-Term Care Financing: Growing Demand and cost of services are straining federal and state budgets. Testimony before House Subcommittee on Health, Committee on Energy and Commerce, House 21 of Representatives. April 27, 2005.

② Institute of Medicine, note 12 above, pp 3.3.

③ Report to the Governor and the 2006 Regular Session of the 2005 General Assembly, North Carolina Study Commission on Aging, Raleigh, N.C., 2006, pp. 6.

④ Family Caregiving and Long-Term Care Fact Shee4 note 2 above, pp. I.

⑤ Faces of Long Term Care, Residents Speak About Long Term Care: A message to the 2005 White House Conference on Aging, North Carolina Regional Long Term Care Ombudsman Association, Raleigh, N.C., 2005, pp. 1-22.

⑥ P. Kemper, H.L. Komisar, and L. Alecxih, "Long-term care over an uncertain future: What can current retirees expect?," Inquiry 2005: Vol. 42: 335-350 and C. O'Shaughnessy, J. Stone, T. Gabe, and L.B. Shrestha, Long-Term Care: Consumers, Providers, Payers, and Programs, Congressional Research Service Report for Congress. Washington, D.C., 2007, pp.15.

味着约有 3/10 的人在离世前不需要任何长期照料服务。比较而言，活到有资格享受当前联邦医疗保险规定年龄（65 岁）的人群中，大部分未来总有一天会需要接受长期照料。表格 9-1 描述了 65 岁及以上老年人使用长期照料服务的概率以及需要照料的平均时长。[①]

表 9-1　　　2005 年 65 岁老人预期终身使用长期照料服务的时长

服务类型	平均使用年限（年）	使用服务者占比（%）	使用时长分布（%）				
			无	1年及以下	1～2年	2～5年	5年以上
任何长期照料服务	3	69	31	17	12	20	20
居家服务							
仅非正式照料	1.4	59	41	22	13	17	6
仅正式照料	0.5	42	58	27	8	5	1
任何居家照料	1.9	65	35	21	14	19	11
机构服务							
护理院	0.8	35	65	17	5	8	5
生活辅助设施	0.3	13	87	6	3	4	1
任何机构	1.1	37	63	15	5	9	8

资料来源：Peter Kemper, Harriett L. Komisar, Lisa Alecxih. Long-Term Care Over an Uncertain Future: What Can Current Retirees Expect? Inquiry 42：335-350.

　　平均而言，65 岁及以上老年人会在他们去世前接受 3 年某种类型的长期照料。然而，这一均值背后也隐藏着很大的差异性。有 3/10 的老年人在去世前不需要任何长期照料服务，但有 1/5 的人需要超过 5 年的长期照料，人们无法确定将来会处于这两组中的哪一种情况，尤其是对那些年轻人而

[①]　这些数据并非专指北卡罗来纳州，而是代表整个美国人口。发布于 2005 年的这一研究成果不仅是估算（平均）使用率，也是分析使用时长分布的最佳材料。使用时长的分布非常重要，因为平均值往往会使有些人根本不需要长期照料服务，而另一些人则需要长时间的服务这一事实变得模糊不清。

言。[①] 数据（如表 9-1）是了解长期照料"平均"需求的有效途径，但它并没有提供关于个人对长期照料需求的确切信息。表 9-1 只是简单地展现了总体（男性和女性）需求，但由于女性普遍比男性拥有更长的预期寿命，因此，在离世前需要长期照料的可能性也更高。

四、人们如何决定在哪里以及怎样接受长期照料

总的来说，长期照料的相关决定源于一系列个人及家庭的选择，这些选择主要受三个因素影响：失能程度、个人偏好和持有的保险种类。失能程度是决定个体在哪里接受长期照料的重要因素。那些功能受限严重的人通常选择住在护理院，因为此类机构能为失能人群提供 24 小时的全方位服务，而这些照料难以由家人在家中提供。同样的，那些仍住在社区、功能受限比较多的人更可能接受正式的付费居家照料服务。个人与家庭在如何照料这一问题上的偏好[②] 对于照料地点的选择也有非常大的影响。一些功能受限严重的人可能因偏好问题，依旧选择在家接受家人照料，家庭成员也会因偏好差异而为家人选择不同的照料方法。

保险对失能人群接受长期照料的种类和数量有直接影响，有时候保险的影响作用甚至超越家庭的选择偏好（这里所说的保险可以包括家人直接提供照料和 / 或自费购买照料服务，也就是自我保险）。[③] 一些家庭可能考

---

① 事实上，另一个项目的焦点小组讨论结果发现，在涉及抽烟风险问题上，人们倾向于对自己做出过于乐观的估计。尽管绝大多数人的寿命是明显缩短的，但当数据显示一些人抽烟但是仍能生存得很久时，很多人还是会假定他们自己是能够活得比预测值更长的人。他们不可能都是对的。参加 F.A. Sloan，V.K Smith，and D.H. Taylor，Jr.，The Smoking Puzzle：Information，Risk Perception，and Choice，Harvard University Press，Cambridge，MA 2003.

② 很容易想象得出失能老人的偏好与他们的成年子女会存在差异。

③ 保险一词在这里是泛指。例如，一些人可能会通过储蓄来为长期照料的潜在需求做准备。出于这种目的考虑的储蓄可以被看做是一种单纯用来支付正式照料费用的保险。同样的，缺少正式保险或方式来付费会让人更有可能接受家庭成员的非正式照料。

虑到居家照料会给家庭成员造成情感负担，因而倾向于雇佣专业人员来照料失能的亲人，但实际情况可能是他们没有足够能力支付护理费用，最终只能选择自己照顾。无论以哪种形式（存款、家人提供照料、私人长期照料保险、获得 Medicaid 资格），保险的存在必然会对长期照料服务的提供地点和提供方式产生影响，还会影响同样失能程度群体获得照料服务的数量。"道德风险"是指人在有保险的情况下与没有保险时相比，会使用更多的保险产品或服务。仍住在社区的人，一旦获得 Medicaid 资格，就可以立刻住进护理院并接受由 Medicaid 买单的照料服务[1]，这增加了人们搬去护理院的可能性。同样的，如果 Medicaid 包含更多的居家照料服务，或者个人购买了私人长期照料保险，那么家庭就有望更多地利用正式长期照料服务。考虑到大部分人对护理院印象不佳，相对于其他照料形式而言，道德风险对护理院的影响要更小些。

五、长期照料成本有多少以及由谁支付这笔费用

在表 9-1 对长期照料服务利用情况估算结果的基础上，表 9-2 提供了全国长期照料服务的平均成本及其分布情况[2]。表 9-2 显示，65 岁及以上老人长期照料的平均花费为 47000 美元（按 2005 年美元币值计算）。然而，其中 42% 的人在长期照料方面是零花费，而 5% 的人则超过 25 万美元[3]。表 9-2 既展示了 65 岁及以上不同个体费用上的广泛差异，也展示了筹资方式的多样性。65 岁及以上老年人的长期照料费用包括公共支付（24700 美元）和个人支付（22300 美元）两部分，二者规模大致相当。值得注意

---

① Taylor et al., note 8 above.

② Kemper et al., note 23 above, pp. 342.

③ 值得注意的是表 9-1 中只有 31% 的人将不需要长期照料服务，而这里花费为零的比例是 42%，比前者高，原因是一些人接受的所有长期照料服务来源于家人和朋友提供的非正式（免费）照料。在表 9-2 中，这些照料的成本被设定为零。

的是，绝大部分由个人承担的费用都是通过失能人群及其家属直接付费，私人保险没有发挥多大作用。还需强调的是，这个测算结果并没有将非正式照料服务的成本囊括在内，这笔费用在美国每年达到 1190 亿 ~ 2920 亿美元（按 1999 年美元币值计算）。因此，这里展示的费用并不是长期照料社会成本的完整图景。

表 9-2　　　2005 年 65 岁老人终身长期照料成本贴现值分布情况

平均成本（$）	有花费人群占比（%）	成本分布（占人口百分比，%）					
		0	<$10000	$10000 ~ 25000	$25000 ~ 100000	$100000 ~ 250000	$250000 及以上
合计	47000	58	42	19	8	14	11	4

公共支出								
Medicare	5700	44	56	27	10	7	0	
Medicaid	17600	30	70	10	4	9	5	2
其他公共支出	1500	29	71	25	3	2	0	
公共支出合计	24700	53	47	25	8	12	6	2

私人支出								
自费	21100	50	50	25	7	12	5	1
私人长期照料保险	1200	3	97	1	1	1	0	
私人支出合计	22300	50	50	25	7	11	6	2

注：0% 代表低于 0.5%。

资料来源：Peter Kemper, Harriett L. Komisar, Lisa Alecxih. Long-Term Care Over an Uncertain Future: What Can Current Retirees Expect? Inquiry 42：335-350.

长期照料社会成本很少受到重视，取而代之的是对特定支付者花费多寡的关注。从国家的角度来看，这主要受到 Medicaid 预算持续增长的影响。表 9-2 显示，65 岁及以上老人平均长期照料费用为 47000 美元，Medicaid 支付其中 17600 美元。

不同支付者之间的成本转移只是调整了经费的筹措方式，并没有改变社会整体的照料成本。例如，我们可以设想一项简单的计划，通过将财产限额从 2000 美元降低至 1000 美元，从而提高 Medicaid 对护理院服务资助的门槛。这项政策唯一的影响就是将 Medicaid 对护理院照料费用的资助平均每人减少 1000 美元，实际照料成本却没有任何减少。相反，此时受助者每人的现金支出反而增加了 1000 美元。这只是将照料成本从 Medicaid 转移到个人，从整个社会来看，成本并没有因此而减少。这种成本转移可能是那些迫切希望减少 Medicaid 支付的人想要的结果。但是，这不代表北卡罗来纳州总体的长期护理费用会减少。相反地，它仅仅改变了长期照料费用的承担责任，因此只是一个分配问题。

　　试想一对夫妇正在讨论每月在餐厅用餐的预算。如果他们愿意，可以用在家中做饭代替在餐厅用餐。如果这对夫妇过去每月花费 100 美元在餐厅就餐，但现在若决定每月在这方面只支出 80 美元，在家做饭就可以有所结余。如果他们做到每月只在三餐上花费 80 美元，那么这对夫妇每月可以节省 20 美元。然而，我们可以假设通常是由妻子来支付餐厅的账单。如果妻子现在每月在餐馆只花费 80 美元，但丈夫现在每月也要支出 20 美元（之前支出 0 美元），那么对这对夫妇而言并没有产生任何结余。这仅仅是将费用从一张账单（妻子支出）转移到另一张账单上（丈夫支出）。同样地，由 Medicaid 资助非正式照料服务的新政策，就是将费用从一张账单（家庭成员承担全部费用）转移到另一张账单（Medicaid 承担费用，依据是认识到我们所有人都处于需要和 / 或提供长期照料的风险之中）。在北卡罗来纳州（以及全美国），长期照料提供与筹资上的脱节进一步强化了筒仓效应，因为系统某一部分的减少通常被视为结余，而增长则被视为成本的增加。事实上，这只是简单地从系统的一部分转移到另一部分。对长期照料最大的误解就在于对非正式照料成本的误解。

　　非正式照料成本包括照料所耗时间的价值（这一估算存在争议）和非财务成本，如看护造成的压力和抑郁。1999 年非正式照料成本大约在 1190

亿~2920 亿美元之间，而护理院费用约为 1200 亿美元。[①]北卡家庭照料者支持计划（N.C. Family Caregiver Support Program）估计，2005 年北卡罗来纳州非正式照料的成本为每小时 8.83 美元（该数字低于上文引用中提到的时薪）。从重置成本（将全部非正式照料正式化将会花费多少钱，但没有将对照料者的损害计算在内）的角度看，对每个 65 岁以上老年人而言，只会在原有每年 47000 美元照料成本的基础上增加 4500 美元，不超过总费用的 10%。[②]

对长期照料成本的不了解会导致市场失灵，因为人们做不到对潜在花费未雨绸缪（即投保以防意外）。而且，不了解长期照料成本会阻碍政策的执行，因为扩大对非正式照料公共资助的提案将会受到反对："那太昂贵了！"这种情况很可能发生。然而，目前包括非正式照料费用在内的长期照料成本已经十分高昂，所以，目前讨论的重点应该是出台何种新政能使成本分配更合理，而不是讨论新政策是否是在零成本的基础上新增成本。

六、问题是什么

长期照料的主要问题在于大多数人不会恰当地为自己可能需要的长期照料做出规划。缺乏规划并不意味着人们不会使用上文提到的形式多样的长期照料服务，也不意味着家庭不会为患有阿兹海默症或陷入其他失能境地的家人做准备，事实上家庭成员通常是首要的（常常也是仅有的）长期

---

① P.S. Amo, C. Levine, and M. M. Memmot4 "The economic value of caregiving," Health Affairs, Vol. 18, No. 2, 1999, pp. 182–188.

② 另一种方法是机会成本法，即如果时间被用来做其他事情的话将带来多少价值。对于有一份高薪工作的人来说，从事照料的成本就会非常高。对于退休者来说，成本就会明显低很多。对于如何计算非正式照料的价值是有争议的，但基本的共识是其价值是高于零的。还有许多其他非经济的成本，比如抑郁感和其他疾病的增加。

照料提供者。

人们不为自己潜在的长期照料需要做规划的原因是多种多样的。首先，让人们在年轻时确定自己进入老年阶段后是否需要长期照料服务是不现实的。所以，不存在明确的信号来界定一个人是否需要长期照料服务。其次，人们还没有意识到长期照料对于自己和家庭来说可能是多么的昂贵，很多人以为 Medicaid 将会为其中的大部分服务买单，这种错误的信念导致他们对花费存在低估。第三，不需要长期照料服务的人数比例并不在少数（65岁及以上大约在 3/10）。因此，如果所有人都购买了私人保险，不少人将不会用到此类照料服务，在私人保险中投入的资金不会给个人或他的资产带来任何回报。[①]

并且，人们总是倾向于低估坏事发生的可能性，从而认定自己属于不需要长期照料服务的那 30%。还有一些人拒绝规划可能是因为缺乏远见，或者尽管害怕自己将来也会需要照料，但考虑得不够长远。考虑自己对长期照料的潜在需求并为此计划可能是一件令人沮丧的事情，因此很容易被回避和搁置（比如告诉自己下周再考虑这件事）。此外，还有一部分人是因为没有足够的收入和财产为长期照料需求做规划，他们除了认定家人会在自己需要时提供照料之外，别无他法。上述所有原因导致人们缺乏对长期照料的规划，结果可能是那些需要长期照料的人极有可能得不到亟需的服务，而他们的家人也可能因为要提供照料而面临资金紧张、抑郁、孤立、同胞矛盾（sibling conflict）、婚姻关系恶化以及工作受到不利影响等风险。

---

① 当然，这对所有保险都适用。除非风险结束，否则你永远不会知道你是否需要。在火灾中失去房子比需要长期照料服务的概率小得多，但是现实中所有有房子的人都有财产意外保险。为什么？第一个答案是所有贷款人都要求有房屋抵押贷款的人购买这个保险。另一个答案是人们能够感受得到如果真的发生了会是多么毁灭性的损失。

七、为什么私人长期照料保险不是万能药

在北卡罗来纳州，长期照料的主要问题是人们没有为自己潜在的长期照料需求进行充分的计划和准备。这个结论很容易让人们断定，更好的应对政策是增加私人长期照料保险的购买。长期照料保险从一方面回应了北卡罗来纳州如何解决长期照料这一问题，但并没有为大多数北卡居民提供一个全面的解决方案。一些人没有购买长期照料保险，是因为他们甚至没有想过自己有接受长期照料的可能性。但对于那些能付得起保险费并且认真考虑了需要长期照料服务可能性的人来说，也有很多正当理由不去购买长期照料保险。正如近期一篇关于利用遗传标记作为调整美国长期照料政策依据的论文中所提到的[①]，这些问题中的很大一部分都源于长期照料政策本身。

八、长期照料保险的基本要素

表9-3着重描述了联邦政府工作人员通过联邦雇员健康计划（Federal Employees Health Plan）所能享受的几种长期照料保险政策。这些保险政策涵盖的照料类型存在差异，一种仅有机构照料（包括护理院/生活辅助），另外三种政策同时包含专业机构照料和社区照料（如居家照料）。[②]这四项政策都有一个90天的免赔期（elimination period），这意味着被保险人需要自付第一个90天内的照料服务费用（类似于起付线，deductible）[③]。

---

① Donald H. Taylor, Jr. Robert Cook-Deegan, Susan Hiraki, Scott Roberts, Dan G. Blazer, Robert C. Green. How Genetic Testing for Risk of Alzheimer's Disease Could Affect Long Term Care Insurance. Health Affairs 2010; 29（1）: 102-108.

② 当前，北卡罗来纳不允许销售仅覆盖机构照料的长期照料保险计划。如果机构照料被覆盖，那么以社区为基础的正式照料也必须被覆盖。

③ 从概念上来看，免赔期类似于一般医疗保险政策中的起付线。

在联邦雇员健康计划中免赔期的具体规定可长可短，但 90 天是一个普遍且被广泛应用的时间段。

表 9-3　　　　　　　　　　联邦雇员健康计划中的长期照料保险概要

政策特征		依据保险合同开始年龄确定的月缴保费额（$）						
		35 岁	55 岁	60 岁	65 岁	70 岁	75 岁	80 岁
覆盖类型	每天领取金额（$）	终身领取总额上限（$）						
仅机构照料	100	109500	25	52	65	84	111	178	268
综合	100	109500	37	76	93	118	154	245	369
综合	150	273750	68	140	170	216	282	449	676
综合	150	无限制	94	199	232	292	379	605	914

注：仅机构照料类服务不覆盖居家照料服务，但包含辅助生活设施（assisted living）和专业护理机构的服务。仅机构照料类服务在一些州没有获得批准。所有政策都有 90 天的免赔期，功能类似于起付线（即在此范围内的费用由被保险人自行支付，之后才由保险支付）。保费从投保时开始缴纳，索赔申请被批准时停止缴费。

如表 9-3 所示，保险政策展现了年龄与长期照料保费之间的显著关联。随着年龄增长，保费也呈现出非线性增长趋势。从 35 ~ 55 岁，保费从每月 25.2 美元涨到 52.4 美元（仅以机构照料类服务为例），几乎翻了一番。而在最昂贵的保险计划中，保费从 35 岁的每月 93.6 美元增长至 55 岁的每月 199 美元。年龄越大，保费增加率将越高。在最昂贵的保险计划中，75 岁时的保费是 55 岁时的两倍多，85 岁时几乎是 75 岁时的三倍（从 75 岁每月 605 美元增加到 85 岁每月 1177.2 美元）。值得注意的是，这里的保费水平是贯穿保险政策整个周期的，也就是说如果你在 55 岁时以每月 199 美元的费用购买了一份保险，那么未来你也只需支付每月 199 美元。[①]

以 2000 年北卡罗来纳州通过的个人购买政策为例（这里不详细介绍

---

① 一些情况下，即使是在开始购买之后，保险公司仍可能会提高整个群体或某个等级的保费额。具体是由一些特定保险计划的特殊性决定的，是需要考虑的重要问题。这样的变故（某个等级保费的增加）可能导致保险政策的失效，因为被保险人可能再也支付不起保费。

具体内容），保险费随年龄增长的趋势在 55 岁以后更加显著。这项政策为 18 ～ 55 岁的成年人规定了同样的保费标准。这一方面说明在这个时间段的人失能的概率很小，另一方面可能更多地表明这个年龄段很少有人会购买这项服务。因此，等到 55 岁时再去购买这种养老保险最为划算，除非在此之前就不幸失能（虽然概率很小，但不是完全没有可能）。从 55 ～ 60 岁，保险费上升了 60%，而从 60 ～ 65 岁，保费几乎是原来的三倍，85 岁人群的保险费大约是 55 岁的 20 倍！这只是其中一项计划，但它充分展示了这种年龄与保险费的极度关联可以达到什么程度。

联邦雇员健康计划为雇员和他们的父母提供了多种长期照料保险选择，由于人数众多自然形成了风险池，因此保费比一般个人购买的保险费用要低。绝大多数（如果不是全部的话）普通保险计划中，保费的设定需要以详尽的体检结果为依据，那些严重失能的人要么被拒保，要么被索取高额的保费。[①] 由于上述原因，表 9-3 中的保险价格比大部分非联邦雇员的北卡罗来纳州居民所购买的保险要实惠。表 9-3 所展现的年龄与保费的关系表明，年轻时购买保险更好，因为越早购买保费就越低。但是，长期照料保险的赔付通常是每天支付固定金额，而不是根据接受照料服务的类型，这就决定了年轻时购买保险也可能面临一定风险。

表 9-3 提供的两个选择分别是 100 美元 / 天和 150 美元 / 天，这是标准金额。事实上人们可以购买到其他价位的保险，这里仅把它们作为例证。保险开始赔付时，每天的金额就基本固定下来，服务过程中超出的费用将由被保险人自行承担。定额赔付的方式可能由于选择的赔付额过低，无法涵盖所需的照料服务，而使被保险人处于潜在风险之中，并且被保险人越

---

① M. Merlis, Private Long-Term Care Insurance: Who Should Buy It and What Should They Buy?, Report for the Hemy J. Kaiser Family Foundation, Meno Park, CA. 2003, pp. vi. 如预想的那样，人们通过医疗审核从而被长期照料保险政策批准的比例随年龄增长而下降。40 ～ 44 岁人群中，93% 的男性和 85% 的女性能够通过基本的筛查，但对 75 ～ 79 岁人群而言，通过率下降到女性为 63%、男性为 61%。

年轻，这种风险越大 ①,②。这种保险计划与常规的医疗保险差别很大，医疗保险通常包含了特定服务，保险公司与被保人商定费用分担比例，并会与服务提供者就价格进行协商。如果你在相对年轻时（比如 45 岁）购买了一份保险，那么距离你接受护理院照料（如果你需要去的话）可能还有 38.6 年。③ 这对于旨在规避一笔难以预测的大额经济风险的保险计划而言，时间是非常长的。年龄和保费的紧密关联鼓励人们尽早购买保险，但定额补助的赔付方式则起到了反作用。

长期照料保险产品将通货膨胀因素纳入了考虑范围。表 9–3 列举的四项保险政策均包括了通货膨胀附加条款，这意味着赔付额每年都会上涨。表 9–3 采用了 5% 的通货膨胀率，这是北卡罗来纳州保险局允许的最高标准。这项规定保证赔付时的购买力能够维持在购买保险时的水平，但规定定额赔付金额保持一个特定的通货膨胀（如 5%）并不能消除不确定性。④ 如果长期照料服务费用的实际通货膨胀率是每年 6%，而保险政策只包含 5% 的通货膨胀附加，在未来的三四十年里，保险赔付的购买力将会大幅下降。然而，如果设定 6% 的通货膨胀附加会使 30 年后的赔付额达到 480 美元/天，10% 的通货膨胀附加将使 30 年后的赔付额接近 1600 美元/天。对于 30 年（40 年或 50 年）的时间跨度来说，在保单中设定 10% 的通胀附加是必要的还是过度夸大的，目前尚不明晰。在美国众议院能源与商业委员会的一场听证会上，一位专家指出解决通货膨胀问题是发展有效的商业长期照料

---

①　Johnson and Uccello，note II above，pp.5.

②　J.M. Wiener，You can run，but you can't hide：Long-term care for older people and younger people with disabilities，Testimony presented at the House Committee on Energy and Commerce hearing on "Planning for LongTerm Care，" Washington，D.C.，RTI International，2006，pp.4–5.

③　CM Murtaugh and P Kemper P，et al. The Amount，Distribution，and Timing of Lifetime Nursing Home Use. Medical Care 1997：35（3）：204–218

④　当前 5% 的比例是北卡罗来纳州保险局（North Carolina Department of Insurance）规定的通胀率附加的上限。Currently 5 percent is the largest inflation rider allowed under North Carolina Department of Insurance regulations。

保险政策过程中最困难的部分。[1] 长期照料护理员的供给、个人家庭情况、经济条件以及医疗进步都将影响到保险收益是否能满足被保险人的需要，而这些因素都在被保险人的掌控范围之外。试想，如果你现在陷入了失能困境，30 年前（罗纳德·里根就任总统时期）的你有能力确定你需要多高赔付金额的长期照料保险，并且正确地选择通货膨胀率以保证现在能够获得必要的收益吗？

导致越早购买长期照料保险不确定性越大的最后一个因素是保费等级增长（premium class increases）的潜在可能。尽管大部分的长期照料保险都提供不同等级的缴费标准（在保险合约期内保持稳定），但是如果某个等级保费的赔付率比预期高出很多，这个群体或等级的保险费将有可能会上涨。[2] 这可能导致保险政策的失效，原因是被保险人缴纳保费一段时间后，可能由于保费上涨而无法继续支付，但此时被保险人的收入降低了但失能的风险却增加了。

九、多少人能负担得起保险费

撇开长期照料保险政策中固有的问题不谈，另一个关键问题是有多少人能负担得起长期照料保险费用？[3] 据美国保险监理协会（National Association of Insurance Commissioners，NAIC）估计，每户家庭最多可将总收入的 7% 用于购买长期照料保险。[4] 一旦超出这一比例，将无法维持家庭其他方面的正

---

[1]　J.M. Wiener, You can run, but you can't hide: Long-term care for older people and younger people with disabilities, Testimony presented at the House Committee on Energy and Commerce hearing on "Planning for LongTerm Care," Washington, D.C., RTI International, 2006.

[2]　Johnson and Uccello, note II above, pp.5.

[3]　2006 年，J. Wiener's 证词的第 43 条回顾了多项研究，得出的结论是只有限比例的人可以负担得起私人长期照料保险，而且鼓励购买私人长期照料保险的努力从 20 世纪 80 年代就开始了。然后，没有任何研究是关于北卡州的。

[4]　M. Merlis, Private Long-Term Care Insurance: Who Should Buy It and What Should They Buy?, Report for the Henry J. Kaiser Family Foundation, Menlo Park, CA. 2003, pp.iii-viii.

常运作。美国人寿保险公司协会（The American Council of Life Insurers）则将不同年龄段人群的比例设定为：35～44岁为2%，45～54岁为3%，55岁及以上为4%。① 该标准使能支付得起保费的人口比例降得更低。

表 9-4　对北卡罗来纳州能够负担得起私人长期照料保险保费家庭比例的估计

户主年龄	能够负担的比例（%）
25～44	62
45～64	49
65+	18

为了估算北卡罗来纳州能负担长期照料保费的家庭数量，将用美国社区调查（American Community Survey）中的普查数据用来描述北卡居民的收入分布情况。② 此分析仅适用于北卡罗来纳州居民。为估计居民的支付能力，用表 9-3 中列出的三项综合保险的保费额做分子来测算保费占居民家庭收入的比例。参考美国人寿保险公司协会推荐的更严格的标准，以及长期照料保险政策的中等水平（即每天 150 美元的赔付额，终身 273500 美元的赔付上限，90 天的免赔期以及 5% 的通货膨胀附加），户主年龄在 25～44 岁的家庭中，62% 能够负担得起长期照料保费；户主年龄为 45～64 岁的家庭中，49% 能够负担长期照料保费；而对于那些户主在 65 岁以上的家庭，能负担得起保费的仅占 18%。

如果以收益更少的保险政策（即每天 100 美元的赔付额，终身 109500 美元的赔付上限，90 天的免赔期以及 5% 的通货膨胀附加）为标准，将有更多家庭能够负担得起保费。而如果以收益更大的保险政策（即每天 150 美元的赔付额，终身赔付额不封顶），将有更少的家庭能够负担得起保费。按照美国保险监理协会（NAIC）推荐的更宽泛的标准，户主年龄在 25～44 岁的家庭中，92% 能够负担得起保费；户主年龄为 45～64 岁的家庭中，82%

① J. Mulvey and B. Stucki. Who will pay for the baby boomers' long-term care needs?: Expanding the role of longterm care insurance. Washington, D.C.: American Council of Life Insurance, 2000, pp. 5–23.

② U.S. Census Bureau. American Community Survey. http: //www.census.gov/acs/www/, 2006 data.

能够负担得起；而那些户主在 65 岁以上的家庭中，能支付得起保费的占 39%。然而既往以这项标准进行测算研究的经验是，如果更仔细地分析家庭其他的储蓄和保险持有情况，对能负担人数的估算将会大幅度下降。①

以目前北卡罗来纳州收入和财富水平来看，65 岁及以上人群中能够负担得起长期照料保险的将不超过 1/5 ~ 1/3。这算是非常乐观的估计（很可能高估了能负担的人数），因为用来测算这个比例的保费标准来自联邦雇员健康计划，如前所述，这项计划的保费比普通人购买保险时的金额要低。尽管如此，这项计划中数据的可得性以及提供的各种选择仍能够为阐明某些基本原则提供帮助。越是年轻的人，越有可能负担得起保费（在 40 岁年龄段中高达 2/3）。然而，上述讨论到的人们在这个年龄段购买长期照料保险的诸多不确定性是很严峻的问题。

十、北卡罗来纳州居民及其长期照料保险的模拟案例

在假定已出现失能问题的前提下，为展示北卡罗来纳州年龄、保费、收益之间的关系，表 9-5 模拟了在不同年龄段购买长期照料保险、在不同失能程度情况下的净收益情况。这一分析的考虑并不全面，但具有一定代表性，为了展示需要进行了简化。表 9-5 根据购买保险的初始年龄构建了不同的模拟情境。第一组情景展现的是到 66 岁去世之前都不需要长期照料服务的情况，被保险人只缴纳保险费，却没有任何收益。在这种情景下，如果被保险人在 50 岁时开始缴纳保费，到他们 66 岁去世时将付出近

---

① Merlis 的报告使用了 NALI 的指南，首先只考虑了长期照料保险和收入的问题，结论是 76% 的人（35 ~ 39 岁）能够负担得起长期照料保险。但当使用了如基于当前收入有充足的存款等其他财务状况调查数据后，结果就变得不同了。如果将房屋净值纳入的话，64% 的人有足够的收入，如果不算房屋净值的话，47% 的人有足够的收入。如果把包括存款、家庭中有未成年人的人身保险以及伤残收入保险等所有财务计划纳入计算的话，只有 20% 的人可以负担得起长期照料保险（35 ~ 44 岁的为 18%，45 ~ 54 岁的为 21%，55 ~ 59 岁的为 25%）。这与前述估计的结果相一致。

12000 美元。与 65 岁开始购买保险的人（费率为 118.4 美元 / 月）相比，50 岁开始购买的保险费率（62.2 美元 / 月）要低得多。

表 9-5　　　　不同长期照料服务利用情境下长期照料保险净收益估算

（以 66 岁为节点测算）

情景假设（基于不同的购买保险年龄）	保费a（$）	保险覆盖b（$）	免赔额c（$）	保险未覆盖的d（$）	净收益b-（a+c+d）（$）
没有长期照料需求 购买保险年龄					
50岁	11942	0	0	0	−11942
55岁	10032	0	0	0	−10032
60岁	6710	0	0	0	−6710
65岁	1418	0	0	0	−1418
6个月居家照料，6个月生活辅助 购买保险年龄					
50岁	11942	26320	8772	0	5606
55岁	10032	26320	8772	0	7516
60岁	6710	26320	8772	0	10838
65岁	1418	26320	8772	0	16130
一年居家照料，一年护理院照料 购买保险年龄					
50岁	11942	62817	8772	23499	18604
55岁	10032	62817	8772	23499	20515
60岁	6710	62817	8772	23499	23836
65岁	1418	62817	8772	23499	29128
3年护理院照料 购买保险年龄					
50岁	11942	91203	14795	58715	5752
55岁	10032	91203	14795	58715	7662
60岁	6710	91203	14795	58715	10984
65岁	1418	91203	14795	58715	16276

续表

情景假设（基于不同的购买保险年龄）	保费a（$）	保险覆盖b（$）	免赔额c（$）	保险未覆盖的d（$）	净收益b−（a+c+d）（$）
5年护理院照料购买保险年龄					
50岁	11942	100000	14795	169918	−96655
55岁	10032	100000	14795	169918	−94744
60岁	6710	100000	14795	169918	−91423
65岁	1418	100000	14795	169918	−86131

注：在第一种情景下假设66岁死亡，其他情景假设导致长期照料需求的失能发生在66岁。净收益一栏为负代表个体支付的费用高于保险收益，为正则代表保险收入高于保费支出、免赔期成本及保险未覆盖服务的支出。保费＝被保险人每月缴纳的保费。免赔额＝被保险人失能后，保险公司赔付之前被保险人自付费用。保险未覆盖＝保险不覆盖的服务或超出保险赔付限额的费用。保险覆盖＝保险赔付的金额。净收益＝上述项目的合计。

但是，那些50岁开始购买保险、66岁去世的人费率虽然低，但将累计缴纳16年，而那些65岁购买却同样在66岁去世的人只需支付一年的保费。对于那些从来没有用到长期照料服务的人来说，保费其实是一种浪费。但在事实到来之前，没人可以预知自己属于哪一种情况。

接下来一组情景展现的是从66岁开始每年接受6个月居家照料、6个月机构照料的情况。被保险人所支付的保费与情境1中不需要照料服务的人相同，但是这部分人在免赔期内支付8772美元的费用后（全额自付前3个月的照料费用），可以获得26320美元的赔付。总体而言，从50岁开始购买保险的人将获得5606美元的收益（保险公司赔付金额减去保费和现金支付部分）。如果一个人从65岁开始购买保险，在失能前仅缴纳了一年保费，这笔收益将上升至16130美元。[①]

---

① 举例的目的是为了提供一个深入了解长期照料保险的机会。为了便于理解，用了几种方式对其进行简化。第一，保费来源于联邦雇员健康计划，低于个人从自由市场上获得的价格。但是保费随年龄变化，因此也具有长期照料保险的基本特征。第二，这个例子可以理解为暗示你"直到老了才买，因为你在获得收益前只缴了很短时间的保费"。从笔者给出的例子来看这是事实，但是如果失能发生在购买之前，那么要么是保费明显高于表9-4中的情况，要么根本买不到保险。

其他情景（1 年居家照料，1 年护理院照料；3 年护理院照料；5 年护理院照料）说明大部分长期照料保险只提供一段时间内的照料服务费用赔付，长时间失能的情况可能会超出标准保险政策的覆盖范围。在 1 年居家照料、1 年护理院照料的情景中，保险免赔期内所需要自付的费用和之前案例相同。北卡罗来纳州的护理院服务费用是每天 164 美元，超出上面提到的最多每天 100 美元的赔付额。辅助生活设施的平均费用约每天 95 美元，低于每天 100 美元的赔付额。被保险人需要自行承担保险赔付费用和实际花费之间的差额。在上述所有出现失能情况的案例中，除 5 年护理院照料外，长期照料净收益均为正向——换句话说，保险的赔付金额比缴纳的保险费、免赔期内自付的费用和因照料花费超出赔付标准而未包含在保险内的费用总和要多。而 5 年护理院照料则超出了保险的终身赔付上限，保险不再继续赔付。在这种情况下，尽管购买了长期照料保险，被保险人仍要自付 86000 ~ 96000 美元，具体金额根据购买保险年龄带来的保费差异及所需服务时长的不同而有所差异。

上述分析说明了购买长期照料保险这一决定存在的风险。一方面，3/10 的 65 岁及以上老人在去世前不需要任何长期照料服务，他们购买保险却毫无用处，最终导致了净收益为负（仅支付保费，却得不到收益）[1]。另一方面，有些人尽管购买保险并支付保费，但仍需自己出钱支付部分照料费用（如 5 年护理院照料案例）。在这种超出长期照料保险终身赔付限额的情况下，被保险人很可能要耗尽个人资产。同样，也可能赔付标准太低，不能涵盖照料服务的全部费用。在这些情况下，不少人很可能不得不使用个人资产来支付，资产消耗殆尽后将转由 Medicaid 支付。表 9-6 显示的是美国老年家庭的财产收入分布情况，可以看到大部分人晚年时只有少量财富。

---

[1]　显然还有其他无形的好处，比如知道自己有长期照料保险时心理的踏实感。

表 9-6			美国中年和老年家庭收入和财富			单位：美元
	1998年51~64岁			1998年70岁以上		
百分位	收入	房产价值	全部财富	收入	房产价值	全部财富
5%	0	0	0	4200	0	0
20%	6100	15000	26000	7416	0	0
中位数	20420	80000	124000	12000	0	35000
80%	59000	159000	386000	21312	96000	152000
95%	121500	300000	1112000	43309	192000	627000

注：包括了所有家庭类型。

资料来源：Health and Retirement Survey，original calculations.

十一、能够采取什么应对措施

有许多政策上无法解决的问题，至少在短期内看是如此。比如随着婴儿潮一代进入退休年龄，北卡罗来纳州将有越来越多的老年人需要照料服务，这是一个人口统计学上的事实。另外，老年人的失能率和失能程度短期内也不会有所改变。这些问题在以下建议中都没有得到解决。[①]

这些建议的提出没有旨在解决上面提到的问题，因此短期内也无法改变。同时，这些建议也有特定的假设基础。第一，随着婴儿潮一代进入退休阶段，长期照料需求是增加的，不仅体现在绝对量上，也与工作年龄人口相对于失能退休人员的比例相关。简单来说，就是有更多人需要照料，但能够提供照料的人却越来越少。第二，家人仍将是长期照料服务的第一

---

① 关于传统政策，笔者指的是家庭的偏好会随时间而变化，但可能是需要更充分的理解和更广泛的文化变迁，而不是对任何可以想象得到的政策做出的反应。并且失能率可以由于医疗创新而改变，的确，一种明确的可以解决如何提供长期照料服务问题的办法是心脏病死亡率重新回到了 20 世纪 50 年代的水平（这样，老龄化就不会如此严重了。这是作者的玩笑。——译者注）。然而，目前为止，在改变 65 岁及以上人群失能率问题上，政府的确没有太多办法。

重依靠，也可能是一部分人能享受的唯一照料形式。[①] 第三，长期照料需求风险的高度分散性使得个体很难做出规划。第四，尽管笔者认为当前有关长期照料的讨论主要还是成本转嫁的问题，而不是增加或减少成本的问题，但是 Medicaid 的支出问题仍包含着激烈的政治利益纷争。第五，长期照料保险能够为解决照料问题提供部分答案，但是当前长期照料保险产品本身的特性限制了其作用的发挥，无法成为一个全民性的解决方案。

建议将围绕以下几个主题展开。

1. 对非正式照料服务提供者予以支持

（1）州政府应给予非正式照料者更多支持（如北卡罗来纳州家庭照料者支持计划）

将家庭视作为失能亲人提供照料的第一道防线有很多原因。原因之一就是被照料的人倾向于选择这种安排，同时对家庭而言这也是有益的，因为家人往往在面对危机、共同斗争、彼此需要的过程中变得更加亲密。然而，照料本身是一件很困难的事情，会给一些照料者带来各种形式的伤害。目前，北卡罗来纳州 1000 万人口中约有 170 万正在提供非正式长期照料，并且这一数字未来还会上升。北卡罗来纳州已经有很多成熟的项目来解决照料者的问题，满足他们的需要，比如具有较高认可度的北卡罗来纳州家庭照料者支持计划（http：//www.ncdhhs.gov/aging/fcaregr/fchome.htm）。这

---

① 女性提供非正式照料的比例显著高于男性，使得一些人质疑这个前提实际上是将照料供给问题过分性别化了。正如宾夕法尼亚大学护理学院 Karen Bubier-Wilkerson 指出的："将慢性病的家庭照料作为替代机构照料的一种省钱方式，依赖于家庭成员、朋友或志愿者有能力并且愿意提供住宿、喂养等服务，且能满足慢性病人医疗和心理社会需要。这些照料对于提供者而言成本是很高的，其价值被当前社会所低估。事实上，需要对慢性病照料依赖家庭成员的情况进行重新设计，照料者明显的性别差异暗示人们有一种普遍的观念，即女性无论如何总是能够提供照料。"根据 Wilkerson 的观察，随着女性越来越多地进入劳动力市场，这种观念变得越来越不现实。这种女性照料者供给的减少，与两个趋势相关，一是退休年龄人口的子女数在下降，二是婴儿潮加剧了提供照料的难度。Karen Buhler-Wilkerson，"Care of the Chronically Ill at Home：An Unresolved Dilemma in Health Policy for the United States"，The Milbank Quarterly，Vol. 85，No.4，Blackwell，Boston，Mass.，Dec. 2007，pp. 631-32.

项计划可以得到很多的拓展，尤其是通过拓宽适用标准。目前，这项计划已将阿兹海默症或其他痴呆症患者的照料者纳入涵盖范围，但照顾患有其他疾病的父母的成年子女还没有被纳入。这种类型的项目能够减少照料者受到的伤害。如果对于大部分人而言为家人提供照料是不可避免的，就应该考虑如何减轻对照料者的伤害。这一项目的第二重目标是推迟对机构照料服务的使用，机构照料服务往往会增加 Medicaid 的开支，而且也不是家人的首选。项目的主要方法是确认长期照料服务的提供者，并为那些参与照料的家庭提供有效的信息。这种方式假定家庭仍将是提供长期照料服务的主力，并将照料者所经受的压力和伤害视为问题所在。

（2）州政府应该试行为非正式照料者提供报酬

从一方面看，这是一种非常传统的方式，能够进一步巩固家人作为照料服务的第一、通常也是唯一提供者的地位。但从另一方面看，这可能是对现行做法的彻底偏离，因为它为此前本由私人支付的费用（通常是以自愿照料家人的时间成本的形式）提供了公共资金。可以直接制定一项计划，使得非正式照料者能在照料家人的过程中获得州政府支付的报酬。报酬多少应该根据家人的失能程度而定，严重失能老人的照料者应该获得更多报酬。为家庭照料者提供报酬能够帮助减轻一些正由他们承担的费用负担，同时也能减轻（但无法彻底解决）人们在提供照料的过程中还需挣钱养家的压力。这项政策的另一潜在好处在于可以推迟失能老人进入正式照料机构的时间，从而让老人在其偏爱的社区环境下居住更长时间，并且也许还能避免在社区照料能够满足需求的情况下动用 Medicaid 来资助护理院照料。这种政策本质上是将非正式照料转化为正式（付费）照料。可以将国内和国际（尤其是在德国）的一些案例作为参照。

这项试点最能发挥作用的目标人群是那些最有可能需要接受护理院照料并由 Medicaid 付费的人。他们在社区照料过程中花光了积蓄，因此，需要申请 Medicaid 支付护理院费用。通过它让他们继续留在社区，就可能减少 Medicaid 的成本，同时也能够延长在社区生活的时间，而这往往是大部分人偏爱的选择。

政府资助非正式照料的方案在政治上可行性较低，源于人们对长期照料成本的根本性误解。现行体制中长期照料供给（家人提供、私人支付、公共支付）的筒仓效应，混淆了成本节约和成本转移的概念，因而加深了这一误解。针对长期照料某一方面的政策建议事实上不可避免地与体系中其他方面相关联。为非正式照料者提供报酬并不会增加新的成本，而是将成本从那些提供非正式照料的个体转移到更大范围的社会。政策制定者必须评估不同方案的成本与收益，从而确定最佳方案。在北卡罗来纳州，正确理解成本节约与成本转移的差别是改进长期照料政策的关键。

2. 鼓励公民提前做好长期照料规划

（1）州政府应针对长期照料储蓄采取类似 529 教育储蓄计划的方案

州政府应通过类似于 529 教育储蓄计划的刺激储蓄方案鼓励成年子女为父母的长期照料存款。这其中有一种理念上的微妙变化，即个人需对自己的长期照料负责，而 Medicaid 仅在人们花光积蓄时发挥安全网的作用。这种想法假定成年子女（40 岁、50 岁、60 岁或其他）将大量参与到对父母（60 岁、70 岁、80 岁或其他）的照料中，并为此花费较多的时间和金钱，经历压力、婚姻矛盾和职场危机。政策鼓励成年子女为此提前储蓄。

鼓励年轻人和中年人为父母的长期照料储蓄有不少好处。首先，为家庭提供了当老年人需要长期照料时可灵活使用的资源及多样的选择。其次，如果父母不需要照料，储蓄者可以将这笔钱用于支付自身所需的长期照料服务。如果自己也不需要，可以将这笔钱遗赠给后代。这种为长期照料的潜在需求而准备、以"保险"形式存在的个人存款是一种流动性财富，如果不被用于长期照料的费用，还可以用作其他目的，包括作为遗产留给后代。最后，带动本州存款率的上升。长期照料存款计划的制定可以效仿 529 计划中的大学存款计划，政府起初对计划中的存款实行减税，后逐渐变成免税。尽管还不清楚有多少人愿意参与这种为父母长期照料进行储蓄的计划，但以这种方式储蓄对存款人来说几乎没有什么坏处。

（2）州政府应全面开展对反向抵押贷款及其他使用房屋资产支付长期照料途径的审查

近期，约翰洛克基金会关于长期照料筹资的报告建议，对州政府鼓励使用房屋净值贷款来支付长期照料的方式进行审查，我对此表示赞同。政府亟需出台既鼓励个人将此作为筹资机制、也维护消费者权益的规范，因为这种交易通常非常复杂，许多老年人可能没有能力独自做出决定。

（3）州政府应鼓励有关长期照料筹资中个人准备与社会责任各自角色的公开讨论

家庭、个人以及更大范围的社会应该把长期照料权利与责任的问题讨论清楚。尤其是婴儿潮一代的子女，相对于以往几代人而言，他们需要更多地参与到父母的照料中，因为他们中有更多的人属于潜在的照料提供者。人们不提前规划长期照料的一个原因就是家庭及个人很少讨论潜在照料需求的问题。

3. 改革 Medicaid

（1）州政府应对 Medicaid 的资产规划（estate planning）进行独立研究

资产规划可以帮人们确定是否有资格申请Medicaid来支付护理院费用。应该收集相关数据来判断人们对资产规划的需求程度。这是 Medicaid 有依据地制定一系列政策所需要的基础信息。

（2）需强调赤字削减法案（2005）中 Medicaid 部分有关房屋净值资产保护最大限度（500000 美元）的指导方针以及拓展对 5 年来各类资产转移的审查

这项政策对 Medicaid 的重要性取决于对（1）的回答。

（3）北卡罗来纳州的 Medicaid 应在遗产回收计划（estate recovery）方面学习其他州的成功经验，从而确定本州的相关政策定位学习成功经验即应清楚地阐明现在和在扩大遗产回收情况下的总体成本与收益，此外，二者的单独分析也是必要的。如果州医疗补助计划决定不积极参与遗产回收计划，应该明确这样做的理由。同样地，如果在回顾相关成功经验后决定投入回收行动之中，也应陈述理由。

4. 私人长期照料保险

（1）州政府应当扩大对私人长期照料保险购买的税务免除

年龄大的人虽缴纳保费的时间短，但保费更高。有能力承担保险费用的老年人可能是最容易受到这项政策影响的群体，而这群人通常也到了需要长期照料的年龄。

（2）对那些购买长期照料保险的人，州政府在审核 Medicaid 申请资格时，应该实行等值扩大资产保护制度（dollar-for-dollar expanded asset protection）

州政府应当采用伙伴关系模式，对那些购买私人长期照料保险的人，在审核资产是否符合"耗竭"标准时，应将保险收益等值扣除。例如，如果申请人购买了终身赔付上限为 100000 美元的私人长期照料保险，那么根据相关条款，其资产耗竭的标准将相应提高 100000 美元。

这种伙伴关系计划起源于 20 世纪 80 年代罗伯特·伍德·约翰逊基金会的构想，并在对此感兴趣的州推行。8 个州曾实行过伙伴关系计划，其中 4 个州（加利福尼亚州、康乃狄克州、印第安纳州和纽约州）至少在计划提出的 10 年后仍在执行。目前已有介绍伙伴关系计划概况及历史的优秀作品问世。[①]

不论保险购买人的动机是什么，税收减免代表了对购买长期照料保险的补贴。伙伴关系模式为那些要么希望把资产留给后代或慈善机构，要么因为其他原因而不想接受 Medicaid 的人购买保险提供了更直接的激励。因

---

① Who Will Pay for Long Term Care? Insights from the Partnership Programs, N. McCall, ed., Health Administration Press, Chicago, Ill., 2001, pp. 3–325.

此，伙伴关系计划更确切地说是为了鼓励那些希望保护个人财产以避免因破产而不得不接受 Medicaid 的人。

评价税收减免和（或）伙伴关系模式有效性的重要维度包括是否提高了长期照料保险的购买率，以及是否通过减少压力和负担的方式提高了被保险人家庭（潜在的和实际的非正式照料者）的福祉。

（3）州政府应当考虑和保险公司合作开发更灵活的长期照料保险产品的可行性

州政府正在考虑是否可以通过补贴的方式来提高对长期照料保险产品的需求，以及是否可以给保险供应方提供补贴。约翰·洛克基金会表示[①]："北卡罗来纳州有很多高质量的私人长期照料保险，但销售情况不佳……尽管 2007 年州议会已经恢复了针对长期照料保险购买的税收减免制度，但仍缺乏鼓励长期照料保险购买的具体措施。"由于前面提到的那些原因（每天固定的赔付额、时间跨度、通货膨胀率的恰当选择），保险产品本身的特性也影响了人们的购买。简而言之，保险产品可能存在一些固有的缺陷导致其无法广泛购买。州政府应当考虑是否有办法鼓励保险公司提供一些能够突破现有局限的产品。譬如，建立风险汇聚机制以吸收更多个人购买者，从而进一步分散风险并降低保费，减少低端保险产品的缺陷。

5. 加强医疗保健体系中的老年人基础设施建设

州政府应当重新回顾美国医药研究所 "重组老龄化美国"（Retooling for an Aging America）报告的内容，确定如何实现报告中提出的目标。

美国医药研究所（Institute of Medicine）最近发布的这份报告列出了全面的政策建议，以增加能够为老年人提供服务的医疗专业人才。但是报告中提到的大多数（并非全部）人才是关于正式照料系统的，比如建议增加

---

① Stephen Moses, Long-Term Care Financing in North Carolina: Good Intentions, Ambitious Efforts, Unintended Consequences," John Locke Foundation, Raleigh, N.C., Jan. 2008, pp. 19-20.

接受过老年医学专业训练的内科医生数量。虽然这些医生不提供长期照料服务，但他们能从专业角度理解与老年人口相关的问题，且增加了老年医学专家的数量。另外，报告中建议的急性病医疗体系的改进方案将可能整体改善北卡罗来纳州老年人接受的照料服务。州政府应该在其力所能及的范围内对报告中列出的创新举措给予支持。

十二、结论

只要长期照料的不同提供方式和筹资方式之间彼此区隔，"当我老了将如何获得长期照料服务以及谁会为它买单？"这一问题就很难有明确的答案。减少 Medicaid 长期照料花费的政治压力可能会强化对照料体系中某一方面的关注而忽略其他的部分。比如，通过降低个人在未来被纳入 Medicaid 资助范围的概率来刺激长期照料保险的购买，带来的不是社会成本的节约，只是成本的转移。然而，州政府可能对成本转移非常感兴趣，而成本转移也能解决人们不愿为长期照料做规划的问题。虽然以上政策建议是从不同方面进行阐述的，但它们都是一个有内在联系（如果不是相互协调）的体系的组成部分，所有的建议都是在充分理解这一事实的基础上做出的。体系中的所有部分都需加以重视，这样才能为给 230 万居住在北卡罗来纳州乃至全国的婴儿潮一代提供长期照料服务做好充足准备。